本书获2018年度衡阳市优秀著作出版基金资助
本书系湖南省教育科学"十三五"规划一般资助课题（XJK19BGD004）、衡阳市社会科学基金一般项目（2017D019）和湖南工学院教研教改项目（院教务[2019]94号,序号:38）研究成果

湖南省地方高校人才培养的跨学科协同机制与"产学研政"协同模式研究

曹巍　陈国生　刘伟辉◎著

吉林大学出版社
长春

图书在版编目（CIP）数据

湖南省地方高校人才培养的跨学科协同机制与"产学研政"协同模式研究/曹巍等著.—长春：吉林大学出版社，2020.1
ISBN 978-7-5692-6074-8

Ⅰ.①湖… Ⅱ.①曹… Ⅲ.①地方高校—人才培养—研究—湖南②地方高校—产学研一体化—研究—湖南 Ⅳ.① G649.2

中国版本图书馆 CIP 数据核字（2020）第 020995 号

书　　名	湖南省地方高校人才培养的跨学科协同机制与"产学研政"协同模式研究 HUNAN SHENG DIFANG GAOXIAO RENCAI PEIYANG DE KUAXUEKE XIETONG JIZHI YU "CHAN-XUE-YAN-ZHENG" XIETONG MOSHI YANJIU
作　　者	曹巍等　著
策划编辑	卢　婵
责任编辑	卢　婵
责任校对	柳　燕
装帧设计	汤　丽
出版发行	吉林大学出版社
社　　址	长春市人民大街 4059 号
邮政编码	130021
发行电话	0431-89580028/29/21
网　　址	http://www.jlup.com.cn
电子邮箱	jdcbs@jlu.edu.cn
印　　刷	北京虎彩文化传播有限公司
开　　本	787mm×1092mm　1/16
印　　张	16.75
字　　数	260 千字
版　　次	2020 年 1 月　第 1 版
印　　次	2020 年 1 月　第 1 次
书　　号	ISBN 978-7-5692-6074-8
定　　价	85.00 元

版权所有　翻印必究

序

随着我国高等教育大众化时代的到来,如何在保证人才培养质量的基础上更好地促进高等教育的发展,已成为各高校和学术界必然要思考的问题。教学研究型高校是介于研究型大学和应用型大学之间的高等教育机构,这种定位要求其既要重视科学研究的发展,同时又必须重视教学水平的提高。学科是专业的基础,专业是学科的具体表现形式,学科的高起点是提高地方高校教学质量的保障,同时也是提升人才培养质量的重要基础。只有提高对学科建设与专业建设一体化建设的重视程度,才能提高高校办学的层次和水平。而在现阶段,在管理、政策和激励机制引导下,教学研究型大学学科专业"两张皮"、教学与科研失衡的现象越来越严重,阻碍了学校整体发展以及人才培养质量的提高。因此如何实现学科专业一体化建设成为教学研究型大学现阶段亟待解决的问题。

"学科 专业"一体化发展是现代高等教育发展的大势所趋,专业建设为学科建设提供平台,两者存在着天然的联系。学科建设发展不仅决定学校的办学水平和层次,同时和专业建设共同承担着人才培养的职能,学科建设与专业建设协同发展既是提高学校水平和层次的基本要求,也是保障人才培养质量提升的有效手段。只有学科建设与专业建设相互支撑才是有效推进学校办学层次和水平的重要途径。

从管理层面上看,教学型大学主要由学校进行统一管理,研究型大学的管理重心主要在研究工作上，那么教学研究型大学的管理重心应介于学校和研究工作之间，主要在学院。因此，教学研究型大学应推行学院管理制度，逐步形成以学校为主导、以学院为主体的管理模式。显然，学科专业建设应采用院长负责制，院长既管理着学院的发展，同时又兼具科研和教学的双重职能，是进行学科专业一体化建设主体的最佳选择，院长负责制有助于把"学科—专业"协同建设作为学院发展的核心，在建设中坚持协同创新的精神，不断完善"学科—专业"师资队伍建设，使"学科—专业"协同建设不断实现制度化和规范化。

从机理层面上看，应建立学科建设反哺专业建设的机制，一是需要建立学术带头人承担教学任务的机制，学术带头人承担着科学研究的职能，同时兼具人才培养的责任，研究成果及最前沿的知识需要通过课堂教学或讲座的形式得以应用和传播。二是学科建设的成果必须体现在课程设置和教材里，课程和教材是专业的载体，只有课程和教材不断地更新，学生才能接触到最新的研究成果，才能了解社会对人才的培养需求，学生才能跟上社会发展的步伐，实现良好的就业。

从应用层面上看，要注重"产学研政"基地的建设。实习是学生把所学知识和实践融合的最佳手段，"产学研政"指的是"产业、学校、研究、政府"四者协同建设。政府进行"学科—专业"协同建设顶层设计和发展战略制定，产业为学校提供实习和研究基地，学校为企业培养符合其发展的高质量人才，而科学研究为企业提供优秀的研究成果，四者互为基础，在一个协同模式下共同发展。这种模式实质上就是为了实现学科、专业与社会的平衡，首先专业不仅要以社会的分工和社会对人才培养不断提出的新要求作为依据，同时要遵循学科的自身逻辑；而科学研究需要针对社会发展中所产生的实际问题进行研究，而且必须使研究成果在社会实践中得到应用和反馈。而高校的基本职能则是人才培养，社会发展需要高质量的人才，而学科建设中的团队建设也需要以高质量人才为保障。由此可见，"产学研政"基地的建设是促进学科专业一体化建设的重要措施。

学科建设与专业建设的协同发展，是高校提高办学层次和水平的关键，

序

同时也是提高人才培养质量的必由选择。本书在理论和实践方面对"学科—专业"一体化建设提供建设依据和路径选择，希望可以引起在湘地方高校对学科建设和专业建设协同发展的重视，改变学科建设和专业建设"两张皮"的现状。

本书创新性成果颇多，如"基于自组织模式视角的湖南地方高校现代学科建设与发展模式研究：现状、问题与展望""从人才培养方案透视湖南地方高校学科建设的内涵、动力与竞争优势积累""湖南地方本科院校人才培养的跨学科协同：动因、路径与基本策略""湖南地方高校跨学科人才培养策略：政府干预、市场错位竞争与高校自觉差异化发展""协同理论背景下湖南地方本科院校特色'学科—专业'一体化建设机制完善的思路、着力点、路径选择和政策建议"等研究颇具慧眼。

其成果的有效性必将十分鲜明。比如，可向学科发展转化，为从事推进湖南省一流大学与一流学科建设和教育强省的政策措施和评价指标研究提供理论参考；再如，可向决策咨询转化，为政府科学决策及有关社会组织提供咨询服务；特别是可向教学转化，为培养优秀人才服务。

就学术修养来讲，"湖南省推进地方高校人才培养的跨学科协同机制研究"显示出湖南学人的独特致思路径：更多的是取对比数字客观说明问题；十分注重学以致用，在历史与现实、传统与现代的交流与数字对比碰撞中，谋求观点的阐述，克服了有些学者唯理论模式的困坐愁城。改革开放以后，湖南各高校经历了近 20 年不同程度的扩招之后，普遍遇到了新问题。那么，在大环境的友好有序竞争中，如何继续扬长避短、克服困难，推动地方高校再上新台阶，如何创建一流学科、一流专业、优质特色课程群等均将是需要不断探索的大课题。在这方面，希望三位作者能有更多的真知灼见出现在高等教育论坛。

郑家福

（作者为西南大学教育学教授、教育学博士、教育学硕士生导师）

2019 年 2 月于北碚

目 录

第一章 绪 论 … 1

第一节 国内外相关研究的学术史梳理及研究动态 … 1

第二节 本书独到学术价值和应用价值 … 5

第三节 本书研究的主要内容 … 6

第四节 本书研究的基本思路、具体研究方法 … 10

第五节 本书的学术观点和其特色与创新之处 … 11

第二章 基于自组织模式视角的湖南地方高校现代学科建设与发展模式研究：现状、问题与展望 … 15

第一节 自组织模式的概念解析 … 15

第二节 基于自组织模式视角的湖南地方高校现代学科建设与发展模式研究综述 … 16

第三节 湖南地方高校现代学科的人才培养模式研究 … 17

第四节 湖南地方高校跨学科人才培养模式中存在的问题 … 18

第五节 湖南地方高校现代学科建设与发展模式研究的突破与展望 … 19

第三章 从人才培养方案透视湖南地方高校学科建设的内涵、动力与竞争优势积累……… 23

第一节 学科与学科建设的基本内涵 ……………… 23
第二节 湖南地方高校重点学科和特色专业建设的动力分析 … 24
第三节 从人才培养方案角度促进地方高校重点学科和特色专业竞争优势积累的对策和保障措施 ………… 26

第四章 协同理论视角下湖南地方高校跨学科人才培养的影响因素及其发展机理分析…………… 30

第一节 政府、市场竞争与地方高校之间在人才培养方面的不协调性 ……………… 31
第二节 湖南地方高校的跨学科人才培养现状 …………… 32
第三节 影响湖南地方高校跨学科人才培养的因素 ………… 32
第四节 湖南地方高校跨学科人才培养的策略选择 ………… 35

第五章 三螺旋理论视角下湖南地方高校"政产学"协同创新创业人才培养模式及机制创新与政策含义…… 38

第一节 三螺旋理论视角下创业型地方高校概念的界定及其定位 39
第二节 创业型地方高校建设在湘南示范区的实践与发展 ……41
第三节 三螺旋理论框架下大湘南地方高校"政产学"协同创新创业人才培养模式研究 ……………… 43
第四节 基于"三螺旋"理论的大湘南示范区计算机专业本科学生创新创业教育模式研究 ……………… 50
第五节 三螺旋理论视角下创业型地方本科院校管理模式机制创新及其政策含义 ……………… 57

目 录

第六章 协同视角下湖南省地方高校高层次人才培养机制研究 …… 60
- 第一节 协同视角下学科专业一体化存在问题分析 …… 60
- 第二节 如何才能够更好地完善湖南省地方高校高层次人才培养机制 …… 62
- 第三节 协同视角下的学科专业一体化发展路径 …… 64

第七章 基于学科集群与产业集群互动的地方高校"政产学研用协"同培养应用型人才途径探究 …… 67
- 第一节 地方高校"政产学研用"协同培养应用型人才的意义 …… 67
- 第二节 当前地方高校"政产学研用"协同培养应用型人才存在的问题 …… 68
- 第三节 学科集群与产业集群互动创新对地方高校"政产学研用"协同培养应用型人才的意义 …… 71
- 第四节 基于学科集群与产业集群互动的地方高校"政产学研用"协同培养应用型人才途径探究 …… 73

第八章 契合地方经济发展与产学研政协同教育的新建本科院校创业人才培养模式研究 …… 78
- 第一节 创业人才培养的理论与现实基础 …… 78
- 第二节 新建本科院校创业人才培养的目标体系 …… 80
- 第三节 当前新建本科院校创业人才培养中存在的问题 …… 84
- 第四节 契合地方经济发展与产学研协同教育的新建本科院校创业人才培养模式与路径选择 …… 85

第九章 产教融合背景下高职院校现代企业财务管理专业群各"软"专业"硬"人才培养模式及运行机制研究与实践 …… 90
- 第一节 产教融合视角下构建高职院校现代企业财务管理专业群"341"型硬技能人才培养模式 …… 91

第二节　高职院校现代企业财务管理专业群各"软"专业"硬"技能、
　　　　产教融合人才培养的运行机制 …………………… 93

第三节　高职院校现代企业财务管理专业群各"软"专业"硬"技能、
　　　　产教融合人才培养的保障措施 …………………… 94

第十章　地方院校经管类本科专业产教融合的发展模式及实践途径研究 …………………………… 96

第一节　国内外产教融合现状 ………………………………… 97

第二节　经管类本科专业产教融合的实施——以湖南工学院为例　98

第三节　影响转型期地方高校经管类本科专业产教融合的五大因素　101

第四节　转型期地方高校经管类本科专业产教融合的对策建议　103

第十一章　地方高校经管类专业课程体系优化思路及其学生能力评价指标体系构建… 106

第一节　地方高校经管类专业的课程体系优化思路 ………… 107

第二节　地方高校经管类专业学生能力评价指标体系重构 …… 110

第十二章　论工业4.0背景下地方高校数字媒体艺术专业教学内容与课程体系新特征……………… 113

第一节　工业4.0背景下地方高校数字媒体艺术专业的人才培养要求　114

第二节　工业4.0背景下地方高校数字媒体艺术专业的人才培养策略　116

第十三章　工业4.0背景下地方高校数字媒体艺术专业课程体系重构的关键问题分析及对策建议 ………… 120

第一节　工业4.0背景下地方高校数字媒体艺术专业课程体系
　　　　重构中的关键问题 ……………………………… 121

第二节　工业4.0背景下地方高校数字媒体艺术专业课程体系
　　　　建设的实施对策 ………………………………… 124

第十四章　地方高校工业设计专业群课程体系、教学内容改革的整体优化研究…………………………… **127**

　　第一节　湖南地方本科院校工业设计专业课程体系、教学内容改革现状 ………………………………………… **127**

　　第二节　湖南地方本科院校工业设计专业课程体系、教学内容改革中主要存在的问题 ………………………… **129**

　　第三节　地方本科院校工业设计专业课程体系、教学内容改革及其整体优化的有效途径 ……………………… **131**

第十五章　适应"中国制造 2025"的湖南地方高校工业设计专业课程体系构建实证研究……………… **135**

　　第一节　适应"中国制造 2025"战略的湖南地方技术型本科高校人才所具有的特点 ………………………… **136**

　　第二节　湖南工学院"三重一高"的办学定位 ………… **138**

　　第三节　应用技术型工业设计本科专业的培养目标及课程体系建设 …………………………………………… **138**

第十六章　地方高校国际贸易专业"技术+商贸"人才培养模式创新研究 ………… **143**

　　第一节　湘南承接产业转移与地方高校国际贸易专业群建设研究 **143**

　　第二节　地方高校国际贸易专业人才培养存在的问题 ………… **145**

　　第三节　"湘南承接产业转移示范区"地方高校国际贸易专业"技术+商贸"人才培养新模式 ……………………… **147**

　　第四节　"湘南承接产业转移示范区"地方高校国际贸易专业"技术+商贸"人才培养保障措施 ……………… **148**

第十七章　基于创新创业型外贸人才培养的湘南示范区地方本科院校国际贸易专业教学改革研究……………151
 第一节　湖南地方本科院校外贸人才培养的重要性 ………152
 第二节　湖南地方本科院校外贸人才培养中存在的问题
    及成因分析 ……………………………………………153
 第三节　湖南地方本科院校外贸人才培养的创新举措 ………156

第十八章　湘南承接产业转移与……………………………………159
    地方高校国际贸易专业建设研究……………………159
 第一节　湘南承接产业转移概况 ……………………………160
 第二节　地方高校国际贸易专业在实施湘南承接产业转移人才培养
    方面存在的问题 ……………………………………161
 第三节　地方高校国际贸易专业与大湘南承接产业转移的
    人才培养协同发展策略 ……………………………163

第十九章　地方高校转型背景下要注重大学生职业能力培养的
    校企联合人才培养模式选择…………………………166
 第一节　湘南高校毕业生在就业结构及职业能力培养
    方面所存在的问题 …………………………………167
 第二节　基于职业能力的校企联合人才培养的目标和方向 ……169
 第三节　基于职业能力的校企联合人才培养的实施路径 ………170

第二十章　产学研协同语境下湖南
    地方本科院校科技创新能力研究……………………173
 第一节　协同创新视角下湖南省地方本科院校协同创新的必要性　173
 第二节　湖南省地方本科院校科技创新能力发展现状 …………174
 第三节　提升湖南省地方本科高校科技创新能力的有效对策 …177

第二十一章 湘南地区地方本科高校创新能力提升策略研究 …………… 180

第一节 湘南地区地方本科高校的知识创新能力SWOT分析 … 180
第二节 湘南地区地方本科高校的知识配置能力以及创新环境支撑能力 ………………………… 184
第三节 湘南地区地方本科高校的创新能力提升策略与建议 … 185

第二十二章 基于"商工融合"的地方高校物联网专业复合型人才培养课程模式研究 ……………… 188

第一节 全球化时代区域经济发展对地方高校复合型人才培养的新要求 ………………………… 188
第二节 "商工融合"背景下地方高校物联网专业对学生胜任力的要求 …………………………… 190
第三节 基于"商工融合"的物联网专业复合型人才培养课程模式的构建 ……………………………… 192
第四节 关于"商工融合"的物联网专业复合型人才培养建议 195

第二十三章 "湖南2025智造"背景下地方高校物联网专业课程体系建设研究 ……………………… 197

第一节 湖南T学院"三重一高"办学定位下物联网人才培养目标 ……………………………………… 197
第二节 "湖南2025智造"背景下地方高校物联网专业的课程体系结构分析 ……………………… 199
第三节 完善"湖南2025智造"背景下地方高校物联网专业课程体系对策 ……………………………… 204

第二十四章　湖南省高校物联网专业开设现状、问题分析与对策建议 ……………… 207

　　第一节　湖南省物联网专业发展现状及人才需求 ………… 208
　　第二节　湖南省物联网专业开设现状 ……………………… 209
　　第三节　湖南省物联网专业开设的思考 …………………… 213

第二十五章　牢牢抓住促进湖南地方高校学科-专业一体化发展的根与魂 ……… 216

　　第一节　地方本科院校学科-专业一体化建设的内涵 …………… 216
　　第二节　地方本科院校推进学科-专业一体化建设的思路 …… 219
　　第三节　应用型本科高校学科-专业一体化建设的路径研究 … 221
　　第四节　应用技术型本科高校学科-专业一体化发展思路研究　224
　　第五节　应用技术型本科高校学科-专业一体化发展路径研究 … 227
　　第六节　地方本科高校特色专业与重点学科一体化建设对策研究………………… 230

参考文献 ……………………………………………………………… 236

后　　记 ……………………………………………………………… 249

第一章 绪 论

第一节 国内外相关研究的学术史梳理及研究动态

一、相关研究综述

国外跨学科研究活动最初萌芽于17—18世纪,当时主要集中在科学分类和科学史研究等个别领域,到20世纪60年代跨学科研究活动在国外已受到科学界的极大重视,出现了不少对跨学科进行深入理论探讨和精细实验分析的文献,并于1968年召开了首次关于跨学科的国际研讨会,美国学者克莱因在其著述《跨学科的历史、理论和实践》中对跨学科的定义及产生形式做出了概述。我国的跨学科研究则开始于20世纪80年代,"交叉学科"是英文interdisciplinary的翻译,后来逐渐被"跨学科"一词代替。1985年在北京召开了我国首届交叉科学学术讨论会,会议对当代交叉科学的历史、现状和未来发展趋势和展望进行分析论述,对我国发展交叉科学的重点选择,以及交叉科学怎样在经济建设中发挥作用等问题,进行了广泛深入的探讨。目前关于跨学科人才培养的研究,主要集中在以下几个方面:

1.关于跨学科教育与跨学科人才的内涵。从有忠(2004)认为,跨学科教育，就是具有理论研究纵深性质和应用问题定向性质的多学科教育。①李文鑫和胡甲刚（2004）认为跨学科人才培养是适应经济社会发展需要和科学技术发展潮流的一种新的教育理念。②对什么是跨学科人才的内涵，学界莫衷一是。娄延常认为，从高校本科教育的实际来看，跨学科人才是通过一定的教育模式培养出来的，具有丰厚理论基础和较宽的知识面，基本掌握至少两门学科的理论、知识和技能，富有跨学科理念和开拓精神的人才。③而李杨、孙世钧、高明生、占志勇、肖妍（2016）认为，跨学科人才是通过一定的教育模式培养出的具有深厚理论基础、掌握多门学科知识、精通多种技术、善于运用创新思维、对问题有独到见解、对多门学科领域发生浓厚的兴趣、取得交叉科学研究成果的人才。④

（2）关于跨学科人才培养的措施。于绥贞（2008）在深入研究总结国外模式后提出了三项借鉴式措施：一是设立跨学科的院、系或中心等组织机构；二是鼓励跨学科跨专业招收，强调文理交叉、理工交叉，实行不同科类教师联合培养人才的办法；三是在跨学科的项目研究中不断培养锻炼跨学科人才。⑤蔡克勇（2004）提出跨学科人才培养需要教育的改革创新，怎么改革和创新？一是实施学科设置的综合化，二是实施课程综合化，三是拓宽专业服务口径，四是加强实践性环节。⑥胡甲刚和李文鑫（2004）在总结武汉大学多年来的跨学科人才培养的经验后提出，通过设置跨学科专业、拓宽专业服务口径、推行主辅修及双学位制、创办跨学科人才培养试验班、建立与兄弟院校联合培养人才的机制等进行跨学科人才培养的改

---

① 从有忠.高等学校跨学科教育的理论与机制研究［D］.大连大学硕士学位论文，2004.
② 李文鑫，胡甲刚.跨学科人才培养的思考与探索［J］.国家教育行政学院学报，2004.3：43-47.
③ 娄延常.跨学科人才培养模式的多样性与理性选择［J］.武汉大学学报（社会科学版），2004.3：232-236.
④ 李杨，孙世钧，高明生，等.国外研究型大学创新人才培养模式浅析与借鉴［J］.中国教育技术装备，2016.10：151-152.
⑤ 于绥贞.面向21世纪培养跨学科人才［J］.科技管理研究，2008.3：1-5.
⑥ 蔡克勇.培养跨学科人才是我们时代的要求［J］.交通高教研究，2004.5：1-5.

第一章 绪 论

革与实践。

（3）跨学科人才培养的制约因素。胡甲刚和刘亚敏（2013）对跨学科人才培养的制约因素进行了分析和探讨，将制约推进跨学科人才培养的因素概括为宏观和微观两个层面。从宏观层面看，专业化培养人才的观念深入人心，突出专业的高校大量存在，专业的设置过于集权化等。从微观层面看，专业组织的实体化，造成学科专业绝对独立，而与跨学科人才培养相配套的教学管理制度还未建立或完善、学分制有其名无其实、导师制名存实亡等也在很大程度上影响着跨学科人才培养的推进。[①]

（4）关于跨学科人才培养模式。培养人才模式是指在高等教育理论和实践指导下，为实现一定的培养目标，由人才培养方案构建方式、运行机制及培养途径诸要素组成的复合系统。颜晓丽（2007）将国外大学教育中跨学科培养复合型人才的模式分为四种：模式一是高校直接设置跨学科专业。如美国加州大学伯克利分校文理学院的"国际及地区研究"就是一个典型的跨学科专业群，它包含6个本科专业以及3个研究生专业，专业群的教师来自全校40个传统系科，没有一个仅仅属于这些专业的教师。模式二是个人自主设计专业，其课程选择和组合方式由学生提出，学生根据自己的兴趣和爱好，把自己设计的专业提请教师审批并提供专门指导。模式三是第二学士学位。这一模式是给更多学习能力强并有深造愿望的人多提供一个学习的机会。模式四是辅修/双学位，这种模式就是主修一门学位的同时可以选修另外一门学位，主辅并修，齐头并进。[②] 娄延常对我国高校目前跨学科人才的培养模式概括为五种培养模式，即主副修复合型、二元复合型、多元复合型、通识型跨学科性、学际型跨学科人才培养模式。李培凤、王生钰（2004）提出培养人才模式不仅在层次结构复杂的高等教育系统中表现出多样化的特征，而且在同一层次类型甚至培养目标相同的

---

① 李文鑫，胡甲刚.打破学科专业壁垒推进跨学科人才培养[J].中国高等教育，2004.3-4：40-41.

② 颜晓丽.美国研究型大学本科教育新模式统合教育[J].理工高教研究，2007.1：28-30.

高等学校也表现出多样化的趋势。

（5）跨学科人才培养的比较研究。通才教育是美国大学教育最突出的特征。日本是强调改变狭窄的专业认知，摈弃专业间人为的屏障，培养国际化人才。英国采用多种跨学科教育模式培养人才，法国采用多面性教育培养人才，还有许多国家进行了不同学科课程交叉配合的改革，改变过去单纯以科目为本位的专业模式和课程模式，重视知识体系的集约化和结构化，强化课程内容的综合性和探究性，使学生的知识结构由"深井型"转变为厚基础、宽口径的"金字塔型"。虽然各国改革的具体做法不尽相同，但在打通专业界限、培养精通多学科专业知识人才方面是一致的。为了将我国高校的跨学科教育推向深入，许多学者对国外跨学科教育做了较为系统的比较研究，试图从中得到更多的启示。李兴业（2004）对近20多年来美、英、法、日四国高校跨学科教育及其人才培养的改革走向进行了分析和探讨，总结了美、英、法、日四国高校跨学科人才培养的共性，包括开设跨学科课程、政府对实施跨学科教育的政策导向、高校设立跨学科教学研究机构，以及相应的教学资源配置共享与整合等。[①] 所以，我国构建跨学科培养复合型新型人才的模式势在必行，要发展改革充满生机和活力的中国高等教育新格局。

（6）跨学科人才培养的实践探索。南京大学：把"三个融为一体"（融素质教育与业务培养为一体，融能力培养与知识传授为一体，融科研与教学为一体）作为培养人才的原则，构建"厚基础、宽口径"的人才培养模式。北京大学：把培养"厚基础、宽口径、高素质"的复合型人才作为目标，逐渐由学年学分制过渡到自由选课的弹性学分制。武汉大学：把"三创教育"作为自己的理念，积极进行学科优化重组工作，实行多样化培养人才模式，如推行七校联合办学，跨校跨系选课，互相承认学分，允许学生获得外校辅修专业证书和双学士学位。浙江大学：主要推行的是"通识型模式"，构建了以选课制为核心，弹性学制、导师制、主辅修制、绩点制等为辅助的教学管理模式，从制度上为跨学科人才的培养实施提供保障。这些学校

---

① 李兴业.美英法日高校跨学科教育与人才培养探究[J].现代大学教育，2004.5：71-75.

的改革极大地推动了我国高校跨学科人才培养的理论研究与实践探索。

总的来说，国内关于跨学科研究的文献也有一定的数量了，其中一部分文献是对跨学科研究的意义、必要性和重要性的阐述，相当一部分是对国外高校跨学科研究组织管理的介绍分析和借鉴，另一部分是对高校开展跨学科教育和培养跨学科人才的探讨，还有跨学科研究成果的评估等问题的探讨。理论研究不多，实践相对多一点，多集中在武汉大学，对于跨学科人才培养的管理问题探讨较少，且与此相关研究也不够深入，显然，本书研究的问题得到比较明确的定位，那就是出于对探讨跨学科人才培养的协同管理机制和体系的研究。

第二节　本书独到学术价值和应用价值

一、理论意义

（1）为高等教育改革提供科学、合理的理论支持。加强对跨学科人才培养的相关研究，对推动高校教学改革活动向纵深发展，具有十分重要的理论指导意义。本书通过对国内外跨学科人才培养的运行机制及管理体系等基本理论与实践问题的探讨，为我国高校跨学科人才培养的研究与实践提供理论依据。

（2）以协同论和知识链理论作为理论支撑，并在此基础上，提出对理论模型的应用。从协同理论层面，探讨学科建设和人才培养的依据，其中包括政策依据、理论依据及实践依据，本书会为湖南跨学科协同培养人才提供理论依据，提供模型的应用，进而引起对地方高校"多学科人才培养一体化建设"的重视。

二、实践意义

（1）跨学科人才培养有利于学科建设和专业改造。不同学科的课程，不应是简单拼盘，而应是相互联系、相互衔接地集于一体的，为此，高校必须要求教师开拓新领域、更新知识，也要求专业课程在体系和结构方面进行综合化重组,其结果,必然出现众多新体系和新内容,这将大大促使高校各学科专业的改革和建设获得实质性突破。

(2)跨学科人才培养有利于提高高校培养人才的质量。适应社会的需求是高校培养人才的标准。由于科技迅猛发展,社会急剧变革,产业结构不断更新,我们必须准确认识和快速解决复杂的新问题。要解决这些复杂的问题,就必须依靠跨学科、多交叉学科,尤其是社会科学和综合自然科学的知识和技能。这就使得高校在培养人才的过程中,要不断创新,提升自身的教育水平,提高人才培养的质量。

(3)跨学科人才培养有利于提高高校的科研水平。高校要建立跨学科的教学研究机构,拆除学科壁垒,发挥多学科的优势,不仅可以开设大量综合课程,让学生受到更加开阔的、全面的教育,有利于培养复合型人才,而且开展跨学科研究,在众多学科领域进行合作式研究,特别是组织精干力量对一些具有发展前途的研究进行集体协同攻关,开展多学科、多层次、多方位、多角度的跨学科研讨活动,形成跨学科研究的独特性,对提高高校的科研水平具有重大意义。

(4)跨学科人才培养有利于整合高校资源,提高办学效益。跨学科人才培养必须突破现有的专业性培养人才模式,去除学科专业壁垒,变革我国目前的学科专业设置办法,弱化"专业"的实体性色彩,让高校教育充满巨大的活力和竞争力,随着改革的进一步深入,必然带来新的发展空间,这对高校的发展来说,意义是非同一般的,整合了现有的教育资源,提高了资源利用率。

第三节 本书研究的主要内容

一、研究对象

广义的地方院校或地方高校是与"中央部属高校"相对,隶属各省、自治区、直辖市、港澳特区,由地方行政部门划拨经费的普通高等学校,分省属国家"211工程"重点大学、"省部共建大学"和地方性直属高校

第一章 绪 论

三类。本书主要针对狭义的地方院校，即占多数的地方性直属高校，不含"211 工程"重点大学和"省部共建大学"。

"跨学科"一词在汉语中，与"交叉学科""横断学科""多学科"以及"超学科"等专业术语之间存在着些许的细微差别，学术界也尚无严格的划分，经常混用。国内最早对跨学科进行系统研究的是刘仲林（2003、2005）。他从跨学科中引申出了三层含义：（1）打破学科壁垒，把不同的学科理论或方法有机地融为一体的研究或教育活动。（2）指包括众多的跨学科学科在内的学科群。（3）指一门以跨学科的规律和方法为基本内容的高层次学科。根据不同的含义，刘仲林将其代之以跨学科科研、跨学科教育、跨学科学科（交叉学科）、跨学科学（科学交叉学）等较精确的概念。[1][2]而刘小宝在分析前人对跨学科的翻译以及解释之后，总结学科之间的联系，即学科间性是跨学科最重要的特点，但对学科间性的内涵却未下定论。可见，跨学科的内涵具有很多种，很难进行划分和界定。"跨学科"，即通常所说的"跨学科性"是本书研究的重点。而"跨学科性"的核心内涵即多种学科的、学科之间相互联系的。故本书选用的跨学科的含义为刘仲林的第一层含义，即：打破学科壁垒，运用两门或两门以上的相互联系的学科思想、方法、理论、概念等开展的研究或教育活动的一种方法。它是基于学科并超越学科的。

跨学科人才培养是一种教育理念，同时也是一种教育模式，其目的是培养出具有宽厚扎实的理论基础、广博的知识面，掌握两门或两门以上较为系统的学科理论知识，富有跨学科探索、研究和创新精神的人才。跨学科人才培养要体现跨学科的特点，要在跨学科机构、跨学科课程、跨学科专业上下功夫，打造出一批跨学科的人才。

本书研究和解决的主要问题：一是系统考察我省地方高校内部的跨学

---

[1] 刘仲林，张淑林. 中外"跨学科学"研究进展评析[J]. 科学学与科学技术管理，2003.9：5-9.
[2] 刘仲林，赵晓春. 跨学科研究：科学原创性成果的动力之源——以百年诺贝尔生理学和医学奖获奖成果为例[J]. 科学技术与辩证法，2005.12：105-109.

科人才培养现状，通过调查分析，总结跨学科人才培养的主要模式及其特征，对跨学科人才培养的运行管理现状进行深入的分析，揭示出跨学科人才培养在运行管理过程中存在的问题和制约因素，并针对存在问题和产生原因进行深入剖析。二是对国外高校跨学科人才培养实践状况进行分析，了解国外跨学科人才培养的兴起与发展，总结国外跨学科人才培养的共同管理实践经验，揭示其对我省跨学科人才培养管理的启示。三是找出目前跨学科人才培养管理存在的问题，在借鉴国外高校跨学科人才培养的管理经验的基础上，从明确高校跨学科人才培养的建设目标和原则，建立有效的跨学科人才培养的管理体制，健全跨学科人才培养的运行机制、跨学科教育团队建设，完善跨学科研究组织的管理体系等方面，制定促进跨学科人才培养的管理创新体系研究的具体举措。

二、总体框架

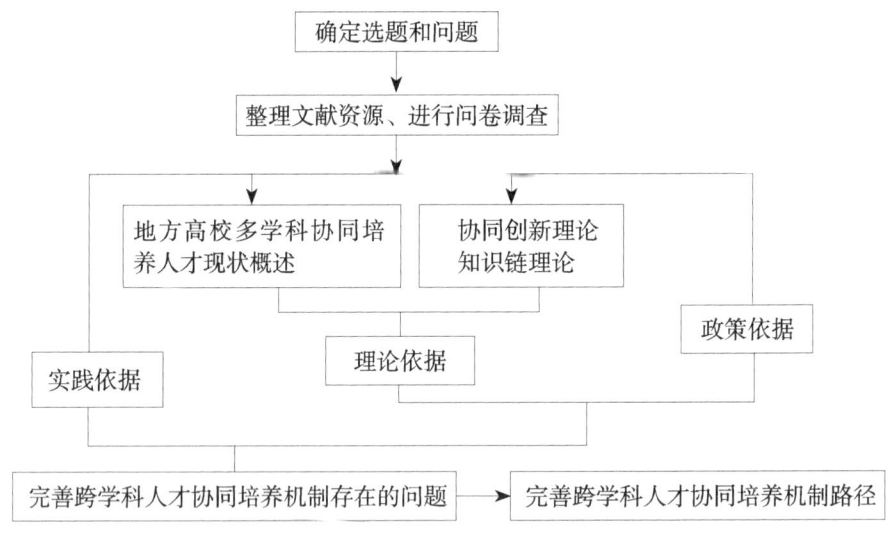

图1-1 跨学科人才协同培养机制研究总体框架图

三、重点难点

（1）重点：一是人才培养是高校的首要任务，高校人才培养的核心是人才培养的机制完善和模式选择。本书从协同创新视域审视了大学人才培养模式,并对协同创新人才培养的运行机制进行了研究,提出建立人才培养、科学研究、学科建设相融合的机制,人才培养的联盟机制,引导和问责机制和综合化的评价机制四种机制。二是探寻湖南省完善地方高校跨学科人才培养机制的路径。本部分主要针对单一学科培养人才所存在的弊端,从体制、机制及活动三方面提出湖南省完善地方高校跨学科人才培养机制的着力点、路径选择和战略步骤。

(2)难点:一是以协同理论作为理论支撑,并在此基础上,提出对理论模型的应用。从协同理论层面,探讨学科建设和人才培养的依据,其中包括政策依据、理论依据及实践依据。政策依据是指在宏观层面,学科专业建设面临的外部环境;理论依据是在理论高度上提出多学科协同培养人才的可能;实践依据则是从国内现状和国外高校探寻发展经验,找寻其中与我省省情相契合的实践方法。主要从理论上讲,本书会为湖南跨学科协同培养人才提供理论依据,提供模型的应用,进而引起对地方高校"多学科人才培养一体化建设"的重视。二是立足知识链理论,通过问卷调查,探寻面向科技前沿的湖南地方高校跨学科研究组织协同创新模式构建的一系列问题,从而在战略层面做好顶层设计,确立地方高校跨学科研究组织协同创新的战略目标;在组织管理体制层面,建立有效的组织管理体制以确保大学跨学科研究组织管理体制有益于协同创新;在组织内部运行机制层面,建立有效的运行机制,促进产学协同创新"无缝对接"。

四、研究目标

本书运用文献分析、案例分析等方法对国内外高校跨学科人才培养的历史与现状进行分析;通过对北京大学和武汉大学个案分析,对国内高校跨学科人才培养的管理进行深入研究,揭示我省高校在跨学科人才培养的运行模式上存在的不足;运用比较研究的方法,分析美、英等国高校跨学科人才培养的实践,从国外跨学科人才培养的理论、模式、方法等方面归纳,借鉴国外成功经验,探索其中对我省高校在跨学科人才培养的运行模式构建上的启示，最后从改变跨学科人才培养的观念、组织模式、健全跨学科人才培养管理制度、改善评价激励机制、资源共享以及加强教师团队的建设等方面出发，阐释该如何构建符合我省省情实际状况的跨学科人才培养的管理体系，在此基础上提出完善我省地方高校跨学科人才培养机制的切实可行的建议，希望能够提高高校办学层次与水平，同时兼顾高校人才培养的职能。

第四节 本书研究的基本思路、具体研究方法

一、基本思路

对相关文献进行研究分析，在对文献深入剖析的基础上，了解国内外对跨学科人才培养的运行管理的现状；通过对省内高校跨学科人才培养的管理调查与分析，揭示我省高校跨学科人才培养的运行模式以及在跨学科人才培养上存在的不足；最后以国外高校跨学科人才培养管理的成功经验为参照，构建出符合我省省情和高校校情的跨学科人才培养的管理体系。

二、具体研究方法

1. 文献研究法。通过查阅有关文献、搜集现有的国内外高校跨学科人才培养的资料，对本书研究的问题做系统的评判性分析，理清对跨学科、跨学科人才、跨学科教育、跨学科人才培养的概念界定。并进行有关国内外高校跨学科人才培养研究现状的文献综述，在进行分析归纳的基础上，对前人的主要研究成果、研究重点进行借鉴与参考。

2. 比较研究法。对国外高校跨学科人才培养的实践经验进行分析比较，总结美英等外国高校跨学科人才培养的运行管理经验，得出启示。

3. 访谈法。对目前省内高校跨学科人才培养进行系统的调查分析，通过对湖南工学院、湖南财经工业职业技术学院、南华大学等高校进行实地考察，对教务处老师进行访谈，总结出高校跨学科人才培养的几种常见模式及其特

征，并对跨学科人才培养发展与管理现状进行深入的分析和研究。

4. 问卷调查法。本书主要是对策研究，因此不仅需要了解文献中的理论，更要了解现行高校跨学科人才培养中存在的问题。本书将从问卷结果中发现问题，并提出相关对策，使所提出的对策更具可行性。而本问卷是以组织形态、知识形态、活动形态三个维度来设计问卷，组织形态建设是指学科体制、学科机构及相应的学科规制规范，知识形态建设指学科、专业、课程、知识（各知识联动一致），活动形态建设指教学与科研、规划与实施、管理与评价的协同性。这三大点是从更高层次看待高校跨学科人才培养中存在的问题，而非简单地从学科专业建设的内容中来找其存在的问题。

5. 统计分析法。本书采用问卷的调查方式，通过对问卷结果的统计和分析，探寻高校跨学科人才培养在具体实践中存在的问题，并在此基础上提出高校跨学科人才培养机制完善依据和建设路径。

第五节　本书的学术观点和其特色与创新之处

一、主要学术观点

（1）就文献综述而言，目前国外的跨学科人才培养研究的内容广泛且深入，国内对跨学科人才培养的研究力量单薄，且不够深入，研究内容缺少理论与实践的结合，大多集中在借鉴国外著名研究型大学跨学科人才培养的经验描述上，缺乏学校宏观上对其跨学科人才培养管理体制和运行机制的研究。这是由于以下两种原因：一种是我国目前还没有真正建立起广泛的、有效的跨学科人才培养管理体制和人才培养机制；第二是从对省内大学的网络调查及相关文献搜索的情况看，基本上报喜不报忧，很难从个案研究中找到各大学在跨学科组织管理制度和运行方面直述所存在的问题。鉴于此，在借鉴美国和英国著名研究型大学为重点案例的基础上，要对其高校内部的跨学科人才培养的管理和运行机制进行研究。

（2）人才培养模式包括内部培养过程和外部培养生态。在协同创新视域下，高等教育生态系统发生了变化，而生态系统与高校人才培养模式是密不可分的。高等教育生态系统是比社会生态系统相对独立的子系统，凭借其自身特有的结构功能和发生机理影响着不同层次和类型的高等学校的发展。尽管高校的人才培养主要是指发生在大学内部的关于教学活动的基本职能，高等教育的生态环境是以大学为主体的高等教育发生、发展和存在的外部环境，然而，内外视角的冲突仍然无法阻隔两者之间强烈的内在一致性，即生态平衡。尤其是在协同创新的环境下，人才培养的生态环境发生了变化。这种变化有下面几方面特点：一是与其他高校、科研院所、行业企业的协同尤其是产业界的协同，使培养生态从高校内部向外部延伸。培养生态的延伸意味着高校与社会的联系加深，学科、专业及课程设置所包含的知识体系也随之发生更新，知识体系的变化必然要求教学培养途径、教学组织形式、教学运行机制、培养方案等要素与其相适应，并实现各要素之间的平衡。与此同时，要素的变化必然会带来培养目标乃至办学理念的革新，这势必要求高等教育系统的结构与功能相匹配。这就是高等教育系统结构与功能在人才培养模式层面的生态平衡。

（3）良好的人才培养生态要作用于培养过程中，落实为合适的人才培养模式。这种合适的人才培养模式应具有以下几方面的特点：第一，应有"协同""合作"的理念，以充分发挥其良好的培养生态；第二，其人才培养目标应是多元的，只有多元的培养目标才能更好地尊重学生的个性，尽可能满足大学生的学科化、职业化选择和发展空间的需要；第三，其培养过程应是多样的，因为培养过程是人才培养目标实现的载体，因而高校需要对不同类型的宏观层次及专业课程的微观层次进行重新设计；第四，培养制度应是柔性的，因而就要破除刚性的管理制度，建立符合现代教育规律的柔性教学管理制度，尤其是在评价方法上应增强灵活性。

二、主要创新点

（1）提出多学科人才培养模式的具体形态。一是校校、校所跨学科协同创新的人才培养模式。此模式是指具有不同优势学科的高校之间、具

第一章 绪 论

有理论研究优势的高校与具有科研能力和科研团队优势的科研院所之间开展协同创新,合作共同培养人才的模式。这种模式其实在传统的校际交流与合作中也有所体现。二是校地(区域)协同创新的人才培养模式。此模式是高校与一些地区或区域,根据地区或区域的发展需求与产业调整战略开展合作,共同为相关专业的师生提供实践创新机会的校地、校区协同创新的人才培养机制。三是国际合作协同创新的人才培养模式。此模式主要是指高校与国外、境外的高校、地区、科研院所、企业社团等资源主体,在教育教学、科学研究、技术开发、文化传承、民族融合、公共服务创新、经济产业发展等方面及相关领域开展广泛合作,以共同培养创新人才。

(2)提出完善跨学科人才培养的运行机制。协同创新为跨学科的人才培养模式提供了前提条件,但要使跨学科人才培养模式得到落实,就要建立相应的人才培养运行机制,破除高校之间、高校与科研院所之间、高校与企业之间的壁垒,以使各自的优势共同作用于创新人才培养中。一是建立人才培养、科学研究、学科建设相融合机制。协同创新的一个重要特点就是高校通过同组织边界之外的政府部门、科研院所、行业企业、中介组织等其他社会组织之间的交流与合作,调适高校内部的教学活动、科研活动,实现高等学校内部与外部的资源、能量和信息交换,促进其良性运行和绩效提升。因此,必须建立人才培养、科学研究、学科建设相融合的创新机制,将人才培养真正与学科建设、科学研究结合起来。二是建立"人才培养与科学研究、学科建设相融合"的评价机制。评价机制具有导向的功能,要使创新人才培养得到重视和落实,综合化的评价机制必不可少。这种综合化的评价机制应将人才培养质量纳入其考核评价体系,而不是单纯地以研究成果作为评价标准。人文社科的协同创新,除了重大问题的协同研究之外,还有一个对创新人才协同培养的问题,因此,综合化的评价机制应有鼓励联合培养创新人才的持续制度,这里强调"持续"是因为人才培养是一个长期过程,需要制度的连续性。通过建立综合化的评价机制,促使教学与科研协同进行,既形成"教学、科研相融合的理念",又切实培育跨学科、跨领域的教学科研相结合的团队。三是建立人才培养的联盟机制。通过建立人才培养的联盟机制，为人才培养提供跨组织边界的资源深度共享条件，通过资源的深度共享，一方面有效解决高校自身能力局限的问题，使高校自身承担的人才培养、科学研究或社会服务等职能更好实现；另一方面让高校在与"各有其长"的协同体的协同中互相配合，更充分发挥优质资源共享的实际效应，尤其对人才培养的实际效应，从而为人才培养提供更广阔的平台。四是建立人才培养的引导和问责机制。职责分明、奖惩得当是合作应注意的重要问题，因此，应营造人才培养的合作氛围，制定人才培养的激励制度，对合作培养进行引导，通过引导和问责使得这种协同培养能真正落实，从而使跨区域、跨部门、跨学科的优势，优质资源共享的优势，企业、科研院所与高校结合的优势等能在人才培养中得到体现。

第二章 基于自组织模式视角的湖南地方高校现代学科建设与发展模式研究：现状、问题与展望

第一节 自组织模式的概念解析

自组织的概念主要指的是对于事物的核心控制和连接，这种组织模式的形成往往是自发的，是自下而上进行的。结合湖南地方高校现代学科建设实际来看，自组织模式主要是结合现代学科建设和发展的基本需要，湖南地方高校自发地建立起一个团队去组织并解决学科建设的问题，这种自组织的组合，是地方高校工作人员的组合，是团队组合，通过一定的组织进化原则，来开展学科建设活动，这一切都是在学科建设的基础需要上开展的，同时自组织模式也是高校学科建设的自我完善、驱动和进化的过程。随着自组织模式理论研究的不断深入和发展，重构湖南地方高校现代学科的建设与发展模式具有非常重要的理论指导意义，同时还具有一定的实践研究价值。[1]

---

[1] 朱苏，赵蒙成.论一流学科建设的经济逻辑和知识生产逻辑[J].江苏高教，2017，（01）：18-23.

第二节　基于自组织模式视角的湖南地方高校现代学科建设与发展模式研究综述

武建鑫在《走向自组织：世界一流学科建设模式的反思与重构》中，认为就目前的文献综述研究来看，外国对于高校跨学科人才培养的研究水平高一些，而国内对于高校现代化跨学科发展的研究水平比较差，而且研究缺乏深入性，内容空洞无味，没能有效地将学科建设与发展相融合，借鉴外国研究经验的地方比较多，不能够很好地结合我们国家的基本国情来展开研究。[①] 从地方高校发展的角度来看，无法从宏观层面上建立起跨学科的人才培养机制。造成这种现状的原因主要是我国到目前为止，还没能有效地建立起跨学科建设与发展的高校教学机制。钟建法、韩丽风在《学科资源建设与学科服务一体化发展模式研究》中认为，一个重要原因就是国内高校的文献调查总是报喜不报忧，对于取得的学科建设成果总是大肆宣扬，而对于学科建设过程中的漏洞和缺失，却总是避而不谈，结果导致了跨学科建设工程相关的资料文献不能够提供更为准确、有效的数据，为此只能美国与英国大学的跨学科建设案例进行研究。

李芳在《地方高校学科建设发展模式的研究》一文中认为，就我国高校现代化学科建设本身的文献综述研究来说，国外对于跨学科人才的培养研究比较广泛和深入，我国国内对于跨学科人才培养的研究力量势单力薄，研究深度不够，而且理论和实际相结合的东西较少，很多都是对国外著名研究型大学中跨学科人才培养经验的模仿，没有对我国学校宏观的跨学科人才培养意识，人才管理的体制以及运行机制展开研究。[②] 周炼、杨继安等人在《论现代学科建设与发展的"自组织"模式》中认为，在我国地方高校范围内，没有真正有效的跨学科人才管理体系，从湖南省地方高校的

[①] 武建鑫.走向自组织：世界一流学科建设模式的反思与重构[J].湖北社会科学，2016，（11）：158-164.

[②] 曹作华,范亚芳,都平平,等.基于数字化校园的高校学科网资源体系构建策略与实践[J].图书情报工作，2013，（14）：77-81.

相关文献搜索结果来看,不能够从几所学校的个案研究中分析出其他高校在跨学科人才培养组织管理制度和实施中存在的问题,还是要通过借鉴美国、英国等国际著名研究学府的重点学科建设案例,进一步针对地方高校的学科发展与建设进行探讨。①

第三节　湖南地方高校现代学科的人才培养模式研究

跨学科人才的培养模式包括内部培养过程和外部培养生态两大部分。在自组织模式视角下,湖南地方高校的学科教育生态系统发生了变化,但是生态系统又是与高校的人才建设和培养模式无法分割的。地方高校的教育生态系统和社会生态系统之间是两个相对独立的研究系统,它们依着各自的发展特点和发生原理在不断地影响着学科发展的进程。虽然说对于人才的培养是地方高校开展教学活动的基本工作,但是高校所处的生态环境也会作为外部影响因素,无形之中改变着高校学科的发展。② 这种自组织模式内外视角的冲突,可以进一步强化两者之间的内在联系,当地方高校学科建设与其自身所处的生态环境发生融合时,即为生态平衡,使得地方高校的人才培养生态环境发生改变,这种改变将具体体现在高校人才培养体系中的各个方面。③

有的学者提出,地方高校教育在学科建设与发展中之所以会出现各种各样教学方面的问题,归根结底还是教育生态失衡造成的,这种生态失衡是地方高校教育系统同生态系统之间的交换关系以及生态系统无法发挥出应有的教育功能造成的,特别是在和其他高校、科研企业和行业发展机构进行产业联合协同发展时,这种生态系统结构的变化是由内而外的,为了

---

① 张瑞忠,苏梁波.着眼战斗力生成模式转变需求　扎实推进学科建设与研究生教育协调发展[J].南京政治学院学报,2012,(S1):80-82.

② 钟建法,韩丽风.学科资源建设与学科服务一体化发展模式研究[J].大学图书馆学报,2012,(02):56-60.

③ 李芳.地方高校学科建设发展模式的研究[J].甘肃农业,2006,(07):216.

能够更好地调整学科发展现状，就必须要加深地方高校同现代化企业之间的沟通和联系，并且将高校的学科发展建设也进行调整和改变，通过更新学科知识体系的方式，对地方高校的人才培养路径、学科教育培养组织形式、学科发展机制以及人才培养方向都要进行统一性的调整和转变，使得学科间的建设与融合发展可以实现各要素的统一，在要素变化的同时，地方高校会将办学目标和教学理念进行更新，使得高校的教学系统可以和学科建设的生态系统实现动态平衡发展。①

第四节 湖南地方高校跨学科人才培养模式中存在的问题

基于自组织模式理论视角展开对湖南地方高校跨学科人才培养模式的建设分析，我们可以发现，当前湖南省地方高校的跨学科人才培养模式主要是以学科专业为中心，因此对于跨学科的人才培养主要存在以下几点问题。

一、培养目标单一

在湖南省地方高校的学科建设与发展中，对于人才的培养往往比较单一，在传统的专业人才培养教育过程中，培养的方式和手段缺少创新性，这就导致了学生缺乏创新意识和创新创造能力，发展目标比较单一，不利于学生的综合发展，长此以往下去，由于高校学生的综合实力不足，最终导致学生在自己本专业的学科发展中也难以有所建树。②

二、培养的过程窄、偏、灌

在湖南省地方高校学科发展的过程中，人才培养的过程范围是比较狭窄的，人才培养的内容和方向也比较偏激，在高校的人才培养和教学过程

---

① 周炼，杨继安，赵乔干，等.论现代学科建设与发展的"自组织"模式 [J].研究与发展管理，2004，（03）：114-117+123.

② 凌健.学科"组织化"：介入世界一流学科建设的路径选择 [J].中国高教研究，2016，（05）：10-13.

中，教师一味地站在讲台上面教给学生知识点，学生一味在下面记下知识点，这种"满堂灌"的教学方式，使得学生对于问题缺少主动的探究和思考，同时对于学科专业的学习也缺乏积极性，不能够激发学生更好地参与并融入学习当中去，自然也就更谈不上如何培养学生的创新创业意识，不能够为学科间的建设与发展提供更多的帮助。[①]

三、人才培养制度在集中管理过程中个性不足

湖南省地方高校在进行学科人才的培养建设中，关于学科人才的培养管理制度过于集中化，也就是说集体性的人才培养比较多，但是很难对学生进行个性化的人才培养，不能够做到对学生进行因材施教，学生的创新意识、创造能力很难得到发挥，不仅如此，湖南省地方高校对于人才培养的教学评价标准过于单一，往往只关注到学生学业成绩的表面，而不能够针对学生的综合能力进行评价和培养，不能够体现出学生的实践能力，也无法体现出学生的综合性职业素养，这些人才培养模式方面出现的问题都与湖南地方高校学科专业人才培养的生态系统存在着极大的关联，甚至学科发展制度以及学科专业型人才培养模式之间的单一性和僵化问题，又进一步影响到了高校对于创新型人才培养的实施进程。[②]

第五节　湖南地方高校现代学科建设与发展模式研究的突破与展望

一、协调人才培养生态发展新模式

在自组织模式视角下，湖南地方高校在学科建设与发展中，为了能

[①] 康翠萍. 高校学科建设的三种形态及其政策建构［J］. 高等教育研究，2015，36（11）：37-41.

[②] 王梅，王怡然，柳洲. 基于自组织理论的高校学科建设研究［J］. 科学学与科学技术管理，2008，（06）：197-198.

够更好地创新人才培养方案，还需要将协同良好的人才培养生态理念落实到培养的过程当中，在这一创新协调型人才模式中，首先，需要在湖南地方高校中建立起一种"协同、合作"的人才培养理念，进而创造出更好的人才培养生态环境。[①] 其次，湖南地方高校需要明确的是，关于现代学科建设的人才培养目标应该是多元化的，也只有确定了多元化的人才培养目标才可以尊重所有高校学生的个性化发展需求，所以说高校人才的培养应该朝向更加职业化的方向发展，加快学科的建设发展速度，培养程序和培养过程更应该得到创新，从宏观调控到微观的控制设计，都需要进行调整和转变。再次，地方高校对于学科人才的培养制度，应该建立更加柔和的人才培养制度方案，打破常规的束缚，创建一种适合现代化地方高校教育事业发展的管理制度，使得高校教育对于人才的培养更加具有灵活性。[②]

二、多学科的人才培养模式

1. 校校、校所跨学科协同创新的人才培养模式

这种校校联合的跨学科人才培养模式，主要针对的是地方高校之间的协同发展，各级高校都可以发挥出本校的资源优势，进行精品课程、优势课程的资源互补，同时可以进行高校之间的学生交换，强强联手，共同开发合作项目，解决好学科建设的难题，重点采取"教师互聘、学生互换、课程互选以及学分互认"的人才培养模式，促进高校间校际跨学科课程项目的建设发展。[③]

2. 校地（区域）协同创新的人才培养模式

在建立地方高校和区域联合发展的人才培养模式时，需要根据国家或

[①] 杨涛.耗散结构与协同学理论视野下的高校学科建设[J].高教探索，2007，（06）：68-70.

[②] 曾冬梅，陈江波.基于协同学视角的"学科—专业"一体化建设初探[J].黑龙江教育（高教研究与评估），2007，（05）：20-22.

[③] 李爱彬，周敏，张阳.高校学科建设系统的自组织研究[J].高教探索，2007，（03）：72-74.

第二章 基于自组织模式视角的湖南地方高校现代学科建设与发展模式研究：现状、问题与展望

者当时地方政府的发展需求进行产业间的发展部署和指挥调整，进而为高校中各学科教师和学生提供更多的创新创业实践机会，通过湖南地方高校和区域发展相联合的方式，培养社会需要的人才。在这种模式的建立过程中，需要地方政府以及有关部门的高度配合，由区域发展的组织部门联同各级生产企业建立与高校之间的沟通交流平台，一同为某项学科研究项目做出不懈努力，互相提供数据支持，进而解决学科建设与发展中的实际问题，加快高校科研项目同地区产业项目的高度融合，提高地方经济的发展水平，实现对高校资源和社会资源的高效利用，提升地方高校的创新科研教学水平。[①] 如图 2-1 所示，为校际产学研协同创新的人才培养模式，可以说是基于自组织模式视角而重构的两种产学研协同创新人才培养模式，也是湖南省地方高校未来发展的新趋势，是湖南地方高校现代化学科的人才培养模式的重要组成部分，在产教合作基地中，共享师资人才力量，共享专业的学科教学资源，在技术研发和服务中心，构建"产学研服务"一体化的人才培养机制，在人才与就业培养创业基地中，构建文化交融的长效机制，不断健全并完善多边开发和资源共享下的产学研合作人才培养体系。

图 2-1 校际产学研协同创新的人才培养模式

---

① 刘明寿.论高校自然科学学报在学科建设与发展中的作用[J].编辑学报，2012，24（03）：210-213.

3.国际合作的协同创新人才培养模式

关于国际合作方面的人才培养模式，一般是指地方高校国内外一些比较知名的高校或者学科研究所进行的人才培养模式，通常会在各个方面和领域发生专业融合，综合国内外的资源开展专业化的人才培养，在国际化的人才教育培养模式中，更在乎的是学科建设中的校际协同发展，地方高校可以综合利用全球的教学资源，在过去，受到我国教育政策和方针的限制，关于学科建设的国际融合问题较为谨慎，但是随着时代的改变，地方高校的教育理念在发生着改变，可以和国际上一些比较知名的大学进行校企合作研究，并且派遣大量的教师和研究者到国外大学去进修学习，同时也聘请了许多外籍人员来到我国高校展开教学，提高国际化办学基地的建设力度，在学科交流的过程中，不断提升我国地方高校的国际化人才培养水平。

总之，基于自组织模式视角的湖南地方高校现代学科建设与发展现状及问题研究可知，跨学科的人才培养模式发展还有很长的一段路要走，才能够打破传统地方高校学科建设思维的束缚，走出一条适应新时代发展的现代学科建设发展道路，培养出更多社会所需要的高素质学科专业技能型人才。

第三章　从人才培养方案透视湖南地方高校学科建设的内涵、动力与竞争优势积累

目前，地方高校的学科建设管理正处在传统学科建设管理观同新时代竞争意识为主导的知识经济管理观念之间的激烈碰撞时期，如何才能够加强并做好地方本科高校的学科建设工作已经成为关系着本科高校发展全局的战略性任务，本书将通过对学科与学科建设内涵的阐释，从科学的角度来分析并推动重点学科发展的内部和外部动力，从而达到促进学科竞争优势积累的目的。

在对湖南地方高校展开重点学科建设项目时，研究发现高校内重点学科以及特色专业建设，可以说是已经提升到了地方高校建设发展项目的核心地位，目的是为了能够培养出更多高素质技能型的专业人才，提升高校科研成果的研究价值，打造高层次、高质量的学科建设体系，培养出适应现代社会发展潮流的创新型人才，尤其是高尖端、高水平的专业人才。

第一节　学科与学科建设的基本内涵

关于"学科"的内涵主要指的是，学科是一种比较理论化的知识形态，是一种规范化的制度，是一种社会建制，同时也是一种由知识创造而生的学术共同体。人们将"学科"定义为，具有某种相应的知识意识形态，能够占据到

一定教学资源，并且面对的是某种特定的研究对象，可以应用比较独立化的语言系统，按照一定的研究标准规范，开展动态化学习活动的教学组织。①

而关于"学科建设"的内涵，主要是针对地方高校的学科建设发展来说的，通过改造、重构学科建设的方式，提升高校的学科发展水平，希望地方高校提高自身的学科建设发展速度。大学学科的创建都是在学科建设的基础上实现的，由专业化的学科组织提供相应的学科资源，其中包括了人才方面、资金方面以及信息环境等方面的资源，这些学科资源在某种程度上会影响到高校的学科发展建设水平。

第二节 湖南地方高校重点学科和特色专业建设的动力分析

重点学科及特色专业建设可以说是地方高校建设的核心，它的目的就是要创造出高水平的科研成果并且培养出高质量、高层次的创新技能型人才，特别是大师级别的顶尖人才，因此加强重点学科的建设与管理能够推动地方本科高校整体建设水平的发展。从重点学科与特色专业发展的动力研究中可以了解到，通过对内、外部动力的融合，形成发展合力可以进一步推动重点学科的健康发展。湖南地方高校学科建设发展水平要想得到本质的提升，最重要的就是要进一步加强对重点学科体系的建设与管理，本次研究将选取湖南工学院、湖南财经工业职业技术学院、湖南理工学院以及湖南文理学院为研究对象，针对学科建设的发展动力展开深入调查与讨论。②

一、内部动力

从高校学科人才培养方案角度来透视湖南地方高校中重点学科以及特

---

① 朱红梅，高银玲，赵玉宁.地方高校管理学科人才培养结构问题及对策［J］.河北大学学报（哲学社会科学版），2015，（03）：157-159.
② 李沫.地方高校交叉学科复合型人才培养问题探究［J］.人才资源开发，2015，（08）：181.

第三章　从人才培养方案透视湖南地方高校学科建设的内涵、动力与竞争优势积累

色专业建设的内部动力因素，从内部动力发展因素来看，学科建设的使命是高校重点学科建设发展的原动力和根本动力因素，也就是说高校学科的建设发展水平要想从本质上得到提升，必须要首先明确学科自身建设的发展使命。地方高校重点学科以及特色专业的学科发展方向，是高校学科融合建设的内在动力，也只有清楚了学科建设发展的主要方向，才能够更好地做好下一步的学科发展规划。在此期间，湖南地方高校应该将学科建设的重点工作放在提升高校教学建设水平上，提高教师人才的一流专业教学水平，将高素质技能型人才的培养当作是高校重点学科融合建设与发展的直接推动力，由高水平的高校专业教师来带动地方高校的专业人才培养以及学科项目建设。[①] 地方高校在开展学科建设活动中，还可以将学科文化的内部感染力当作学科建设发展的主要动力，高校学生和专业教师在学科文化的感染氛围下，会自发地组织并开展学科建设活动，充分调动地方高校内学科建设与发展的动力。

二、外部动力

关于地方高校中重点学科建设以及特色专业的发展，从外部动力因素角度来说，主要会从三个方面展开讨论，分别是国家层面、社会层面以及地方高校层面。从国家层面上来看，湖南地方高校中重点学科与特色专业的建设与发展，离不开国家政策方面的支持和鼓励，同时也希望国家有关部门能够好好设计并规划出学科建设的人才培养方案和计划，有国家整体上的学科建设方针和政策，将国家政策的指引作为地方高校学科建设发展的主要推动力。除了国家层面上的推动以外，还希望得到地方政府的大力支持和保障，给予更多社会层面上项目资金支持，由地方政府出面来扩大地方高校学科建设发展的融资范围，吸引更多社会各界的有识之士投入资金到学科建设的发展中来，将社会系统方面的动力看作是学校特色专业人

---

① 李晓菁.地方高校学科建设人才队伍面临的挑战和对策[J].成都中医药大学学报（教育科学版），2013,（02）：40-42.

才培养的主要牵引力。地方高校在学科建设与发展中,要确定好不同高校之间现代化学科发展的协调性,并将高校学科间的彼此竞争作为学科发展的主要驱动力,由国家政策来指导地方高校和现代化企业的发展方向,并且由高校来负责执行。①

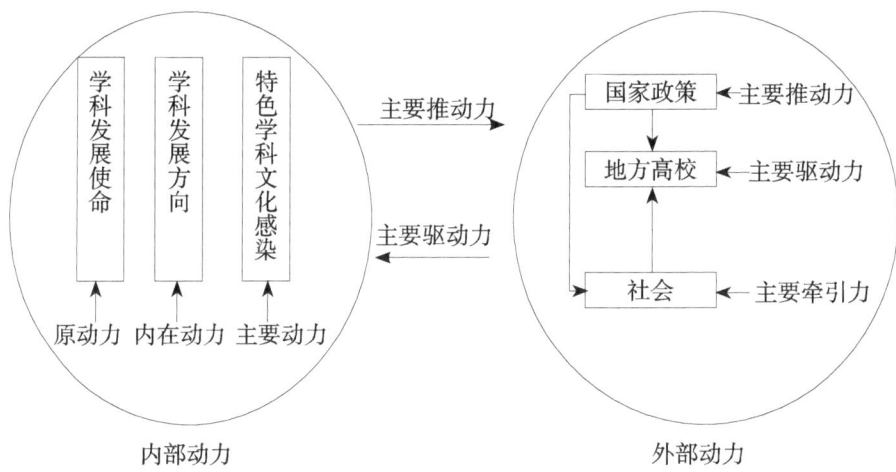

图 3-1 湖南地方高校重点学科与特色专业建设的动力示意图

第二节 从人才培养方案角度促进地方高校重点学科和特色专业竞争优势积累的对策和保障措施

关于湖南地方高校学科建设中人才培养方案问题,我们需要在地方高校的重点学科以及特色专业建设中加以重视,希望能够在人才培养的同时,提高学生的人文综合素养,增强学生自主学习能力,培养学生的创新思维意识以及综合实践能力。所谓的特色专业竞争优势积累,可以看作是湖南地方高校学科建设发展的自然选择,将特色专业学科的建设发展优势积累起来。②事实上,地方高校各专业学科建设发展的最终目标就是要加强高

---

① 郑继兵,王绍峰.从人才培养方案透视高校专业建设的困境及出路[J].江苏高教,2013,(01):45-47.
② 查素霞.高校学科建设与人才培养[J].重庆科技学院学报(社会科学版),2012,(24):182-183.

第三章 从人才培养方案透视湖南地方高校学科建设的内涵、动力与竞争优势积累

校学科资源的科学合理配置,并且提高学科资源的开发利用程度,加强特色优势专业学科以及课程教学的优势积累,使得地方高校能够在学科间发展竞争始终处于领先的优势地位,这种学科间的竞争优势是持续性的,同时也是学科综合优势的积累和增长,其中包括地方高校的教学科研条件、学科建设梯队、重点学科及特色专业的教学形态、学科科研教学成果、学科建设的发展学术水准以及高层次人才的培养水平等,都会逐渐地显现出学科的竞争优势,而从人才培养方案的角度来看,就是要把这种学科竞争发展优势积累并保持下来,避免地方高校的学科优势地位被削弱,防止学科发展水平发生下降。

一、确立学科建设核心竞争力的发展观念

为了能够更好地提高高校学科专业人才培养水平,在实际的学科融合建设过程中,还是要强化学科领导者关于学科建设的核心竞争力发展观念,不要将学科建设精力都花费在形式主义的表层上,只有从本质上提高学科建设的发展水平,才是重点学科及特色专业竞争优势积累的根本保障,才能够为社会培养出更多高素质的专业人才。为此,在高校学科建设与发展中,还是要脚踏实地,一步步地去发展,必须要树立更为长远的学科发展目标,也就是为湖南地方高校的长远性建设与发展方向做出规划与设计,并结合本专业学科的发展优势,为社会发展与建设做出更大的贡献,培育挖掘深层次学科内涵的实力。①

二、重点突出学科带头人以及学术梯队的建设

为了能够保障重点学科以及特色专业的学科发展优势,在实际的学科教学及建设过程中,要重点突出培养学科发展的带头人,保持高校内一定的学科专业人员流动性,从而更好地组织并完善学科发展结构,对学科建

---

① 刘焕阳,韩延伦.地方本科高校应用型人才培养定位及其体系建设[J].教育研究,2012,(12):67-70+83.

设专业队伍中的知识组成部分、智力组成部分以及能力、年龄组成都进行优化改进，进而为湖南地方高校的学科建设与发展队伍注入新鲜的血液，为学科间的融合发展带来新的思想，提高学科带头人专业素质，同时也要更好地发挥出领军人物的专业作用，完善对学术梯队建设发展走向，由那些专业素质较强，具有较高的学术声望、学术发展远见以及学术权威的专业教授作为学科发展的领军人。[①]

三、明确把控学科发展方向的转型升级

时代在变化，社会对于人才的需求也在发生着改变，那么湖南地方高校的学科建设与发展方向也要随之进行变化和调整，要想在这一变化和调整中，更好地保持学科发展建设的竞争优势积累，就必须能够科学而明确地把控地方高校学科建设发展的主要方向，完成地方高校学科建设的转型升级，这些都和学科的组织结构分割不开，这也从侧面要求了重点学科及特色专业在学科转型发展中带头人的综合实力，能够适应现代化社会的学科发展脚步，充分利用计算机技术及互联网通信工具，具有长远性的地方高校学科建设发展目标，从而及时地调整学科建设的转型方向，进而重新规划并制定出适应现代化企业人才需求的高校学科建设及人才培养目标，确定人才培养方向的科学性和准确性[②]。

四、加强对优势学科资源的分配投入

为了能够更好地提升湖南省地方高校的学科建设以及人才培养的发展水平，在实际的人才培养和学科建设中，还是需要进一步加大对优势学科资源的建设投入水平，也就是为学科的发展建设投入更多的资源保障，例如人才资源方面的投入、资金方面的投入、现代化电子信息资源建设方面

---

① 孙丹，宋继华，李相林.地方高校多学科交叉人才培养模式研究[J].中国职工教育，2012，(10)：89-90.
② 孟琦.基于重点学科建设的地方高校人才培养的探讨[J].中国成人教育，2012，(07)：61-63.

的投入，关于学科资源管理水平方面的投入，这些都属于本科院校学科建设与发展的资源保障措施，需要地方高校重视起来，尽量避免出现学科间资源分配不合理的问题，投入更多的资金到重点学科及特色专业的建设上来，提高对学科专业人才的培训力度。在互联网技术的支持和帮助下，构建地方高校的学科资源建设信息共享平台，实现学科建设资源共享，各级学科教学、科学研究及相关组织单位之间可以进行实时性的沟通和联系，进而提高地方高校学科间的竞争合作意识。

五、重视学科文化建设与政策间的相互作用

另外，在湖南地方高校的学科建设过程中，还要重视学科内部的文化建设导向问题，因为在高校的学科建设发展中，一个和谐、民主的学科文化氛围，具有非常强烈的导向、激励以及评价作用，在这样的学科文化氛围下开展的学科建设项目能够更好地满足人才培养需求，同时也可以避免一些学科建设人员出现功利性的思想，在学术研究中抱有敷衍、侥幸的心理。学术上出现的漏洞问题对于学科建设发展的影响是比较大的，这也正是为何在地方高校学科建设与发展中要特别强调关于学科文化建设与当代政策间的相互作用问题，需要高校在学科建设的同时，能够响应习近平总书记提出的核心价值观号召，让学科建设的科学研究变得更加纯粹。

总之，基于优质人才培养方案的湖南地方高校学科发展与建设，除了上述几点关于重点学科及特色专业的竞争优势积累保障措施以外，还需要进一步加强地方高校与现代化企业的沟通性，明确当前就业市场的人才需求。在进行学术研究的同时，也不要忘记对学科专业人才的实践技能培养，必须提升地方高校学科间的资源竞争与合作意识，使得高校的学科建设及人才培养水平更上一层楼。

第四章　协同理论视角下湖南地方高校跨学科人才培养的影响因素及其发展机理分析

本章主要是从相关理论分析以及实证研究的角度,探讨在湖南地方政府的干预指导下,在地方高校经管类专业的跨学科人才培养与市场发展错位竞争中,地方高校保持清醒理智的头脑,培养适应现代化社会发展的跨学科专业的优秀人才的主要措施。

当前湖南地方高校经管类专业学生的就业前景一再受到质疑,进而迫使湖南地方高校对经管类专业学生进行跨学科人才培养的相关尝试,并开始了新一轮的探索,以期能够有效地解决湖南地方高校经管类专业学生输出能力偏低、综合素养不高的现实问题。本书将从湖南地方高校经管类专业的跨学科人才培养方案出发,分析如何才能够更好地借助已有的学科建设与发展资源,锻炼并培养学生的自主学习能力,适应人才培养与市场的"错位竞争"。

第四章 协同理论视角下湖南地方高校跨学科人才培养的影响因素及其发展机理分析

第一节 政府、市场竞争与地方高校之间在人才培养方面的不协调性

一、计划经济导致的单一化教育模式难以改变

经管类专业跨学科人才的培养，会受到思想观念的制约，主要是单一的学科人才培养方式制约了人才的发展，虽然在政府的支持下，高校教育模式已经有所变化，但是单一化教育方式的影响还起着很大的作用。而且教育体制一直采取的是高度统一性和计划性的模式，所以体现出来的是计划经济体制下的教育特点，因此即使脱离了计划经济，目前跨专业学科人才培养还是受到单一化教育方式的影响，短期内做出改变很困难。

二、市场竞争的影响

为了实现跨学科人才的培养，需要保证地方高校的性质是综合性的，但是目前湖南地方高校的综合性高校不多，尤其是无法及时满足跨学科的要求。我国的综合性高等院校本身就比发达国家少，在教育体制改革的过程中，高校都在不断地朝着综合性方向发展，在这一过程中，虽然综合性学校有所增加，但是要想满足跨学科人才培养的要求，其数量还远远不够。[①]

三、学科专业的约束

我国高等教育一直受制于政府，因此开设的专业都是需要政府相关部门批准才能执行，所以有一套严格的程序，高校本身缺乏自主权，导致专业设置和调整存在很大的困难。很多发达国家都是由高校来决定专业的名称的，因此较为自由。目前的市场经济条件下，高校需要加强和社会的联系，保证专业课设置的科学性和合理性，当前高校专业设置的限制有所松动，不过还是有很多高校没有这样的权利，湖南地方高校更不具备这样的权利，

---

① 张晓报.我国高校跨学科人才培养实践的动因分析[J].高等理科教育，2016，(04)：27-31.

因此限制了经管类学科人才的培养。

第二节 湖南地方高校的跨学科人才培养现状

有关专家和教授曾经明确地指出了当前地方高校学科建设中,教风学风建设存在着一定问题,地方高校教师在学科专业教学培养中,对学生常常采取的是放任自由的方式,教师在讲台上面只顾着自己讲,而忽视了与学生之间的教学互动,也没有对学生进行监督和管理。[①]因而湖南地方本科院校在对经管类专业学生进行跨学科的人才培养过程中,会出现学科专业教师的教学工作与学生的学习思考环节严重脱节的情况,不能够给予学生更多实践性的教学练习环节,使得经管类专业学生的学科应用技能素质较差,不能够熟练使用与经管专业相关的计算机软件,无法适应企业中经管类专业的工作环境,导致地方高校经管类专业学生的整体素质偏低。从湖南地方高校的学科建设层面上来看,对于经管类专业学生的跨学科人才培养的改革力度还有待于进一步提升,还有相应的师资力量问题和课程安排与设计问题亟待解决,因此努力提升经管类专业学生的学习欲望和学习主动性,开展更多实践性经管类专业跨学科人才培养活动,增加湖南地方高校同企业之间的校企联合程度,打造校企实训基地,让经管类专业学生在大学学习期间,能有更多实践性的动手操作机会。[②]

第三节 影响湖南地方高校跨学科人才培养的因素

一、地方政府的干预作用影响

湖南地方政府的干预性,主要是将国家意志作用到地方高校的跨学科

[①] 张海梅.地方高校本科生跨学科人才培养体系研究[J].中国市场,2017,(11):200-201.

[②] 薛冰,吴芷竞,梁国栋,等.地方应用型本科院校汉语言文学专业跨学科人才培养模式初探——以徐州工程学院为例[J].城市建设理论研究(电子版),2016,(30):100-101.

第四章 协同理论视角下湖南地方高校跨学科人才培养的影响因素及其发展机理分析

人才培养和建设当中,政府在对地方高校的经营管理工作介入时,会产生两种作用,分别是"起着人才培养促进作用"以及"起着人才培养干预作用",在跨学科特色专业的人才培养过程中,地方政府起着干预性的作用。

1. 设置两种经费资助模式

为了能够更好地体现出湖南地方政府在地方高校经管类专业跨学科人才培养中的有效干预作用,要给予更多学科建设经费上的支持与鼓励,主要设置两种经费资助的模式,分别是资助型经费和自筹型经费,通过地方政府经费的支持,可以高效地全身心投入到经管类专业学生的跨学科人才培养中,充分整合高校现有的教学资源,并且保证资源的合理利用,同时也兼顾高校内各学科发展建设的公平性。[1]

2. 重视地方高校的教育公平性

湖南地方政府在兼顾地区高校经管类专业学科发展的公平性时,还需要意识到地方高校发展和中央高校之间的学科差距问题,特别是在湖南省"一带一部"战略、湖南省"精准扶贫"政策的实施背景下,必须要重视地方高校的教育公平性问题。在跨学科人才培养策略的选择中,要求湖南地方政府可以有效地分配经管类专业学科的区域发展名额,加强地方高校的学科融合建设水平、专业师资人才的培养力度,以及对高校实验室的资金投入建设力度。

二、市场的错位竞争

在湖南地方高校经管类专业的跨学科人才培养和建设中,市场环境的变化也起到重要的影响,但是也体现出了地方高校在人才培养方面与市场发展的错位竞争趋势。

1. 适应地方经济的发展需求

随着湖南省市场经济发展影响力的不断增加,为了能够扭转湖南地方

---

[1] 申晓辉.地方高校弘扬地方传统文化研究[D].华中师范大学硕士学位论文,2013.

高校经管类专业人才培养同当代市场发展需求之间的错位竞争局面，进而发挥出市场的正确引导功能，此时需要地方高校在经管类专业学生的跨学科人才培养过程中，要强调地方经济的发展需求。同时也体现出湖南地方高校的学科发展优势和教学特色，优化经管类专业学科的组成结构，培养学生的跨学科综合专业技能，强调学科建设的与时俱进，依照湖南地方经济发展趋势来展开有针对性的高校实践教学活动，联同湖南地方经济发展的产业布局来进行有关教学内容的调整[①]。

2. 重视学科发展规律

湖南地方高校在对经管类专业学生进行跨学科人才培养的同时，还要注意到经管类专业的学科发展规律，通过创新企业经营管理技术及手段的方式，来推动地方经济的产业转型发展，同时也要能够同湖南地方高校的学科发展水平相结合。[②]

三、地方高校自觉差异化发展

湖南地方高校作为经管类专业跨学科人才培养模式中的重要组成部分，尤其是在特色专业学科的建设过程中，需要体现出地方高校自觉差异化发展的理性，加强对地方高校的学科文化自觉建设。

1. 提高质量文化意识

在重视湖南省地方高校的自觉差异化发展时，需要注意提升高校的质量文化意识，并将经管类专业学生跨学科专业的结构调整当作是人才培养的重要工作内容，加强学科结构体系的优化建设，加强对经管类专业的特色化调整，进而发挥出领军学科的带头作用。[③]

---

① 孙丹，宋继华，李相林. 地方高校多学科交叉人才培养模式研究 [J]. 中国职工教育，2012，（10）：89-90.

② 李斌琴，卢志成. 差异化竞争与特色办学：新建地方本科院校竞争策略及路径 [J]. 教育与职业，2012，（12）：8-11.

③ 黄秀玲. 我国高校跨学科人才培养的研究现状与展望 [J]. 现代交际，2014，（12）：208-209.

2.彰显高校跨学科特色优势

在彰显地方高校跨学科特色建设优势时，希望可以明确经管类专业学科发展的相关政策和法律条文，进而发挥出地方高校的优势支撑作用以及不可替代的学科特色指导作用。始终坚持实践教学与文化教学并驾齐驱的高校教育理念，以培养经管类专业学生实践应用能力为导向，不断拓宽学生的知识面，培养经管类专业学生的创新创业技能。

3.将学术力量与市场发展相融合

为了能够更好地提升湖南地方高校的跨学科专业培养水平，高校在明确自觉差异化发展内容时，希望可以将高校学术的发展与市场的发展趋向一致，也就是提高地方高校经管类专业的跨学科学术型建设力量，并将学科发展的创造动力同市场发展的动力因素相融合，组建一支学科专家团队，吸收更多大数据新时代的发展特征，及时调整学科发展方向和目标，给予更多经管类专业跨学科融合的上升发展空间，当然也要保证学术创新力量和市场博弈间的协调稳定性。

第四节 湖南地方高校跨学科人才培养的策略选择

湖南地方高校跨学科人才的培养需要结合专业的特点进行分析，与此同时要注意走差异化发展之路，正确处理高校和政府、市场竞争两者在经管类人才培养方面的协同性，高校也要为学生提供更好的环境和条件，在现有资源的基础上进行课程的调整。

一、强化教师的培养力度

为了实现湖南地方高校经管类跨学科人才的培养，需要重视教师的地位，要求教师首先具备一定的跨学科知识和技能，这样才能为学生提供更多的帮助。高校需要积极创造条件，引导教师开展多学科的学习和进修，将跨学科进修加入教师的考核中，激励教师学习，给学生带来积极影响。

二、建立跨学科人才培养的保障机制

注意制度保障的重要性,尤其是针对经管类跨学科人才培养的管理制度,要求保证这类人才的培养没有后顾之忧。同时不能忽视教育设施,因为跨学科人才培养需要更多的教育资源。加强校企、校校之间的合作,建立跨学科研究试验基地,不断完善跨学科教师培养机制。

三、学生导师制

采用这一方式主要是为学生提供更好的条件和机会,学生在选修跨学科课程之前,就可以根据导师的建议来制订自己的学习计划,有助于更好地构建跨学科知识体系,在考核通过之后就可以选修这一专业。

四、经管类跨学科人才培养策略的创新

经管类跨学科人才的培养,可以采用企业经营模拟的形式,由于经管类涉及的内容比较多,因此可以在构建经营模拟实验室的基础上,开展企业经营模拟实践课程。采用商道模拟仿真系统,可以将现实环境中的商战要素结合起来,然后在经管类理论基础上,完成具体的实践过程。

在这一模式中,学生可以扮演企业发展中的任意角色,如市场、财务、人力资源普通的员工、高管等人物,要求所有学生对企业的管理知识有足够的了解,然后可以对公司的经营进行决策。当学生完全掌握了企业的情况后,就可以了解竞争企业的情况,这里指的是虚拟的竞争公司。在整个决策的过程中,涉及很多的内容,比如贸易、会计、电子商务等知识点,然后整个模拟的是国际化市场竞争的真实运作情况。采用企业经营模拟的形式,让学生进行分角色扮演。动态市场环境下的企业经营模拟,可以考查学生的决策能力,提高洞察力。与此同时,可以将一些游戏、课堂讨论以及理论知识的学习都融入进来,让学生真正体会经管类知识以及相关知识在企业运作中的具体运用。采用这种跨学科教学的方式,能够让学生接触到更多的知识,因此有助于经管类跨学科人才的培养。

第四章 协同理论视角下湖南地方高校跨学科人才培养的影响因素及其发展机理分析

总之，湖南地方高校在对经管类专业学生进行跨学科人才培养的同时，基本明确了地方政府的干预指引导向，进而调整高校的学科专业结构，使得高校的人才培养和市场的变化趋势相一致。促进高校的自觉差异化发展，旨在可以更好地提升湖南地方本科院校经管类专业学生的就业竞争实力，能够适应现代化社会的人才发展需求，在跨学科专业人才培养的课程设置和学科建设资金投入方面多下些功夫，解决好学科专业认证问题，努力提高地方高校经管类专业学生的人才培养水平。

第五章　三螺旋理论视角下湖南地方高校"政产学"协同创新创业人才培养模式及机制创新与政策含义

　　基于三螺旋理论以及地方高校转型大趋势，本章拟就三螺旋理论的内涵、地方区域创业型地方本科院校主体发展的功能定位、管理模式创新主体的构成和创新机制展开分析。并从创业型地方本科院校的形成机制、"政产学"协同主体职能以及计算机专业协同合作模式三个角度对地方高校的建设发展进行讨论，进而得出创业型地方本科院校创新管理模式。

　　在地方高校转型的背景下，地方政府、企业、高校怎样才能形成合力，深化实践育人，推动区域创新创业合作发展，已经成为湘南示范区"政产学"协同创新创业人才培养的重要议题。本章将选取湘南地区湖南财经工业职业技术学院新成立的创新创业就业部门为研究对象，展开研究，从合作模式角度分析湘南高校的协同创新创业人才培养现状，并从产、学、政三个角度提出提升大学生创新创业人才协同培养的思路与建议。

　　为此我们还将以"三螺旋"理论模型为基础，探讨关于湘南示范区计算机专业本科创新创业教育质量的教育模式以及实践创新。湘南地区地方高校要着力发挥主动性，企业需树立宏观战略眼光，政府则应注重引导，政、校、企三方协同，共同构建"政—产—学"一体化的创新创业教育模式，以此解决湘南地区地方高校各专业本科教育与实际脱节的问题。并通过湖南工学院培养"三高一重"应用型人才的案例,来探讨提升地方高校创新创业教育质量的理论路径。

创业型地方本科院校的社会变迁使命可以说是和自身发展分不开的,而三螺旋理论的提出,可以为创业型地方本科院校的发展建设提供最为科学可靠的理论基础。在三螺旋理论的正确指导下,创业型地方本科院校在自身的教办学定位上以及管理模式上可以得到更好的创新发展,对本科院校的办学目标以及课程设置展开价值体系重构、高校组织结构优化以及制度管理模式上的更新,加强地方政府和地方企业对本科院校发展建设的组织投入。

第一节 三螺旋理论视角下创业型地方高校概念的界定及其定位

三螺旋理论是由美国的社会学家罗伊特与亨利提出的,该理论认为,地方政府、企业和地方高校是组成知识经济体系创新制度环境的重要因素,并且随着市场经济的发展需求,可以将三种力量结合起来,互相促进,互相补充,进而形成三螺旋的结构关系。当前这个时代,是以知识经济发展为背景的,因而在一定的区域范围内,地方科学研究机构和创新创业研究性大学都可以构成重要的知识资产体系,从而创造出更多的社会生产价值,在区域范围内形成一种辐射作用。在这种非线性的三螺旋结构中,三者之间可以有效地实现资源共享,进而提高信息的沟通水平,但是它们又可以保持自己独有的功能和作用,通过对三螺旋理论的有效应用,能够很好地完成对创业型地方高校的正确定位,改善区域产业的创新发展环境,图5-1所示为创业型地方高校—产业—地方政府之间的三螺旋结构模型。①

---

① 蒋平.地方普通本科院校转型发展:三重螺旋模式下的政策指向[J].教育发展研究,2016,(05):1-10.

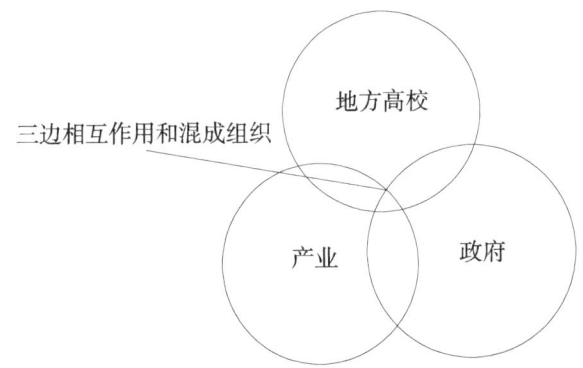

图 5-1　创业型地方本科高校—产业—政府的三螺旋结构模型

一、创业型地方高校概念的界定

创业型地方高校这一概念的定义,最早是由美国教育界提出来的,一些资质比较好的研究性大学,会充分利用自身的科研技术成果,吸引更多的企业资金来投入到高校的学科发展之中,从而加快科学实验的研究成果,为该项产业技术的发展提供更为优质的社会服务,让地方高校成为社会发展的主要动力因素,那么这种勇于开拓进取的创新奋斗型的大学就可以被叫作创业型大学。创业型大学是在研究型大学基础之上建立起来的,但是更强调一种自主创新的科研精神,并且能够和地方经济的发展相适应。[①]

二、创业型地方高校在三螺旋理论中的定位

创业型地方高校可以说是地方高校—产业—政府三螺旋关系发展的原动力,而且创业型地方高校已经将服务于地方经济产业发展和社会发展当作是一项历史新使命,又重新拓展了创业型大学的职能,将创业型大学当作学科技术和优秀人才、知识发展的核心。在知识社会的时代背景下,创业型地方高校将会成为领军者,其实质就是进行学科知识的创新,提升高

---

① 刘海兰.地方本科院校转型的理性思考——基于资源依赖理论的分析[J].高教探索,2016,(04):35-42.

校学生的创新创业能力。在三螺旋理论中,需要针对地方本科高校的办学定位进行重构,提高并强化高校的社会服务意识,认识大学研究活动的对象和范围,将创业型地方高校的发展目标朝着市场的发展方向迈进,根据市场的需求来进行组织定位管理,提高知识的社会利用价值和商业性价值,将学科研究成果转化为实际力量,推动创新创业型社会的发展与进步。而企业,可以说是三螺旋区域创新理论中科学成果的推广者和受益者,是创新体系的利益分配者,地方政府则是政策制定者,是创新创业活动的协调者,是公共基础设施建设的规划者。[①]

第二节 创业型地方高校建设在湘南示范区的实践与发展

创业型地方高校是开放性实训基地建设的运行主体,在三螺旋理论下,校企通过合作来共同适应湘南示范区地方产业经济发展需求,促进高端技术型人才的培养质量,是校企合作的根本,能够更好地实现区域教育资源的优化配置,促进湘南区域间各体系的互助互利发展、整体发展,这也是三螺旋理论与创业型地方本科院校间的定位关系。在创业型大学管理发展创新中,地方本科高校要更加主动而积极地与当地企业、科学研究所进行合作,进一步拓宽产业合作领域,扩充合作方式,增加科研实习、社会培训等服务,让企业的职业资格认证、文化推广等项目能够在高校内实施开来,加强校企间的人才交流与合作,共同对高新产品进行市场推广。创业型本科院校可以在高新技术服务、现代化设备、人力支持上对企业、科研所提供开放式的科研资源,深化教学改革,提升实践课程教学质量,打造"双师型"师资队伍,逐渐展现出政产学三方合作共赢的螺旋上升效应。

一、地方高校与产业需建立并发展良好的伙伴关系

为了可以充分整合并发挥出创业型人才的资源优势,所选取的湘南示

---

① 张桂华,姚冠新,陈桂香.三螺旋理论视阈下地方新建本科高校协同育人探析[J].江苏高教,2015,(06):97-99.

范区几所创业型地方高校创办并举行了校地、校企合作项目签约仪式，使学校可以和当地的地方政府建立起友好的合作伙伴关系。这些校企合作项目，都是在湖南省人才工作办公室强烈推动下执行的，而且湘南示范区地方政府也需要融合地方产业发展的特色，从区域旅游模式发展的角度出发，同创业型高校展开人才对接和协调，主要合作内容有地方经济、产业科技和创新创业型人才培养，扩大地方工业产业园同企业、高校的合作范围。在"十三五"规划期间，仅2017年，湘南示范区就与上千家企业形成了校企合作伙伴关系，湘南示范区创业型地方高校已经具备了充分的校企合作基础，仅湖南工学院一所高校就与300多家企业建立了长期的合作关系，联手共同开发并实现了多项科研成果，从而更好地提升了地方企业的自主科学研发能力，对于湘南示范区地方产业技术的升级起到了非常好的推动效果，当然也需要地方政府更多的支持与鼓励。[①]

二、参与研究成果商业化活动

伴随着我国生物科学、高新技术产业的快速发展，湘南示范区创业型地方高校已经充分意识到参与科学研究成果商业化活动的重要性，从专利申请，到校企合作以及创建企业三个层面来拓展了创业型地方高校参与科研成果商业化活动的程度。也就是说，地方高校需要主动将自己的学科研究成果转换成为一种商业产品，并将产品进一步推入市场，实现它的商业化价值。通过创业型地方高校参与科学研究成果的商业化，我们既可以提高地方高校的创收收入，获得更高的回报，同时也可以将这些高额的回报再重新投入到科学研究当中，实现创业资金的高效利用，还申请到更多的课题研究项目资金，提高创业型地方本科院校的科学研究水平。通过地方政府对高校科研成果商业化的支持和鼓励，可以形成一种制度支持层面上的强大动力，大大激发了创业型大学在三螺旋理论发展中的活动动力，因

---

① 朱炜. 基于三螺旋理论的异地毕业设计一体化教学模式研究——地方本科院校艺术设计类专业视角[J]. 邢台学院学报, 2015, (01): 159-162.

此需要地方本科院校能够做出更多不懈的努力。①

三、教学和科研应面向实际问题

在三螺旋理论区域创新发展模型的应用过程中，湖南工学院创造性地设计了"三重一高"的办学定位，所谓"三重一高"人才培养的目标就是要"重基础、重技术、重能力"以及"高素质"。也就是要在实际的教学和研究的过程中，注重面向实际问题，重视提高学生的基础知识掌握水平，做好基础的教学工作，重视对学生技术能力的培养，培养学生的创新性思维能力，运用项目教学法以及任务教学法，培养学生解决问题的能力，旨在能够培养出更多高素质综合型的职业技能人才，提高学生的综合素质，提高创业型地方高校的竞争实力。要创建更多的实验课和独立课，建立自己独立的教学大纲和考试大纲，根据湘南示范区市场经济的发展需求，充分提高课程教学的应用空间，增加许多学生感兴趣的实验内容，在创业型学生的人才培养中，要能够引导学生，调动学生自主合作研究的学习主动性，培养学生科学严谨的实验学习态度，然而在实践性课程的教学安排上，还有许多不到位的地方需要加以调整和改善。②

第三节 三螺旋理论框架下湘南地方高校"政产学"协同创新创业人才培养模式研究

一、政产学协同创新创业人才培养模式

"政产学"协同创新创业人才培养模式中，政，就是政府的意思，即由政府出台一些法律法规政策来推动区域创新创业平台的搭建以及一体化流程发展，并且在强有力的政策支持和保证下，可以让区域产学研合作项

---

① 王同岭.三螺旋理论指导下的创业型大学办学模式浅析 [J].企业导报，2013，（03）：219.
② 徐行，张广良，张红.基于三螺旋理论的新升本科院校人才培养策略探析 [J].榆林学院学报，2013，（01）：103-107.

目以更快的速度开展起来，在创新创业人才培养模式中处于基础地位。产，即企业的市场经济，主要指的是在我国发展市场经济的前提下，企业为了寻找到更适合企业自身发展的合作方式，会以科学研究成果、高校人才输出等作为企业创新创业发展的原动力，也为地方高校、科学机构提供更多的人才开发可利用资源，在创新创业人才培养模式中处于关键地位。学，即地方高校的人才培养计划，要让地方高校的人才培养更符合现代化企业的发展需求，培养更多高素质、高技能型专业人才来完成行业转型需求，在人才产出的同时不断引进更高层次的专业技术人才，在创新创业人才培养模式中处于核心地位。基于现阶段应用型地方本科高校的发展现状与特点，在借鉴国外高校创新创业型人才培养模式成功经验以后，我们认为，湘南创业型人才培养的最佳选择就是将政产学结合起来，因时制宜，因地制宜，必须协同在一起，才能够培养出创新创业人才，不断调整湘南示范区地方高校的创新创业教育人才培养模式。①

二、湘南示范区地方高校"政产学"协同创新创业人才培养现状

选择湘南示范区境内湖南财经工业职业技术学院新成立的创新创业就业部门为对象并对地方高校"政产学"协同创新创业人才培养模式的教育现状展开考察，主要针对湘南地方高校"政产学"协同创新创业人才培养模式的构建情况展开分析，进而建立地方政府、企业与高校的三螺旋人才培养框架，并对创新创业人才培养管理的问题与困难进行总结。

1. 创新创业教育同专业教育相分离

从湖南财经工业职业技术学院新成立的创新创业就业部门调查结果来看，创新创业教育同学科专业教育之间是分离的，并没有将创新创业教育概念融入到学科专业课程的教学体系当中，更没有做到对创新创业教育与

---

① 赵忠见. 三螺旋理论视角下的高职院校创新创业型人才培养研究[J]. 产业与科技论坛, 2017, 16 (08): 145-147.

学科课程教学体系改革的有效衔接，只是简单地在原来的课程教学当中，每学期增加了几节创新创业课程，而且创新创业课程大多都是理论课程，实践应用性不是很强，不能很好地满足现代化社会发展对大学生的创新创业能力需求。①

2. 创新创业教学能力差

现阶段地方高校的创新创业教师对市场和现代化企业的发展需求并不是很了解，再加上湖南财经工业职业技术学院新成立的创新创业就业部门内很多教师自身也缺少相应的创新创业经验和阅历，缺乏对双师型创新创业人才的培养建设，自然也就造成了教师的教学能力差，教学内容和教学形式上都有局限性，而且教学方法和教学评价模式都比较单一，不能很好地满足大学生对创新创业知识的学习需求，缺少对学生综合能力的培养，不能很好地运用课堂学习到的知识来解决现实生活中的实际问题。②

3. 创新创业教育意识匮乏

创新创业教育意识匮乏，说明地方高校的大学生比较急功近利，不能很好地沉淀自己，缺少对学科专业知识的认真思考，心态上比较浮躁，缺乏创新创业的积极性和主动性，没有主动的创新创业探索精神，在湖南财经工业职业技术学院新成立的创新创业就业部门中，虽然有一些学生参加了学校组织的创业社团活动，但也只是为了获取学分而已，不是发自内心的喜欢创新创业实践课程，整体的创新创业意识是匮乏的，缺乏创新创业的内在动机和欲望。③

---

① 余潇潇，刘源浩.基于三螺旋的研究型大学创新创业教育模式探索与实践［J］.清华大学教育研究，2016，37（05）：111-115.

② 庄涛，吴洪，胡春.高技术产业产学研合作创新效率及其影响因素研究——基于三螺旋视角［J］.财贸研究，2015，26（01）：55-60.

③ 陈桂香.高校、政府、企业联动耦合的创新创业型人才培养机制形成分析——基于三螺旋理论视角［J］.大学教育科学，2015（01）：42-47.

三、影响湘南地方高校"政产学"协同创新创业人才培养的原因分析

这里从地方高校、企业和政府三方面角度,探究影响湘南示范区大学生创新创业人才培养的因素,分析"政产学"三者之间协同促进、互相补充的关系,它们在湘南区情发展的背景下,影响着高校创新创业人才培养的速度和进程。

1. 地方高校方面

针对湘南示范区湖南财经工业职业技术学院新成立的创新创业就业部门政产学研协同创新创业人才培养中存在的问题展开原因分析,从高校方面来看,主要是和人才培养的管理人员、教师的培养能力有关,虽然成立了创业部门,但是大学创业就业指导教师人才队伍的数量明显不足、教师质量不高、结构不优,尤其是在协同创新创业教育发展中,要求"政产学"人才培养负责人有着丰富的学科专业知识,还有丰富的实践创业经验,才能够很好地协调高校中各学科专业间的组织文化差异,吸引更多社会上的有识之士参与到人才培养中来。不过实际上,协同创新教育管理者并不具备这样的能力,跨领域合作能力、沟通协调能力还有所欠缺。

2. 企业方面

企业方面原因主要是指湘南示范区地方高校在"政产学"协同创新创业人才培养教育中,合作企业与其内部组织的定位目标、结构以及文化内容,都会直接或间接地影响到人才培养的效果。现阶段,湘南示范区地方高校同企业、政府之间的协同创新人才培养体系还不是很健全,创业导师培养基地缺失,企业实践模式陈旧,缺乏创新,组织培养目标不是很明确,组织结构不清晰,组织文化不够系统,组织制度也不够完善,没有形成一个完整的创新创业人才培养制度体系。[1]

---

[1] 李培凤. 我国大学、产业、政府三螺旋效果分析及政策建议 [J]. 科学学与科学技术管理, 2014, 35 (12): 3-9.

3. 政府方面

湘南示范区地方高校在"政产学"协同创新创业教育中，协同创新创业教育主体之间彼此的沟通、交流以及协作共享，都会在某种程度上影响创新创业教育的正常运作，综合多元主体利益和资源，尤其是地方政府，对于创新创业融资平台的融资能力不是很强，政府所设立的风险投资和评估体系都不健全，进而导致了产学研融合发展模式滞后、发展机制不成熟，始终都处在探索和摸寻的道路上，在协调各方利益过程中，三者很难在人才培养目标与培养质量上达成共识，建立一个共同的价值体系，实现对创新创业知识的资源共享，化解分歧和差异，做到协同创新创业发展利益与风险之间的平衡，把握过程发展方向。[①]

四、湘南地方高校"政产学"协同创新创业人才培养的三螺旋合作框架

三螺旋理论，即地方政府、企业与地方高校是组成经济知识体系创新制度环境的基本因素，随着市场经济的变化发展，需要将三种力量整合在一起，相互促进，互相补充，形成三螺旋的结构关系，只有将地方科学研究机构与创新创业型地方高校组合在一起，形成重要的知识资产体系，才能够创造出更多的社会生产价值，形成辐射作用。在三螺旋结构中，三者能够有效地实现资源共享，提高信息沟通水平，并保持各自独有的功能作用。通过对三螺旋理论的应用，能够完成对创新创业型地方高校的正确定位，改善区域产业的创新发展坏境，图5-2所示为"三螺旋合作框架"下，创业型地方本科高校"政产学"协同创新人才培养模式结构图，在此模型基础上，可以继续对地方企业、高校、政府的职能定位进行进一步的拓展研究。[②]

---

① 康健，胡祖光.基于区域产业互动的三螺旋协同创新能力评价研究[J].科研管理，2014，35（05）：19-26.

② 杨文静.产业转移背景下湘南三市产业协同发展与区域合作研究[D].湘潭大学，2013.

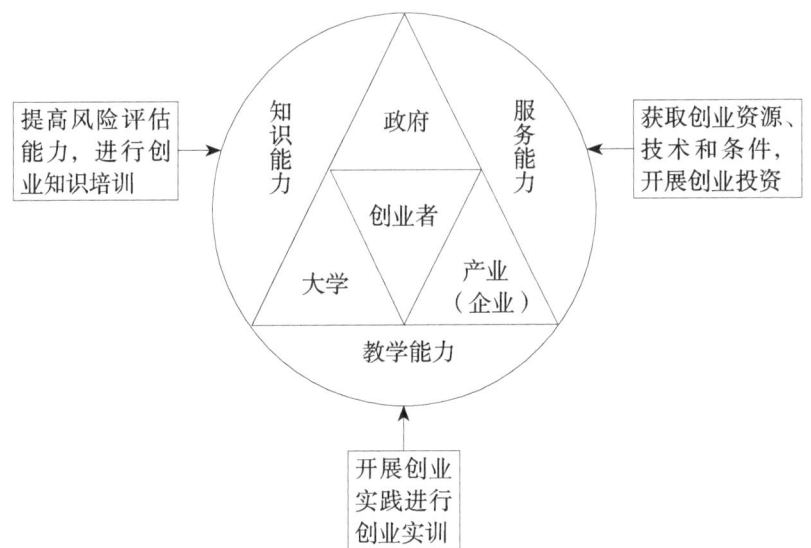

图 5-2 创业型地方本科高校"政产学"协同创新人才培养模式结构图

五、湘南地方高校"政产学"协同创新创业人才培养思路

从湘南示范区地方高校"政产学"协同创新创业人才培养的现状来看，需要提出进一步优化政府、企业、高校三方联系的有效对策，在"三螺旋合作框架"基础上，明确地方政府、企业和高校关系的构建策略。

1. 高校层面

从地方高校层面上来看，在"三螺旋"理论框架基础上的创新创业人才培养，应当以高校教育为主体，结合十九大提出的创新创业发展要求，加强协同创新创业合作教育的吸引力，有效促进工学一体、产教融合的进一步发展，为此，需要地方高校能够主动服务湘南区域的产业发展，提升地方高校的教办学水平，同时也要加强对"双师型"人才的培养建设，多方拓展高校创新创业人才培养的融资渠道，提升高校人才培养的服务水平。要知道，在"三螺旋"理论框架中，地方高校人才培养的职能定位是非常清晰的，就是要培养出符合社会发展需求的合格人才，因此高校在创新创业教育改革中，要打破传统模式的限制和束缚，主动承担人才培养重任，让学生在大学本科学习期间，就有机会考取相应的职业技能证书。在学校学习期间，就能接触真实的企业工作环境，将"双师型"教师人才培养同学生的创新创业教育整合到一起，使教师和学生一同成长，教师可以到企业能参观实习，企业中优秀的技术人才，也可以到校企联合的创新创业实训基地中指导教学。

2. 企业层面

在"三螺旋合作框架"下展开创新创业人才培养，现代化企业参与是必不可少的关键步骤，能够更好地激发出"政产学"合作的生命力，特别是在党的十九大刚刚召开的时代背景下，企业想要更好地提升自身的经济效益，必须要有高素质、技能型创新创业人才作为支撑，通过校企合作的人才培养方式，可以提高企业自身的创新能力，开发出更多宝贵的人才资源，所以企业在创新创业人才培养中，可以给学生安排一些学生感兴趣或是和学生专业比较对口的工作，进而激发学生的工作积极性，这样可以让学生感受到企业的真实发展需求，接受企业文化管理，提高湘南示范区地方高校大学生对企业文化的认同感，同时也能够让学生接触到真实的企业工作氛围和环境，增强大学生的职场适应能力，使他们能够在企业中学习到更多书本上没有的东西。在协同创新发展的同时，企业需要解决人才培养岗位结构安排的问题，健全校企联合合作联络机制，定期召开"政产学"合作会议，及时同地方高校沟通学生在创新创业实习培训时的表现情况，一同商讨并制定新的人才培养方案。

3. 政府层面

为了能够进一步提升湘南示范区地方高校"政产学"协同创新创业人才培养水平，从地方政府层面上看，应当加强地方政府的主导作用，提高三者之间合作的凝聚力，同时也要强化政策法律法规的导向，积极构建协同创新创业人才培养合作环境。最主要的是能够从地方高校的人才培养需求角度出发，采取立法的形式，制定出符合湘南示范区经济发展需求的创新创业人才培养政策法规，明确各级责任主体，有效推动校企合作力度，制定和完善法律政策，兼顾各方利益，为创新创业教育人才培养营造良好环境。地方政府要到位不缺位、引导企业和高校进行"校企融合、工学一体"的人才培养，重点围绕国家"十三五"规划要求，在湘南区域特色产业结构调整中，应当明确市场的人才要求，加强对企业、高校的正确指导，尽快出台一些关于创新创业人才培养的实习实践方案，规范并约束地方企业和高校的行为，尽可能做到保护大学生自身的合法利益。[①]

总之，湘南示范区创新创业人才的培养，需要地方政府、企业和高校之间继续加强沟通和联系，使得创业型高校的人才培育功能能更好地发挥出来，更好地服务于湘南示范区的经济建设和产业升级，不断创新地方高校的教学开发机制，进而培养出更多高素质技能型创新创业人才。

第四节 基于"三螺旋"理论的湘南示范区计算机专业本科学生创新创业教育模式研究

一、三螺旋理论与计算机本科生创新创业型专业人才培养

湘南地区计算机专业本科教学模式目前普遍存在政府支持力度弱、校企合作不深入等问题，使得地方本科院校的计算机专业创新创业教育很难开展起来。为了能够给更好地提升计算机专业本科生的创新创业能力，必须引入三螺旋理论，来建立高校两创教育模式。

我们需要先针对当前计算机创新创业课程教学体系中存在的问题展开分析，首先就是对计算机专业的定位不清晰问题，再加上一部分高校对于计算机专业的课程教学经验不足，课程教学出现了安排不合理的情况，没有一个准确的人才培养侧重点，甚至出现了高校计算机人才培养的课程与市场环境中对计算机人才需求相差甚远的问题。

地方高校在计算机课程体系设置的时候，给人的感觉是杂乱无章的，

---

① 马力煌，曾强.大学生自主创业意向与创业教育的改进——以湘南学院为例[J].湖南农业大学学报（社会科学版.素质教育研究），2016（01）：8-9.

盲目地减少实践教学课程或是添加新的学习科目，这样就导致了高校计算机专业课程的种类繁多，人才培养的专业定位方向不科学，严重缺少对就业市场的考察和对学生的创新创业培养教育，这对学习基础本来就比较差的地方高校学生来说，无疑是增加了学习的难度。高校在计算机专业的课程结构安排上借鉴了本科的专业课程设置形式，就意味着高校计算机专业学科的实践应用性变弱、理论教学同实践教学相分离、所使用的教材版本老旧，基本上就是公共课→计算机专业理论→计算机专业技术的课程结构体系，学生并不能接触到新鲜的计算机知识，同时也缺乏对学生的创新创业教育以及职业道德素养教育。

所谓实践性教学环节薄弱问题是说计算机专业对于学生实践应用能力培养的缺失，缺少相应的计算机专业校企联合实训培养基地，能够有效组织的实训项目也非常少，同时也缺少对双师型技能人才的培养，教师自身就缺少现代化企业中的计算机专业创新创业实践工作经验，又怎么可能培养出高素质的计算机技能型人才呢？这也就进一步导致了凭借高校现有的教学资源水平，无法开展实践性项目教学环节，不能构建出一套完整的计算机模拟实训流程，不能够为学生营造一个真实的计算机企业工作环境。

二、湘南示范区地方本科院校创业型计算机人才培养的模式选择

关于湘南示范区地方本科院校创业型计算机人才培养的模式选择，需要注重"官—产—学"教育模式中政府、产业和大学的协同性问题，在三螺旋理论指导下，湘南地区应用三螺旋理论创新创业教育模式的主要成绩表现在湘南地区地方高校着力发挥主动性，地方企业树立了宏观的战略发展眼光，并且加强了地方政府的正确引导作用。湘南三螺旋理论的提出，就是要提供一种创新创业的优质服务。为计算机专业学生"护一程、送一段"具体应做到以下几点：

1. 强调人才培养的市场导向性

湘南经济示范区在对地方高校中计算机专业的学生选择合适的人才培养模式时，基于对"三螺旋"理论的研究，首先应当关注的是湘南示范区人才培养的市场导向问题。高校大学生的毕业并不是人才培养的结束，特别是对计算机专业学生的创新创业教育，本科阶段的人才培养仅仅是一个开始，在我国市场经济转型发展的时代背景下，湘南示范区中的地方本科院校也在不断面临着转型升级，希望地方本科院校所培养出来的学生能更好地满足就业市场的人才发展需求，企业可以招聘到所需要的技能型创新创业人才，同时也希望本科院校毕业的计算机专业学生可以快速找到自己的工作岗位，实现自己的人才价值。由此可见，地方本科院校对于计算机学生的人才培养，不仅关乎着学生个人的发展命运，也会影响着社会的发展与进步，影响着计算机产业项目的建设，因而湘南示范区在人才培养的同时，要及时关注计算机行业市场的人才需求，培养出全面发展的创新创业型计算机综合素质人才。①

2. 强调知识的技能性和技术的可操作性

为了能够满足市场经济发展背景下现代化企业对于计算机专业的创新创业型人才的需求，湘南示范区中的地方本科院校正在积极思考高校的转型项目，也就是怎样才能让高校的人才培养更加市场化，怎样才能将本科院校对于计算机专业人才的培养同现代化企业中人才培养更好地衔接起来，而不是像过去传统的人才培养模式中那样。很多学生在高校中所学的专业知识都是过时的，都是和企业的发展需求相脱节的。特别是关于实践性的计算机专业课程安排非常少，学生的实践性操作能力很难得到提升，因而湘南示范区地方本科院校在今后的计算机创新创业型人才培养模式的选择上，应当强调对知识的技能性培养以及对计算机技术的可操作性培养，

---

① 郑勇文.略论"三螺旋"理论视角下的高校创新创业教育[J].河北职业教育,2017,1(04): 11-13+23.

培养学生对于计算机知识的实践性应用能力，培养学生的社会适应能力，让学生可以独立面对今后工作中的竞争和挑战，要求学生对计算机知识和技术的接触面更为广阔，了解计算机行业市场变化的知识，能够将本科院校中所学的知识内化成为自己的创新创业能力。①

3. 立足区域，服务地方经济

湘南示范区中的地方本科院校在对计算机专业学生进行创新创业型人才培养时，基于"三螺旋"理论的要求，还是要从湘南地区经济发展的实际角度出发，使得本科院校的人才培养以及计算机专业的学科教学安排，都能够更好地服务于湘南地区的发展建设，同时也能够更好地利用并开发湘南地区的社会资源和人才资源，为湖南省湘南地区的经济建设提供更为强有力的人才支持，这也从侧面要求示范区的本科高校在对计算机专业的学生进行人才培养时，能够先到计算机领域市场去了解企业对于计算机专业学生的工作要求，从而有目的、有针对性地展开教学工作，完成企业和高校之间的"订单式"生产。②地方本科院校在实际的生产过程中，还需要控制好高校计算机专业创新创业型学生的人才培养比例，将高素质型的技能专业人才比例控制在10%之内即可，这样既能够保证湘南示范区的经济发展需求，也避免了人才培养数量过剩的问题发生，以下是人才培养教育示意图。

---

① 张绍丽，郑晓齐.专业教育、创新教育与创业教育的分立与融合——基于"三螺旋"理论视角[J].黑龙江高教研究，2017，(06)：100-104.
② 张秀娥，张宝文，秦鹤.大学生创新创业生态系统优化研究——基于三螺旋理论的视角[J].财经问题研究，2017，(05)：79-85.

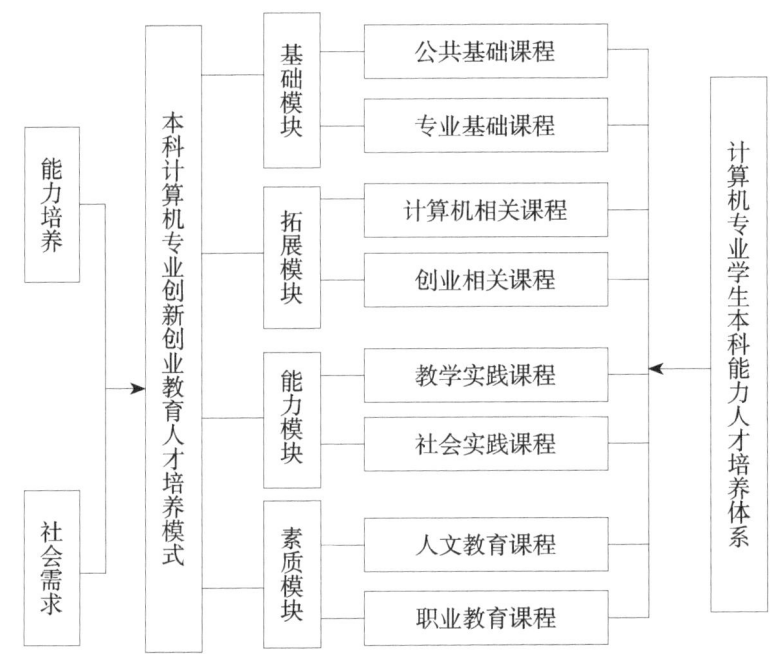

图 5-3 基于三螺旋理论建立湘南示范区地方高校计算机专业本科"官—产—学"人才教育模式示意图

三、完善湘南示范区本科院校创业型计算机人才"官—产—学"三位一体培养机制的路径

为了能够进一步完善湘南示范区"官产学"计算机人才三位一体培养模式的建立，湖南工学院根据本学院的实际发展情况，创设性地提出了"三重一高"的办学定位。所谓"三重一高"具体来讲也就是"重基础、重技术、重能力"以及"高素质"，在计算机专业课程的实际教学过程中，要重视培养学生的基础知识掌握水平，做好基础性的教学工作，重视对学生计算机应用技术能力的培养，培养学生的创新性思维能力，使用项目教学法以及任务教学法，培养学生解决问题的实际能力，提高学生的综合素质，提高湖南工学院的高校竞争实力，加强对计算机专业学生创新创业能力的培养。具体应做到以下几点。

1. 依据生产、学习、科学研究、实践运用的人才培养流程设计工读结合模式

基于对"三螺旋"理论的分析研究，为了能够更好地完善湘南示范区中地方本科院校对于计算机专业人才的创新创业型"官—产—学"三位一体培养机制，应当根据现代化企业的生产要求、高校的人才培养要求以及计算机产业的现代化发展要求来开展高校和企业之间的校企融合发展，给予学生更多到企业中实习和现场操作的机会，积极组织开展"校企融合、工学一体、工学交替"的计算机专业人才培养战略，提高学生对计算机专业知识的实践应用能力。也就是把地方本科院校的一部分教学内容放到企业中去做，到真实的企业环境中去学习和成长，了解并掌握在现代化企业中都是怎样应用计算机系统展开自动化、智能化生产的，接触企业中最为先进的计算机技术，这样能够让学生更好地加深对本科期间所学知识的了解，在"工读交替"的过程中，学生可以对知识点进行总结，在锻炼试错的实践性学习中，能够对自身的知识体系进行重新建构，明确自己身上的不足。①

2. 师资队伍建设是实施"官—产—学"三位一体人才培养模式的重中之重

湘南示范区中地方本科院校要想更好地实施"官—产—学"三位一体计算机专业学生的人才培养，还是要从提升自身学科专业教学能力上着手，建立一支优秀的"双师型"人才队伍，才能够更好地培养并促进计算机专业学生创新创业能力的发展。在"双师型"师资队伍的人才建设过程中，湘南示范区本科院校应该给予计算机专业教师到现代化企业中去进修学习的机会，教师的进修项目可以和学生的实习项目结合在一起，这样地方本科院校的教师可以和学生共同成长。与此同时，作为一名优秀的"双师型"

---

① 赵忠见.三螺旋理论视角下的高校创新创业型人才培养研究［J］.产业与科技论坛，2017，16（08）：145-147.

计算机专业教师，需要在企业进修和学习中取得相应的技能证书，证明教师同样具有在企业中对计算机系统及软件操作和使用的能力，进而提升计算机专业教师的职业水平。除了给予教师到企业中进修学习的机会以外，地方高校还可以邀请一些企业中优秀的计算机系统操作及软件开发人员到高校中给学生及教师带来一场精彩绝伦的讲座，也可以让他们针对学生实习中的问题提出科学的修改意见。①

3. 优化课程体系结构，从重"专业知识"向重"创业能力"转变

基于"三螺旋"理论的要求，地方本科院校的发展还需要结合区域经济的发展状况，在"官—产—学"三位一体人才培养模式建立时，能够完成从"重专业知识"到"重专业能力"人才培养观念的转变，进而加快对学校内计算机专业的学科课程体系调整，从而转变整个湘南示范区经济的产业结构。在对学生进行具体的创新创业能力培养时，地方高校应该考虑同企业联合开展一些科研项目，这样的话可以实现地方本科院校同现代化企业的产业技术融合，高校也可以有针对性地为企业提供对应的技术服务，在校企融合发展中，促进计算机产业技术的快速发展，学生在这一阶段的实习过程中，他们自身的创新创业能力自然可以得到提升。

4. 构建以创业能力为主体、创业素质训导和职业资格证书获取为两翼的"一体两翼"实践教学模式，从重"课堂教学"向重"基地实训"转变

在传统的地方高校计算机专业课堂教学中，主要还是以理论知识的课堂教学为主，要想对学生进行更好的创新创业型人才培养教育，就必须要完成从"重课堂教学"到"重基地实训"的培养目标转变。从"三螺旋"理论实施的角度来讲，地方本科院校应当意识到自己身上的责任感和使命感，在实践性校企融合过程中，加强对学生创业综合素质的培训力度，将高校的人才培养教育和企业中的工作紧密地结合在一起，培养学生在实际

---

① 马贞荣.基于"三螺旋"理论的民办高校创新创业教育模式研究［J］.智能城市，2016，2（11）：150.

工作中处理问题的能力，使得计算机专业的学生在本科学习阶段就可以获取相应的职业资格证书，在"一体两翼"的实践性教学模式中，不断提高学生的职场竞争能力，让学生可以在日益激烈的人才竞争中脱颖而出。所谓"一体两翼"教学模式中的"一体"就是要在湘南示范区区域范围内实现"产、学、研及培训"的一体化发展，而"两翼"就是要提高学生的创新创业能力，加强对学生的职业技能训练和职业素质培养，使得人才的培养更加符合企业的发展需求。

总之，湘南示范区本科院校在"官—产—学"三位一体创新创业教育人才培养模式下，不仅能够适应地方经济的发展需求，同时也能够重点突出地方本科院校同现代化企业在对计算机专业人才培养上的共同政策方针，在开放式的人才培养教育模式中，一定要尊重市场经济的发展规律。在校企融合、工学一体的教育背景下，高校要打开校门，转变老旧的教学模式，让学习走进企业，从而培养出适应时代发展的计算机专业创新创业型人才。

第五节 三螺旋理论视角下创业型地方本科院校管理模式机制创新及其政策含义

基于三螺旋理论的创业型地方本科高校区域创新机制的建立，主要通过对微观系统的控制，来激励高校的具体行为，从湘南示范区创业型本科高校的运行管理模式上来看，创新运行机制主要有动力机制、协同机制、共享机制、约束机制和保障机制，它们共同来完善高校的创新管理模式，从而解决湘南示范区创业型地方高校建设过程中的实践问题，希望可以让地方本科高校获得更多企业和政府的认可。

一、基于三螺旋主体作用强度驱动的区域创新模式

湘南示范区创业型地方本科院校要想更好地推动自身区域创新模式的发展，需要对知识创新和技术创新加以重视，加强各学科人才的主导作用，

充分利用大学自身的集成管理优势，提高科学研究成果的商业转化率，提高对科研产品的推广效果，促进对"双师型"人才的培养。让湘南示范区创业型本科院校的学科教师，多带领学生参加一些校企合作的实训项目，了解现代化企业的技术发展水平和经营管理手段，及时掌握更多市场经济发展需求，吸引更多企业中的优秀人才来到地方高校进行实训指导和讲解，加强校园文化实力建设，培养更多适应企业发展的高素质人才。[①]

二、基于三螺旋主体网络关系结构的区域创新模式

在制定基于三螺旋主体网络关系结构的创业型地方本科高校创新管理模式时，我们可以建立中心性优势的网络结构，也就是让创业型地方高校处于湘南示范区创新区域发展中的核心位置，方便高校和政府、企业之间的连接。像是湖南科技学院、湘南学院在湘南示范区中的节点数都是比较多的，说明这些创业型大学在区域范围内的产业集群性项目有很多，产业信息比较集中，当然对于创业型地方高校的发展依赖性也很高，体现出了地方高校在主体网络关系结构中的重要性，由创业型高校来带领地方政府以及地方企业形成一套健全而又完善的知识产业联盟，激发湘南示范区创业型大学的创新创造能力。[②]

三、基于三螺旋理论的"四螺旋"互动机制创新

伴随着知识产业经济的飞速发展，三螺旋理论的旋转情况也发生一些改变，因而创新提出了三螺旋结构中的中介组织——第四螺旋。这是因为创业型地方本科大学、企业以及政府还是三种不同性质的组织，通过这第四种螺旋结构，能够更好地提升三螺旋结构的运行效率，进而加快湘南示范区地方本科院校和技术产业间的流动水平，让地方高校的科学研究和创

---

① 张秀萍，迟景明，胡晓丽.基于三螺旋理论的创业型大学管理模式创新[J].大学教育科学，2010，(05)：43-47.
② 黄栋.论地方本科院校军事理论课教学现状与对策[J].湖南科技学院学报，2008，(10)：182-183+186.

新实践活动能够获得更多的社会支持与保障。这种外部互动机制的创新螺旋机制，一方面可以在湘南示范区高校内创建专业的技术研究机构和尖端科技孵化中心；另一方面还可以在湘南示范区的湘南学院、湖南工学院等高校内创建"硅谷"产业中心以及高新科技创业基地，吸引企业来投资和建设。

总之，从湘南示范区创业型地方本科院校在三螺旋理论中的建设与发展情况来看，还有很长的一段路要走，需要加强创业型大学和地方政府、企业之间的沟通与联系，让创业型大学的人才培育功能更好地发挥出来，更多地服务于湘南地区的经济建设与产业进步，不断创新地方高校的教学研究机制，从而培养出更多高素质技能型人才。

第六章　协同学视角下湖南省地方高校高层次人才培养机制研究
——以湖南工学院酒店管理专业为例

伴随着湖南省当代"人才强省"战略的发展与调整,地方应用技术型本科高校已经成为高尖端高层次人才的重要培养基地,同时也是湖南省乃至全国高等教育的中坚力量。不过,受到传统学科建设思想的影响,地方应用技术型本科高校还是出现了学科与专业相分离的现象,而且这一现象可以说是湖南省高校发展的主要障碍。本章将以湖南工学院酒店管理专业为研究对象,对于湖南地方高校所出现的学科建设同专业建设相分离、相割裂的问题展开分析,进一步深入了解学科一体化发展道路,同时基于协同学视角对学科专业一体化建设的制度、理念进行路径探索。

第一节　协同学视角下学科专业一体化存在问题分析

协同学主要是研究不同的系统在运行发展过程当中需要遵循一种共同规律的学科,协同学可以同当代一些比较先进的科学理论,像是系统论、信息论以及控制论、突变论融合在一起,并且采用统计学与动力学结合的方式,展开具体的分析和对比,从而创建出一套数学理论模型及处理方法,

第六章 协同学视角下湖南省地方高校高层次人才培养机制研究

可以用来描述各种系统或运动现象，把无序变为有序。

关于学科专业一体化的建设问题，如果以湖南工学院酒店管理专业的学科发展为例的话，主要指的是将学科建设和专业建设当中的人才培养模式，学科课程建设、学科专业教材建设，还有实验室的建设、教学师资队伍的建设以及学科专业研究基地建设联系起来，共同加入到学科专业一体化机制的构建中，进而让酒店管理专业在学科建设中的优势能够更好地发挥出来，以学科的发展来驱动专业的建设水平，打造一条龙的专业品牌建设，让湖南工学院的酒店管理专业拥有社会竞争力和职业荣誉。①

对于学科与专业一体化建设相分离的问题，应当从三个角度上来探讨。其一是关于学科和专业建设方面会在思想层面上产生误区，这是因为作为地方本科高校，在人才建设这方面，比较关注的是专业建设和学科发展间存在的区别，而没有关注到两者间的内部关系，所以导致了在实际的学科发展与建设中两者的长期割裂，不能把专业建设的力量更好地集中起来，这样学科发展的水平也不会很高。②其二，主要是地方本科高校在管理层面上也出现了一些局限性的问题，从理论到实践方面，都是由不同的部门来负责的，而且不同部门间缺少必要的沟通和联系。一般来说，学科建设有专门的学科管理部门，但是在专业建设方面，则主要是由教务处来负责的，它们彼此间是各自为政，互不干扰的一种关系。其三，就像湖南工学院的酒店管理专业一样，大部分的地方本科高校在学科专业一体化建设方面，都缺少对学科建设的重视，虽然从理念上要求通过科学研究来带动教学工作的发展，但是在实际的教学中，为了能够培养出更多职业技能较强的酒店管理专业人才，地方高校针对专业建设调整力度会更加猛烈一些。相比较而言，学科建设侧重的是学术界的研究，可能会离真正的生产实际

---

① 张燕.产业集群背景下地方高校协同创新人才培养策略[J].黑龙江高教研究，2017，(02)：130-133.
② 陈涛，程明.地方高校校企协同创新人才培养动力机制建设与实践[J].中国冶金教育，2016，(05)：58-61.

稍微远一些。① 协同学虽说是来自非平衡态系统当中对有序结构的研究分析，不过协同学理论已经摆脱了经典热力学的束缚，明确了协同系统的稳定性与目的性，通过应用协同学理论和研究方法可以为高层次人才培养机制的建立提供理论基础。如表 6-1、表 6-2 所示，为湖南工学院酒店管理专业与学科一体化建设项目完成情况的调查内容。

表 6-1　湖南工学院酒店管理专业学科一体化建设项目完成情况

主要目标	建设任务	完成状况
专业带头人	校内、校外 2 人	2
骨干教师	6	8
双师型教师人才	80%	80%
兼职教师	25	25
教研室主任兼职企业	1	1

表 6-2　湖南工学院酒店管理专业课程教学与地方企业的合作关系

课程内容	合作企业
酒店前厅服务与管理	维也纳酒店
酒店客房服务与管理	神龙大酒店
酒店餐饮服务与管理	华天大酒店
酒店营销与活动策划	浙湘国际大酒店

第二节　如何才能够更好地完善湖南省地方高校高层次人才培养机制

为了能够更好地完善湖南省地方高校的高层次人才培养机制，我们需要明确的是，关于学科建设和专业建设的问题，应当把它们看作是相互促进和相互补充的过程。以湖南工学院酒店管理专业为例，还是要通过学科建设还有专业建设才能够从整体上提升湖南工学院酒店管理专业的科研实力和教学实力，提高学院的高层次人才培养水平，提高地方高校的学科专业教学质量，更好地完善自身的高层次人才培养机制，拥有更多的学术型

---

① 张海涛，邹波.应用技术型本科高校学科专业一体化路径研究［J］.中国成人教育，2016，（17）：60-63.

第六章 协同学视角下湖南省地方高校高层次人才培养机制研究

研究人才，培养出更多的博士、硕士研究生人才，从而让学科的建设可以更好地带动酒店管理专业的发展。① 因此，在协同学视角下，地方高校在培养高层次协同创新型人才时，需要建立正确的协同育人培养理念，培养酒店管理专业学生的创新创业意识，同时更重要的是要建立健全高层次人才培养法律体系，从法律制度层面上来强制规范和完善协同创新人才培养的机制，明确地方民营企业在人才培养中的责任和义务，制定出更加符合湖南工学院发展实际的人才培养"说明书"，构建具有湖南省地方特色的高校协同创新人才培养体制。通过学科专业教学和实训练习的方式，让酒店管理专业的学生有更多的机会接触到实际的旅游服务项目，以科技活动的形式来完善应用技术型人才培养目标，打破学科与专业间的壁垒，努力打造酒店管理专业学科教学、实训、实验一体化的多功能信息教育平台，让学科和专业的教学资源能够得到更好的发挥和利用，使得酒店管理专业的学科资源可以得到共享，形成一种以人才能力提升为导向的教育评估机制，构建"以人为本"的高校高层次人才培养目标，让学科专业教学可以和社会服务的发展相结合，将知识转化成为一种技能，这样酒店管理专业学生就需要自己主动锻炼并培养探究学习的能力和意识。② 为了解决好地方本科高校双师型人才不足的问题，还可以聘请优秀的酒店管理人才到高校中进行教学，也可以让湖南工学院中年轻的教师到一些地方型旅游公司实习，了解更多实践性经验，进而提高双师型教师队伍的人才培养水平。除此之外，湖南工学院作为地方高校，还需要从自身管理做起，努力营造一个更好的社会支持环境，得到更多地方旅游企业的支持和配合，让校企融合项目能够进展得更加顺利，发挥出地方政府的引导职能，扩大高校招商引资的覆盖面，让酒店管理专业的学科建设进行外延发展，筹划好湖南省地方区域内的学科教学改革，带领学生在本科学习期间到旅游型企业中

---

① 王文剑.应用型本科高校学科专业一体化建设研究［J］.湖南机电高等专科学校学报，2016，24（04）：20-23.

② 朱玉涛，马玉娇，赵娜.地方高校校企协同创新人才培养机制研究［J］.办公室业务，2016，（10）：79.

去参观实习,提前熟悉好今后的工作环境,同其他同质类型的地方高校保持沟通和联系,构建优势资源互补的协同创新高层次人才培养模式。①

第三节 协同学视角下的学科专业一体化发展路径

湖南工学院中的酒店管理专业与学科一体化建设当中的专业是酒店管理,而学科一体化建设的侧重点在于管理学,湖南工学院管理学本科方面有工商管理、物流管理、账务管理(会计学)及酒店管理4个专业,而"酒店管理"只是4个管理学专业中的一个。专业(酒店管理)和学科(管理学)一体化技术建设,就是指酒店管理和其他3个专业要有共同的发展平台,才能培养出更多高层次人才。

一、协同学视角下加强高校系统研究和顶层设计

以湖南工学院酒店管理专业为例,在分析协同学视角下的学科专业一体化发展路径时,需要进一步加强地方高校的教育系统研究和顶层设计,从高校管理的角度来改变整体的教学氛围和学科教学思维,能够在实际的工作当中,找到可以完善酒店管理专业学科专业一体化建设发展的相关路径,自上而下地推动高校学科专业发展。需要明确学科一体化建设理念,让学校校长成为高校学科建设发展的决策者,打破传统教学思想的束缚,更重要的是顺应旅游专业市场的发展需求,站在时代的前面,脚踏实地去完善学科发展体系,让学科和专业能够协同发展,从思维到行动上要一致统一,以专业建设为龙头,以学科的发展建设为支撑点,目的是为了能够更好地完成酒店管理专业应用技术型学科的建设,让学科的建设能够带头促进专业的建设,拉动专业的发展势头,要让专业中有学科,学科中有专业,两者互为一体、互相统一,组建一支专业的酒店管理学科教学队伍和科学研究团队,使得湖南工学院酒店管理专业的建设能够和衡阳市地方特色发

---

① 曾蕲阳.论协同创新视角下的地方高校人才培养机制[J].教育理论与实践,2015,35(21):8-9.

展结合在一起。重点体现在课程设置上面,多安排一些实践性比较强的教育课程,制定出一套完整的学科专业一体化建设详细计划,努力追寻世界上一流顶尖的酒店管理专业学府的发展脚步,在科教兴国、人才强国的发展战略中,吸收其他发达国家在学科建设方面的经验。[①]

二、协同学视角下合理配置教育资源

关于协同学视角下的合理配置教育资源问题,需要湖南工学院将酒店管理专业培养成为本校的特色学科,同时也要突出湖南工学院的办学特色,根据旅游市场的人才需求,不断调整该专业的学科设置计划,明确湖南地方旅游专业的发展前景,然后以酒店管理学科专业发展为导向进行特色学科的重点扶持,优先培养学生的应用技能,加强课程建设,将优势资源有效地集中起来,努力发现每一位学生身上的闪光点,因材施教,能够更加深入地探索学科专业深度。对于学科建设和专业发展,应当是两手都要抓,两手都要硬,加强对湖南工学院酒店管理专业学科的基础设施和设备建设投入,进而提升地方高校酒店管理专业的学科教育水平。在科学合理配置学科教育资源的同时,要注意对实践型的实训教学基地建设加大投入,让学生能够拥有更多实践操作的机会,熟悉现代化旅游企业中的管理模式和管理理念。在建设地方本科高校亮点学科时,需要体现出学科建设的高层次、高水平,与研究型本科高校的学科教育定位区分开来,关注学科专业一体化建设发展中的主要问题,在特色学科发展方向上实现对教育资源的合理利用。在协同学视角下,加强校企合作的力度,注重对产学研研究项目的结合,运用两点论、重点论的哲学思想,对酒店管理专业进行重点扶持,不搞高校内平均主义那一套,完成学科专业知识体系的交叉发展,促进地方高校学科层次的升级。[②]

[①] 古广灵.协同创新视阈下地方高校应用型人才培养模式改革探讨[J].教育与职业,2014,(21):36-38.
[②] 付翠莲.创新地方高校高层次人才引进机制建设的思考[J].安徽广播电视大学学报,2012,(03):65-69.

三、协同学视角下深化综合改革，完善学科专业协同发展机制

在协同学视角下，为了能够更好地完善湖南工学院酒店管理专业学科一体化发展的实施路径，还需要构建出更加完善的组织机构，使得高校的学科教学工作能够顺利地开展起来，让学校现有的教学资源可以得到最大幅度的利用，做好地方高校的教研室建设工作，提高酒店管理专业学科教研组的教育管理水平和教育凝聚力，构建完善的激励机制，对表现好的学科专业教师给予表扬，对表现差的学科专业教师给予批评或处罚。要知道学科专业的协同发展不单纯是教育资源分配的问题，而且是要深入挖掘酒店管理专业的学科知识，从而培养出更多高层次的技术型人才，因而只有在一个激励性质的高校教育制度背景下，教育者在进行酒店管理专业建设时，才能够更加全面地去考虑学科专业建设问题，完成单线促融。也就是把酒店管理专业建设的内容整体放到学科的建设当中去，实现对学科教学资源的创新，构建学科专业一体化发展的长效机制，同时还可以实行开放化的管理体制，做出更加专业的顶层设计，完善高层次人才培养的协同保障制度，健全地方高校高层次人才培养的内外部管理环境，在整个学科范围内形成良好的学术氛围，在理论和实践中激发出创造的火花，提高学科专业间的融合发展速度，应用更加灵活的高校学科聘用制度，对学科人才进行科学管理，给予酒店管理专业人才更加广阔的发展空间。为了继续深化改革并完善地方高校的科技评价机制，可以按照"目标导向、分类实施、客观公正、注重实效"要求，加强对高校的科技管理，从注重数量扩张朝向教学内涵、质量转变。把工作重心放在尊重知识、尊重人才上面，调动教师的创造活力，积极调整和完善人事考核政策。

总之，以湖南工学院酒店管理专业为例，在协同学视角下我们可以了解到，学科建设和专业建设，二者是不可分割的，必须要统一结合起来，才能够更加充分地利用好湖南省地方高校高层次人才培养的教育资源，完善人才培养的教育机制，拓宽学科专业一体化的发展路径。

第七章　基于学科集群与产业集群互动的地方高校政产学研用协同培养应用型人才途径探究

　　地方高校培养应用型人才是符合地方高校应服务地方经济的办学宗旨的举措，也是提高地方高校办学水平和竞争力的途径。随着我国经济的发展，学科集群与产业集群互动的特征日趋明显，为了促进地方产业结构升级，保证地方经济可持续发展，政府、地方高校、企业、科研机构、用人单位应该正视目前在利用政产学研用教育模式培养应用型人才中存在的问题，并以学科集群与产业集群为导向，对地方高校政产学研用教育模式培养应用型人才的目标理念、管理模式和运行机制进行探讨。

第一节　地方高校政产学研用协同培养应用型人才的意义

　　高校培养的人才大致可以分为学术型人才和应用型人才两类。应用型人才是具有较强的知识应用能力，善于具体操作、解决实际问题的人才。相比较学术型人才而言，应用型人才主要是能较快地将知识转化成能力来解决问题，而不是研究和创造知识。当前许多地方高校把应用型人才培养作为自己的人才培养目标，这其实是与地方高校服务于地方经济发展的宗旨和地方高校的发展定位联系在一起的。

高校是培养应用型人才的重要场所。然而培养应用型人才却不能仅仅局限学校这一单一空间，也不能只有学校单方面的培养，而是需要地方高校与政府、企业、科研机构、用人单位等紧密联合、有机协同。因此地方高校要构建"政产学研用合作教育"模式来培养应用型人才以创新人才培养机制，"政产学研用合作教育"模式是一种开放式的教育模式。其核心思想就是在培养人才的过程中，由高校与企业、科研机构、用人单位等合作培养，改变过去传统的高校封闭式培养人才的办法，从人才的培养方案、培养目标到教学计划、课程设置再到人才培养评价体系等进行深度合作，按照某种市场规则进行知识物质资源交换与共享，实现人才培养、技术创新、推动经济发展等目的。由于政产学研用合作教育模式的开放性、协同性对于培养应用型人十分有利，因此不少地方高校都提出政产学研用合作教育模式是实现应用型本科教育的有效途径。

第二节 当前地方高校政产学研用协同培养应用型人才存在的问题

一、应用型人才培养的目标不明确

1. 对应用型人才培养的重视程度不够

有的地方高校对于自己应该培养什么样的人才还缺乏清楚的认识，即使有的地方高校在相关的教学文件和制度上已经明确了以培养应用型人才为目标，但事实上专业设置、教学计划、师资配备等并没有围绕着应用型人才的培养来展开，更没有结合地方高校所在的地方经济特色与需要，比如教学中突出理论教学、课程设置毫无特色、科研成果与地方经济联系不大，这实质上说明了应用型人才培养的思想理念与具体实施方针并未统一，许多地方高校并没有从根本上意识到培养应用型人才的重要性与必要性。

2. 对应用型人才培养的认识不足

培养应用型人才应该是一个系统工程，首先得明确应用型人才的内涵。应用型人才强调的是对知识的应用能力，但要对知识进行灵活应用，首先需要拥有良好的人文素质和品格，需要有较好的专业视野；其次才是较强的动手能力。但目前在一部分高校中出现了唯动手能力论，以为只要专业领域的动手能力强就是应用型人才，因此这部分高校不断地增加实践课时和实践教学环节，但却没有收到较好的效果。实际上应用型人才的培养需要严密的统筹规划，不是仅仅增加学生的实践时间就可以解决所有问题的。应用型人才首先是知识、素质、能力都比较高的综合型人才，它的突出特点是应用能力强，这个应用能力建立在良好的理论知识基础和人文素质品格之上。

二、政产学研用协同培养人才模式不科学

1. 未能形成合理的人才培养合作模式

高校应该在开展政产学研用合作教育模式培养应用型人才方面起到主导作用，但是目前地方高校还没有形成相关的成熟经验，以政产学研用合作教育模式为途径实现地方高校的办学思想、人才培养目标在实践中面临种种困难，很多方式流于形式没有达到效果；资金短缺、缺乏政府引导和政策保障等因素也制约了政产学研用合作教育模式的发展，导致地方高校在这方面还一直处于摸索阶段。

政府、企业、研究机构和用人单位本应该在开展政产学研用合作教育模式培养应用型人才方面起到推动作用，但是从目前的现实来看，政府、企业、研究机构和用人单位参与政产学研用合作教育模式的积极性不高；合作关系松散、简单，没有规范的管理制度对双方职责进行明确的约束；合作深度及层次有限、合作对象不广泛，大部分还只局限于参与建设高校的实践教学基地、担任企业导师等活动，合作对象过分集中于当地的大型国有企业，中小企业、民营企业联系不多。其关键原因是政产学研用合作

机制不完善，地方高校的主导作用未把握好，企业未能享受到较大利益，有悖于政产学研用合作教育模式的"资源共享、互惠互利"的原则。因此，高校、企业、研究机构和用人单位必须在实践中逐渐形成一种有利于各自的资源整合机制才能利用政产学研用合作教育推动应用型人才的培养。

2. 实践教学体系的设置没有体现应用型人才培养的思路

为了培养应用型人才，许多地方高校一改过去那种不重视实践教学的做法，对实践教学体系的设置做了一些改革，比如延长实践教学课时、加设实践教学课程等，但只是在原有基础上盲目而简单地增加实践教学环节，实际上并没有遵循实践教学的本质，也没有对培养应用型人才起到积极的推动作用。反而容易导致学生形成一种理论知识薄弱、专业应用能力也比较差的局面，距离应用型人才的培养目标越走越远。

3. 专业设置、课程体系缺乏合作效应

地方高校大多是根据原有的专业布局来设置和调整，而原有的专业设置与过去的行政管理体系及学校所处的行业体系关联较多，与地方高校所处的地方经济特点与不断变化的经济需求却未必契合。从而造成地方高校在利用政产学研用教育合作模式培养应用型人才时与地方企业难以找到双方合作的关键，无法达到共赢的局面。

另外，通常地方高校明确了应用型人才培养后，在设置课程体系时都会进行事先的调查论证，以避免课程体系在设置中缺乏系统性、规范性，但在调查论证中还是忽略了引入政产学研用合作教育模式的思想，没有邀请当地合作企业代表参与课程设置的讨论；没有设置政产学研用合作教育相适应的相关课程；没有出版相应的教材；对于课程的教学内容及教学方式的确立、课程设置的评价体系的描述也缺乏应有的关注。

4. 师资队伍建设还需加强

政产学研用合作教育模式需要与之相适应的师资队伍作为关键性保障资源。但目前还有很多高校教师对政产学研用合作教育模式、应用型人才培养等存在认识不足和偏差,又缺乏在企业、研究机构的实践经验,本身应用能力并不强,在指导学生进行专业学习时常常偏向于理论知识的传授;再加上还有不少高校并没有及时转变思路,仍然与部属重点高校比拼科研成果,在教师的晋升、评奖中以科研为导向,许多高校教师在创新实践教学环节中的积极性不高。虽然有的地方高校已经增设了企业导师作为实践教学环节的兼任导师,但企业导师的选拔、作用、考核等仍然没有详细的规章制度,随意性比较大,导致有的企业导师没有认真履行职责、有的企业导师的理论知识与实践经验相当贫乏等等。

5. 考核评价体系不完善

完善的考核评价体系能提高以政产学研用合作教育模式为途径培养应用型人才的效果。但当前地方高校在应用型人才培养评价体系建设方面还不够重视,很多考核指标还是集中于学生的就业状况,以学生是否顺利就业、尽早适应就业环境为中心,虽然这样的考核体系有一定道理,但是人才培养是一个综合过程,完全以最后的结果来评价整个过程显得过于急功近利,也是有失偏颇的。科学合理的应用型人才培养评价体系需要考虑是否所有的人才培养环节的设置及运行都突出了应用型人才培养的目标、特点和效果,是否都充分利用了政产学研用合作教育模式的优势,既不能唯成绩论,也不能只看就业情况。否则应用型人才培养只追求短期效应,政产学研用结合的教育模式难以长期实施。

第三节 学科集群与产业集群互动创新对地方高校政产学研用协同培养应用型人才的意义

一、学科集群与产业集群的互动符合地方高校的服务宗旨

产业集群是指集中于一定区域的企业通过不同的分工合作形成错综复杂的网络关系,组成紧密联系的经济组织形式。学科集群是集中于区域的学科分布,它的发展动因就是产业集群,需要产业集群为其提供较好的资

金支持和实验场所，而学科集群又可以为产业集群提供研究成果。现代区域经济的发展已经越来越依靠企业联盟和科技创新，而地方高校形成的学科集群和区域经济的产业集群可以互动协同，互相提供帮助。因此产业集群与学科集群的紧密结合、互动互补将有利于促成推动经济资源在企业、大学、科研机构中合理配置和流动，促进地区经济的发展，而这也是符合地方高校的服务宗旨的。

二、学科集群与产业集群的互动能促进政产学研用协同教育模式的发展

政产学研用协同教育模式要求高校、企业、科研机构、用人单位相互合作，合作中必须有一种互惠互利的合作机制才能持续发展。这种合作机制实质就是地区的学科集群与产业集群的互动。

产业集群的发展需要高校学科集群在科技创新中提供支持，学科集群和产业集群的互动可以加强高校、企业、科研机构在技术创新方面的联系，一方面促使高校、科研机构的研究成果直接应用到市场，加快企业的技术更新；另一方面企业的发展又可以为高校、科研机构的学科发展提供资金支持。因此，通过学科集群与产业集群的协同创新，加强企业、大学、科研机构等单位之间的合作，能够促进政产学研用协同教育模式的发展，形成科技创新整合力。

三、学科集群与产业集群的互动有利于地方高校培养应用型人才

应用型人才的培养需要提高人才运用知识的实践能力，应该改革传统的以灌输理论知识为主的培养方式，在企业、大学、科研机构、用人单位等组织之间进行多元化的培养。只有学科集群与产业集群在相互合作中结成联盟，才能通过各种方式吸引企业、研究机构充分参与到学校的人才培养工作建设中来，为学生充分、及时地进行企业实践、科技创新提供平台，为应用型人才的培养提供各种指导性意见。因此，需要以政产学研用结合

的教育模式来实现学科集群与产业集群的互动，促使学生在学习期间系统地将理论学习与工作实践结合起来，能充分发挥各组织在培养应用型人才中的优势，是有利于地方高校培养应用型人才的有效途径。

第四节 基于学科集群与产业集群互动的地方高校政产学研用协同培养应用型人才途径探究

基于学科集群与产业集群互动的地方高校政产学研用协同模式下应用型人才的培养需要政府、地方高校、企业、科研机构、用人单位的共同努力、共同参与，可以把它们在此之间的关系及改进措施这样来描述（见图7-1）。

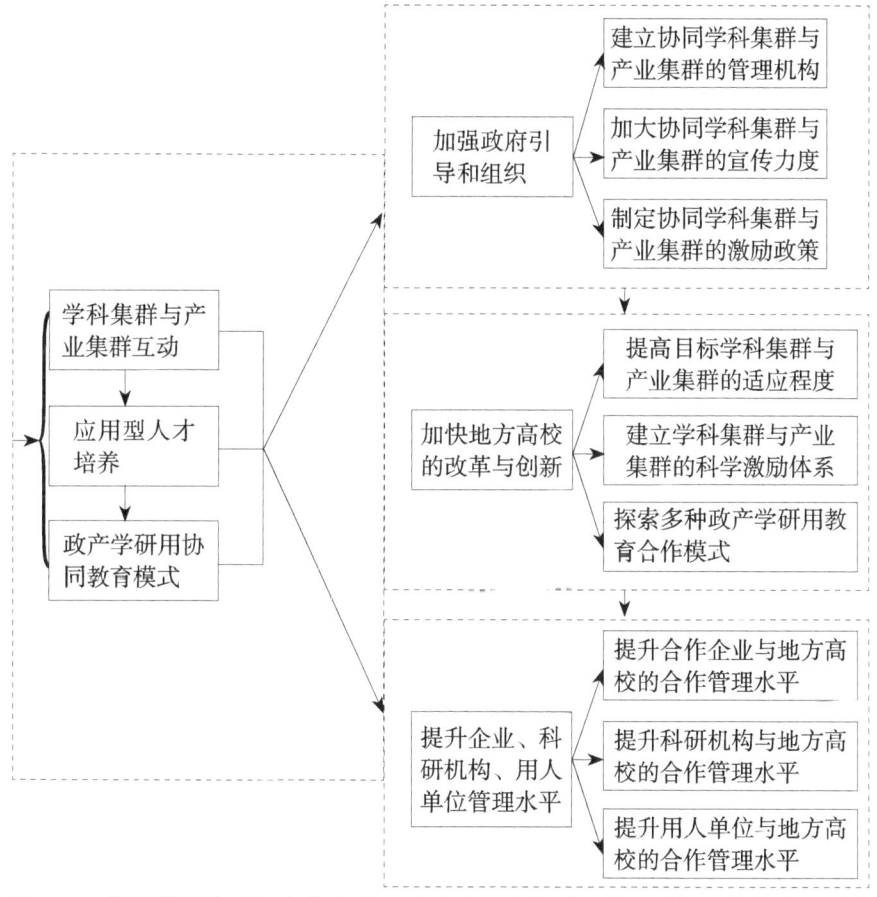

图7-1 基于学科集群与产业集群互动的地方高校政产学研用协同培养应用型人才探析图

一、加强政府引导和组织

在政府的倡导和组织下协同学科集群与产业集群的互动态势能使地方高校较好地联系企业与科研机构，并利用政产学研用教育模式探索应用型人才培养方式。

1. 建立协同学科集群与产业集群的管理机构

地方政府应当建立协同学科集群与产业集群的管理机构，由高校、企业、科研机构、用人单位的领导、技术人员、教师等担任成员，该机构主要是负责整合各高校、企业、科研机构、用人单位的资源，统一协同管理，分析当地的产业集群，再根据区域内各高校的学科结构、发展状况进行评估，给高校的学科结构调整、科技项目研究、实践教学等提供指导、建议及合作平台；并通过建立高校与企业之间的紧密联系，在政府的引导下形成产业导向性研发组织，将高校的科技成果应用于当地的产业集群发展。

2. 加大协同学科集群与产业集群的宣传力度

学科集群与产业集群的互动需要政府的积极引导，首先就是需要政府加大宣传力度。在政府层面加大宣传力度，发挥中介效应，搭建政产学研用信息平台，促使地方高校转变应用型人才培养方式的观念，促使企业、科研机构、用人单位积极参与高校人才培养工作，加强学科集群与产业集群的融合互动。

3. 制定协同学科集群与产业集群的激励政策

政府应该积极制定政策，以政策保障学科集群与产业集群的互动，引导高校、企业、科研机构、用人单位建立长期、有效、互惠的运行机制，以法规条例明确各方的责任与义务，促使政产学研用合作教育顺利开展。比如，在国家产业政策的指导下提供资金支持、信息支持加快高校优化学科结构的步伐，引导高校积极面对国家产业发展的趋势调整学科结构并与之相适应，面向新兴产业加速学科交叉集成。另外，出台一系列优惠政策鼓励企业加强产业联盟及与当地高校的科技合作，通过引进优秀的应用型人才实现产业升级。

二、加快地方高校改革与创新

在地方高校的努力下推动学科集群与产业集群的互动发展能使地方高校较快地改变传统教育模式，利用政产学研用教育模式创新应用型人才培养理念和机制。

1. 提高学科集群与产业集群的适应程度

地方高校的学术研究在很长一段时间处于分散研究的状态，很难发挥协同效应。只有以产业集群导向建立学科集群，学科集群与产业集群互利互惠，才能使区域内高校的学科集群持续、稳定、协同发展。学科集群与产业集群高度适应协调，需要地方高校重新调整学科结构，建立以产业集群为特点的学科科技创新团队，在这个团队中达到成果共同分享、利益趋同等目标，并且能与当地的产业集群之间广泛交流经验，充分沟通信息。另外，需要在师资队伍建设、管理制度中进行改革和完善，在高校中打造"合作科研，联系企业，服务地方经济"的氛围，建立人才培养及流动机制，创新利益分配体系。只有学科集群与产业集群良好互动，地方高校利用政产学研用协同教育模式培养应用型人才才具备了基本条件。

2. 建立学科集群与产业集群的科学激励体系

地方高校应该在内部建立学科集群与产业集群协同创新的激励体系。学科集群与产业集群的互动要在高校的政产学研用合作教育培养应用型人才方面起到推动作用，需要地方高校在内部建立良好的激励体系，改革现有的人才培养评价体系。在激励体系中，必须坚持物质激励和精神激励相结合原则，建立规范的多方位创新奖励机制，以高校师生、企业、科研机构、用人单位作为人才培养评价的主体进行评价，主要针对整个应用型人才培养过程进行评价，改变过去以地方高校自身发展为本位，与部属重点院校比拼科研成果、资金支持的评价导向。良好的激励体系是地方高校能真正利用政产学研用合作教育模式培养应用型人才的关键，也是最终能实现地区间的学科集群与产业集群互动的保障。

3.探索多种政产学研用教育合作模式

以学科集群和产业集群协同创新为主要特征的政产学研用结合模式是一种开放式教育模式，它将地方高校、企业、科研机构、用人单位在人才培养中的资源优势充分发挥出来，但目前没有现成的经验可以照搬，还需要在实践中不断摸索。比较常见的做法是高校与企业、研究机构、用人单位共建实践培训基地，共同建立专业实验实训中心。除此之外，还可以深度加强彼此合作，采用共同建立科技园区，利用高校的研究成果和技术人才共同研发创新；高校师生与企业、科研机构共同完成科技攻关项目，组成新兴产业技术创新联盟；共同出资建立技术创新基金会，根据合作项目设立多项政产学研用合作专项基金；吸纳企业公司和社会资金成立学校董事会，建立高校高科技企业等多种办法。另外，在学校里建立有合作企业、研究机构代表参加的学术委员会、专业设置组、师资建设领导小组、人才培养评价中心等对高校的管理制度进行全方位调整。地方高校应当按照互惠互利的原则，权衡各方的利益，探索多种政产学研用教育合作模式，加强所在地区的产业集群与学科集群的互动融合，推动应用型人才的培养向更深的方向发展。

三、提高企业、科研机构、用人单位合作管理水平

作为政产学研用合作教育的重要组成主体，企业、科研机构、用人单位通过提高自身管理水平促进学科集群与产业集群的协同创新能使地方高校充分利用政产学研用教育模式的优势，为培养应用型人才提供探索途径。

1.提升合作企业与地方高校的合作管理水平

首先，区域经济中的企业应该加强企业联盟与合作，根据自身资源不断向区域经济中的产业集群靠拢，并不断地进行产业价值链的升级，从各方面提高企业竞争能力，以促进产业集群的形成，为学科集群的形成提供导向。其次，企业必须加强与地方高校、科研机构的联系，严格遵守双方

所签订协议中的规定，为企业的科技攻关项目提供合作资金、实验场所和技术支持等。

2. 提升科研机构与地方高校的合作管理水平

科研机构作为从事科技研究的机构应该成为政产学研用教育合作中的桥梁，协助地方高校落实科技研究项目，指导高校形成与产业集群高度适应的学科集群，联系企业和地方高校为培养应用型人才提供参考意见、反馈信息。

3. 提升用人单位与地方高校的合作管理水平

用人单位是检验地方高校应用型人才培养效果的主要机构，主要应该配合高校的应用型人才培养评价体系的建设工作。在反馈信息中用人单位对高校应用型人才的评价应该占据较大分量，地方高校可及时根据这些信息对专业设置、学科结构、师资队伍等做出调整。

第八章 契合地方经济发展与产学研政协同教育的新建本科院校创业人才培养模式研究

地方本科院校创业人才的培养要求可以总结为"创业意识突出、创业能力强、有创业精神",如果说创业意识是推动创业人才形成的原动力,那么创业能力、创业精神则是推动创业人才形成的基础。

新建本科院校创业人才培养必须契合地方经济发展与产学研协同教育模式,根据地方经济发展的要求和产学研协同教育模式的要求,新建本科院校应该以"创业意识突出、创业能力强、有创业精神"作为培养要求,以应用型创业人才、创新型创业人才、复合型创业人才作为培养方向构建创业人才培养目标体系,结合目前新建本科院校创业人才培养活动中所存在的问题,创新性地从管理组织体系、教学质量体系、绩效评价体系三个方面提出了对新建本科院校创业人才培养的模式进行改革的具体途径。

第一节 创业人才培养的理论与现实基础

一、为地方经济发展服务是地方本科院校的办学宗旨

《国家中长期教育改革和发展规划纲要(2010—2020年)》明确提出"高

第八章 契合地方经济发展与产学研政协同教育的新建本科院校创业人才培养模式研究

校要牢固树立主动为社会服务的意识,全方位开展服务"①。地方本科院校是指成立不久,刚晋升为本科院校的地方性院校。作为行政上受地方管理、经济上需地方财政支持的新建地方本科院校应该扎根于地方经济,以为地方经济发展服务作为其办学宗旨。同时,与重点大学比较而言,地方本科院校由于本科办学时间不长、起点低、师资、设备基础条件薄弱,社会知名度较低,一直面临着较大的生存压力。地方本科院校必须联系地方经济,以地方产业特色为依托,有针对性地进行人才培养和学科建设才能实现向应用型大学的改革转型。②因此,地方本科院校服务于地方经济建设既是我国教育方针的要求,也是巩固其自身生存与发展,体现学校办学定位及特色的重要举措。③

二、地方本科院校创业人才的培养有利于地方经济发展

目前国家层面的"双众"工程正在积极推进,科技创新成果层出不穷;区域经济中的产业结构调整与转型,区域经济中产业集群、城市经济圈的形成都需要科技创新成果的支持;在新的形势下,地方本科院校作为提供科技创新服务和高素质人才的高校应该积极顺应形势,结合所在区域的经济发展状况和特色,将高校人才培养目标、模式与地方经济紧密结合,依托区域产业集群、科技集群作为人才培养基地,优化学科专业体系,完善师资队伍建设,努力做好科技创新研究工作,培养创业型人才,以区域经济的发展趋势作为人才培养的方向;在各方面加强"产教融合、校企合作",为地方区域经济的发展贡献力量。④

---

① 罗求实,姜正国,陈勇.新建地方本科院校产学研合作教育模式创新与实践——以湖南人文科技学院为例[J].湖南人文科技学院学报,2010(6):80-83.
② 安建强.产学研合作背景下高校创业型人才培养的新思考[J].高等农业教育,2013(10):53-55.
③ 闵倩.依托国家大学科技园的高校创新创业人才培养研究[D].南京工业大学硕士学位论文,2015.
④ 徐颖.我国研究生创新人才培养研究[D].中国地质大学(北京)硕士学位论文,2013.

三、产学研协同教育模式能为地方本科院校创业人才培养提供新观念

地方本科院校培养创业人才必须改变过去那种由高校主导培养人才的教育观念，吸引企业、用人单位广泛参与到创业人才的培养中来，促使地方本科院校通过人才培养观念的转变逐步涉及更多的商业合作和外部竞争，更好地为地方经济建设服务。通过产学研协同教育模式的实施，高校的创业人才培养在新的教育观念下将能实现培养机制的多种创新。①

四、产学研协同教育模式能为地方本科院校创业人才培养提供新平台

产学研协同教育模式以"平等合作、互利互惠"为原则加强了高校与企业的联系，通过高校、企业、科研机构共同承担生产、教育与科研任务的方式能为地方本科院校创业人才的培养提供资金支持和实践教学场地支持，使高校的人才培养不再局限于课堂知识传授和短期的校企合作，这对于高度强调创新能力和实践能力的创业人才培养是十分关键的。②

第二节 新建本科院校创业人才培养的目标体系

一、新建本科院校创业人才的培养要求

新建本科院校创业人才的培养要求可以总结为"创业意识突出、创业能力强、有创业精神"，如果说创业意识是推动创业人才形成的原动力，那么创业能力、创业精神则是推动创业人才形成的基础。

---

① 步德胜.产学研合作培养创新创业人才探析——以青岛科技大学为例[J].中国高校科技，2014（3）：78-80.

② 史玉环.高等学校创新人才培养与路径选择[D].山东师范大学硕士学位论文，2008.

1. 创业意识突出

创业意识包括创业需要、创业动机、创业兴趣、创业理想，是创业人才从事创业活动的强大内驱动力。创业人才必须首先具有较强的创业意识，本科院校创业人才的培养必须遵循创业教育规律，在人才培养中突出强调创业意识的培养。创业意识的培养是系统工程，应该贯穿于整个大学阶段，贯穿于每门课程的教学中；通过创业意识的培养应该促使学生在内心里萌发创业需求[1]，产生积极主动的创业意识，逐步地、充分地深入了解社会、适应社会，能充分把握社会机遇和社会形势，顺利完成从"就业者"到"创业者"的转变。

2. 创业能力强

仅仅有创业意识是无法将创业的想法和思路转化为现实的，创业人才的培养不仅要突出人才的创业意识培养，也要加强对人才创业能力的培养。创业能力不仅能使学生掌握迅速适应社会的专业岗位技术能力，更能使学生表现为较强的知识学习与应用能力。[2] 良好的创新能力需要以多元化的方式从学生的多种能力入手培养，比如社会实践能力、自我学习能力、表达能力、沟通能力、团队合作能力等。创业能力的培养必须落到实处，在专业安排上，要结合地方经济的特点，对原有专业进行调整和优化，使人才创业能力的培养找到合适的切入点；在课程设置上，要具体化创业过程，增加其现实可行性，侧重于学生运用知识、创新知识的实践能力培养。

3. 有创业精神

创业人才的培养需要创业意识、创业能力，还需要创业精神。创业精神是创业成功的重要保证，应该从教学计划、课程设置、课堂教学等人才培养方案中通过加强创业教育，侧重于对学生的心理教育，使学生形成乐

---

[1] 黄亲国.中国大学科技园的发展与对策研究——兼论大学科技园与大学的关系[D].厦门大学硕士学位论文，2007.

[2] 崔吉义，张健，吴妍.产学研合作模式下高校创业教育的策略研究[J].高教学刊，2015（23）：3-4

于创业、敢于创业、坚持创业的创业精神。[①] 创业精神具有高度的综合性，包括拼搏精神、进取精神、合作精神等等，是创业者的创业意志与创业个性的集中体现。创业精神的培养不是简单的空洞式说教，而是可以通过创业人士事迹宣传、加强实践教学环节、增加企业导师等多种形式的创业教育，在高校中形成引导、教化和感染学生的良好的创业精神品质的氛围。

二、新建本科院校创业人才的培养方向

新建本科院校创业人才的培养要求决定了创业人才培养的方向，创业人才培养的方向就是解释到底培养什么类型的创业人才。我们把创业人才的培养方向描述为应用型创业人才、创新型创业人才、复合型创业人才三种类型，这是对创业人才培养目标的具体化描述。

1. 应用型创业人才

应用型创业人才是新建本科院校培养创业人才的一个方向，对应用型创业人才的培养应当本着"宽基础、重技术、重应用"的思路来做，即首先拓宽学生的学习视野和专业知识面，为应用能力的培养打下扎实的基础；其次是注重培养专业技术的实践能力，最后是强调创业人才对各种知识的应用能力的培养。另外，新建本科院校进行人才培养要体现为地方区域经济服务的宗旨，也应该强调人才对技术的实际应用能力以适应地方经济发展的需要。因此，培养应用型创业人才，加强创业人才应用知识能力的培养应该是新建本科院校创业人才培养的具体发展定位。

2. 创新型创业人才

没有创新则难以创业，因此新建本科院校创业人才的培养还必须注重知识的创新能力，鼓励和引导创业人才能跳出固有的樊篱来实现知识的变革。相比较应用型创业人才而言，创新型创业人才是更高一级的人才培养方向；所谓创新型创业人才，就是不但有较好的知识应用能力而且能实现

---

① 刘同义.提升南京工业大学科技园服务功能研究［D］.东南大学硕士学位论文，2009.

知识创新,并具有创新精神和创新品质的创业人才。这种人才通常表现出坚强的意志、灵活开放的个性、广泛的兴趣爱好、勇于探索和冒险精神等特征,往往有很强的好奇心和喜欢自我钻研和探索知识的精神面貌。在各高校的多方竞争态势下,新建本科院校要力争成为地方特色突出、定位明确的高校,就应把创新型创业人才的培养提上日程。

3. 复合型创业人才

经济的进一步发展使社会对创业人才提出了更高的要求,需要他们不仅能应用在学校所学到的专业技术知识,而且对知识有高度的理解能力,即还能在此基础上改造知识,形成较强的创新知识的能力。所谓复合型创业人才就是指这种知识面广、应用能力强、具有创新意识和创新能力的高素质人才,他们不但有创业人才必须具备的创业意识、创业能力与创业精神,而且具备较好的理论知识基础和职业技术能力,了解所学学科的发展动态和地方经济的发展状况,并能理解和分析社会经济现象。新建本科院校虽然本科阶段办学时间不长,但许多新建本科院校由之前的高等专科学校升本而来,已经有较长时间的大专办学经验,因此完全有这个能力培养出高素质的复合型创业人才。新建本科院校在培养复合型创业人才时,要注意知识与能力的交叉融合,使这样的创业人才不仅能掌握多学科的专业理论知识和多种专业实践能力,同时拥有良好的创新能力。

新建本科院校的创业人才培养要求及人才培养方向共同组成了创业人才培养目标体系,见图8-1:

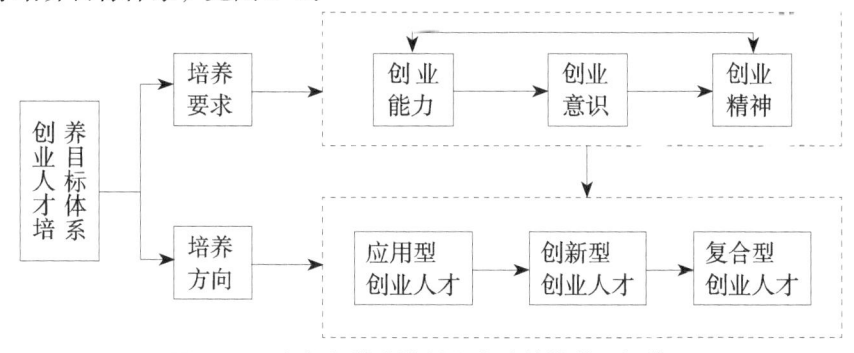

图8-1 地方本科院校创业人才的培养目标体系

第四节　当前新建本科院校创业人才培养中存在的问题

一、对创业人才培养的重视程度不高

虽然创业人才的培养符合新建本科院校的发展需要，但部分新建本科院校依然还没有培养创业人才的意识，主要是把人才培养的目光集中于应用型人才培养、综合型人才培养，而对创业人才的培养表述极少，即使有些提出了创业人才培养的目标，对于创业人才的培养目标和培养方向也还存在定位模糊、缺乏了解的现象。另外还有的新建本科院校由于是大专类院校升本而来，本科办学经验少，对创业人才培养的认识还存在一些错误认识。比如，参照高职高专院校的做法，将传授专业岗位技术作为创业人才培养的主要目标，将校企合作培养创业人才简单地理解为解决就业的捷径。[①] 新建本科院校在创业人才培养认识上的这些偏差直接影响了创业人才的培养效果。

二、创业人才培养的运行机制不规范

创业人才的培养需要良好的运行机制作为支撑，这对于办学条件比较有限的新建本科院校是一大考验。现实中新建本科院校创业人才培养的运行机制确实存在不少不规范的现象。比如，创业人才培养的运行机制依然比较封闭，缺乏企业、科研机构等外界的参与，专业设置及学科建设比较随意，没有真正考虑地方经济的需求，使创业人才培养失去较好的土壤。在课程设置、课堂教学方式中，新建本科院校还没有将创业人才培养内容渗透到其中，创业教育中必需的创业意识、创业能力、创业精神的培养未能系统地联系起来。另外，创业人才培养的形成需要教学、科研、行政机构通力合作、多维互动，但不少高校把创业教育看作是学生工作管理内容，

---

① 刘庆涛，周安忠，赵巍巍.基于形势与实践逻辑基础上的新建本科院校转型发展思考[J].中国成人教育，2015（16）：26-29

依托于学生工作管理部门，教学和科研机构配合程度不高。

三、创业人才培养的保障体系不健全

创业人才的培养需要有健全的人才培养保障体系，比如师资队伍建设的保障、评价体系的保障、实践教学基地的保障等。但多数新建本科院校至今仍然没有建立专门针对创业人才培养的保障体系，在教学运行、科研导向、师资队伍建设、内部奖惩制度等多方面都没有形成有效的改革，创业人才培养所需的资金、技术、人才、场地的支撑力度较小，缺乏良好的实践基地、创业园和孵化器等为创业人才提供加强创业能力的资源支持；校企合作的层次比较低，企业参与创业人才培养的意识与程度都不高，获得的社会资金支持非常有限；缺乏科研机构主导地方企业的科技创新，学生参与科研的机会非常少，创业能力的培养难以提高。

第五节　契合地方经济发展与产学研协同教育的新建本科院校创业人才培养模式与路径选择

一、建设创业人才培养的管理组织体系

培养创业人才需要有良好的管理组织体系，新建本科院校应该从教学、科研、行政管理机构调派人员，并邀请当地合作的企业、研究机构代表作为其成员，成立创业人才培养指导委员会。该机构从产学研协同教育的视角来培养创业人才，负责制定创业人才培养的战略目标、实施具体方案、监管整个人才培养过程并进行多元化评价，参与创业人才培养的专业设置、教学计划安排、人才培养方案制定、实践教学基地建设等工作。

创业人才指导委员会应定性为常设机构，并制定具有产学研协同教育模式特色的管理制度，促使新建本科院校、企业、科研机构能紧密结合在一起，按照规定的合作方式贯彻与实施创业人才培养计划。为了方便衡量创业人才培养效果，该机构还应该制定包括学科建设质量标准、课程建设

质量标准、实践教学建设质量标准、产学研协同教育建设质量标准等各项人才培养的具体质量标准，使创业人才培养的过程能有具体的奋斗目标，创业人才培养的效果能具体量化。创业人才指导委员会形成的管理制度应该充分突出产学研协同教育模式的要求，并考虑到新建本科院校的实际情况，在实践探索中对于人才培养的培养目标、培养方案、培养形式等做出明确规定和整体规划，并不断调整、改进，尽量使之标准化、科学化、人性化。

二、建设创业人才培养的教学质量体系

按照创业人才培养的目标，教学质量体系的建设是多方面的、系统性的。创业人才培养的教学质量体系应该涵盖教学工作的事前、事中、事后全部流程。事前的教学质量体系主要应该包括专业设置、课程设置、教学资源分配等事项，事中的教学质量体系则应该围绕课堂教学方式、督导检查、实践教学环节开展等进行，事后的教学质量体系则有师资队伍建设、教材开发、教学工作总结等工作内容。[①]具体来说，教学质量体系建设主要是做好以下内容的改革与创新：

1. 创新课程设置

过去的课程设置往往都是由高校自主决定，没有外界的充分参与，课程的设置和调整具有较大的主观性、随意性和滞后性，给人才培养的效果带来不利影响。改革课程设置首要的是新建本科院校要按产学研协同教育的要求，在创业人才指导委员会的商议下以合作企业、科研机构的意见为主导，充分考虑它们对人才的需求来进行课程设置。这样可以促使课程设置契合地方经济发展，也更符合创业人才的培养目标。

另外，课程设置应该由过去那种以学科理论知识为主的课程体系转变为模块化设置，即以创业人才所需的基本知识、素质、能力为三个模块进

---

① 李炳安.产学研合作的英国教学公司模式及其借鉴［J］.高等工程教育研究 2012（1）：109-111

行课程设置改革,在基本知识模块中分为基础知识模块和专业知识模块,素质模块中分为职业素质模块和综合素质模块,能力模块中分为职业岗位能力模块、职业拓展能力模块。每个模块都应设置理论教学课程和实践教学课程,帮助学生理论联系实际,全方位夯实理论基础,提高素质和能力。

模块化课程设置体系内容及它们之间的关系,可用图8-2表示:

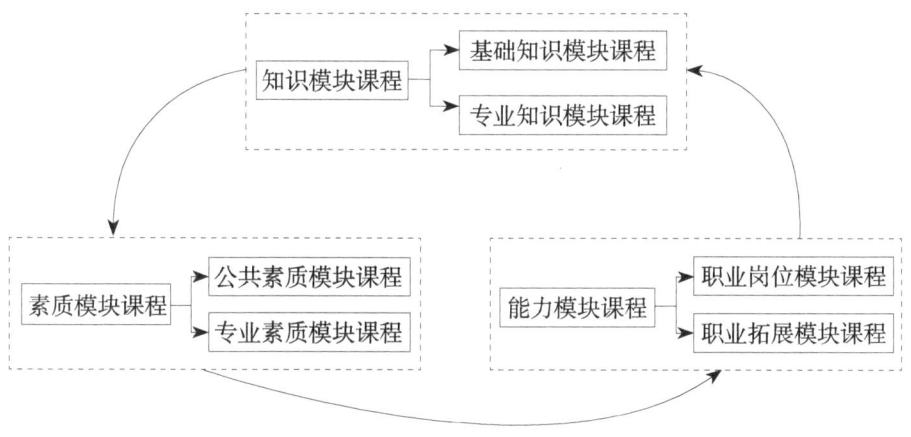

图8-2 模块化课程设置体系

2.创新实践教学

实践教学是建设创业人才培养的教学质量体系中的关键性内容,创新实践教学环节的内容、时间、地点、形式,使之更契合地方经济发展与产学研协同教育模式是有利于新建本科院校创业人才培养的重要举措。

创新实践教学的内容设置,应当拓宽和延伸实践教学的范围,重视课外实训。新建本科院校往往对实践教学的理解多半局限于课程实验、生产认识实习、毕业实习等,但除了这些课程设置体系中已经安排好的实践教学环节外,还有与提高创业人才实践能力相关的社会调查活动、学科知识竞赛、技能评比,包括产学研协同教育下开展的校企合作科技项目研究等课外实践活动都应得到关注。鼓励学生多参与课外实训,是产学研协同教育模式下创新实践教学的重要体现,也能极大地提高创业人才的实践能力。

创新实践教学的时间安排,应当延长实践教学的时间,实行"3+1"

工学交替的办法，即采取3年在校学习、1年企业锻炼的方式来设置课程和安排教学计划。目前大部分新建本科院校已经将自身的办学定位描述为"建设应用型大学"，但实践教学的时间却被零星地分散于各个学期的各门课程中，不仅时间短而且缺乏连续性。采用"3+1"工学交替的做法能使学生在前三年的时间里系统地接受理论知识，又能在最后一年的学习时间里集中精力充分体验企业岗位，适时提高实践能力，有利于学生将理论联系实践。

创新实践教学的基地建设，应当加强校企合作的力度。目前许多新建本科院校在校企合作建设实践教学基地方面已经有不少的探索实践，但主要集中于校外的实践教学基地，而且合作方式趋于简单，很多仅仅停留于提供给学生校外参观实习的场所。要创新实践教学基地建设，就需要在产学研协同教育模式下与企业、科研机构建立长期稳定的合作关系，不仅合作建设校外实践教学基地，也可以建设合作校内实践教学基地；不仅以提供实习场所的方式加强合作，也可以安排企业导师参与学生实习的指导方式、学生参与企业及科研机构科技研究项目的方式来建设实践教学基地。

创新实践教学的授课形式，应当推动教学方式的改革。新建本科院校的实践教学方式还有很多是验证式的教学方式，即老师先示范再让学生模拟操作，或者是老师先安排好实验实习内容再让学生去学习，这种方式不利于启发学生思维。应当提倡学生自主实验实习，给学生一定的自主选择权，引导学生自主安排实验实习内容，允许学生与合作企业、科研机构自主联系实习。

3. 创新师资队伍建设

师资队伍建设是教学质量体系的重要保障。创新师资队伍建设需要壮大教师队伍，比如按照产学研协同教育的要求，容纳更多的合作企业与科研机构人员以课堂授课、论文指导、专题讲座等方式作为兼职教师、企业导师的身份参与到教学中来。同时加强对本校教师的培训，要求本校教师到企业中任职锻炼，与企业、科研机构合作科研，提高教师的实践能力。

另外，新建本科院校可以以"双师型教师"为目标建立教师资源库，对教师的学习、进修、培训情况进行动态化管理，教师资源库的建立对于掌握教师的信息，加强创业人才培养的教学资源分配是十分有利的。

三、建设创业人才培养的绩效评价体系

1. 努力使创业人才培养的绩效评价体系能明确清晰

新建本科院校的创业人才培养必须契合地方经济发展与产学研协同教育的要求，那么其创业人才培养的绩效评价体系则必须仅仅围绕着这一目标开展，效果的好坏一定要看是否达到这一目标或是否有利于达到这一目标。同时由于新建本科院校的特殊性，也要看这一评价体系是否突出了新建本科院校的特点，考虑了新建本科院校在培养创业人才中的实际条件。

2. 努力使创业人才培养的绩效评价体系能客观公正

比如这一评价主体不仅包括学校的领导、教师、教学督导，还包括已经毕业和在校的学生，同时也包括合作企业、科研机构的人员代表，评价主体的多元化能帮助新建本科院校从各个角度评价创业人才培养的效果，比单一主体的评价模式更客观公正。要做到客观公正，还需要在创业人才培养的绩效评价体系中形成奖励与约束机制，对于为创业人才培养中做出较大贡献的人员实施奖励，对于没有达到创业人才培养要求的人员进行"限期整改"。

3. 努力使创业人才培养的绩效评价体系能科学规范

比如利用多种方式进行绩效评价，采取召开座谈会、发放函调表、电话咨询了解各评价主体对创业人才培养的意见，结合学生学习情况、就业情况等对人才培养的过程、效果进行判断，为以后的创业人才培养改革提供参考意见。另外，要设计出系统的创业人才培养绩效评价体系指标，对指标的内容、权重等要考虑合理，指标体系的设置还要具有现实可操作性，最好能定量化。

第九章 产教融合背景下高职院校现代企业财务管理专业群各"软"专业"硬"人才培养模式及运行机制研究与实践

近年来,高校毕业生规模不断扩大,2010年突破600万,2014年突破700万,[①]2016年达到756万,2017年预计达到796万,大学生就业形势日趋严峻。党的十八届三中全会明确提出,实施就业优先战略,衡阳市把"双创"作为促进经济发展的重要引擎。为此,湖南财经工业职业技术学院坚持在完善素质教育体系中推进创业教育的指导思想,以产教融合教育为指向,以开发"创业教育"课程群为基础,以构建实施创业实践体系为引擎,坚持"软"专业"硬"技能两条主线同时并进,悉心培养"硬"技能财务管理人才。为此,我们针对国内高职院校现代企业财务管理专业群建设有欠科学、管理人才处于"流水线"培养现状,从产教融合视角来看,需要尽快构建现代企业财务管理专业群各"软"专业"硬"技能、产教融合的硬技能人才培养模式,完善现代企业财务管理专业群各"软"专业"硬"

---

① 尹蔚民."十二五"以来特别是党的十八大以来我国就业和社会保障的辉煌成就[N].光明日报,2015.10.15:05.

第九章　产教融合背景下高职院校现代企业财务管理专业群各"软"专业"硬"人才培养模式及运行机制研究与实践

技能、产教融合人才培养的运行机制，科学地制订现代企业财务管理专业群各"软"专业"硬"技能、产教融合人才培养的保障措施。

第一节　产教融合视角下构建高职院校现代企业财务管理专业群"341"型硬技能人才培养模式

"341"型硬技能人才培养模式是指按照现代企业财务管理专业群各技能型人才培养目标所构建的三大专业"硬"技能模块，按照产教融合培养方式搭建的现代企业财务管理专业群四大技能实训"项目化"平台和融学校、见习实习基地企业和就业单位三位一体的产教融合技能实训基地。

一、按照技能型人才培养目标构建现代企业财务管理专业群三大"硬"技能模块

根据技能型人才培养目标和现代企业财务管理专业群要求，构建现代企业财务管理专业群基础技能、专业核心技能、专业综合技能三大"硬"技能模块。其中，专业基础技能模块包括商务写作技能、统计分析技能、语言表达技能和办公软件操作技能等；专业核心技能模块包括组织技能、沟通技能、社交技能、协调技能；专业综合技能包括对专业知识的理解技能、整合技能、应用技能和创新技能等。[①]（见图9-1）

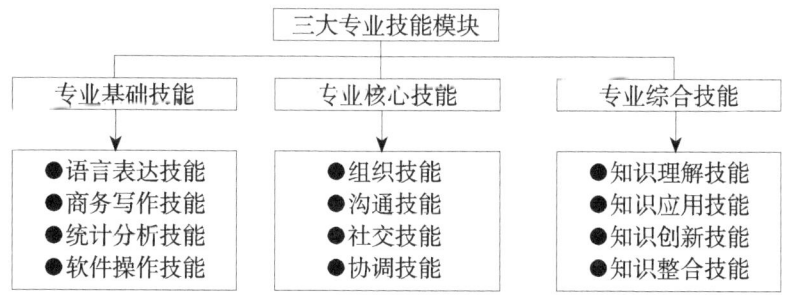

图9-1　现代企业财务管理专业群三大"硬"技能模块构建图

---

① 杨凤鸣，陈国生，陈晓亮. 地方高校工商管理类专业学生硬技能培养实践与探索［J］. 邢台学院学报，2016.02：166-170.

二、搭建现代企业财务管理专业群四大"硬"技能实训"项目化"平台

产教融合培养方式把实践环节安排在企业,我校现代企业财务管理专业群根据产教融合模式对职业技能的要求,将"硬"技能培养细化为技能项目化训练、专业见习、毕业实习三大块,其中"项目化"实训又包括四大模拟实训项目平台。一是企业运作模拟项目平台,主要是对企业实际运作中的决策及管理工作岗位进行模拟;二是商务技巧开发训练项目平台,主要是对商务谈判与推销技巧、人际沟通与冲突训练系统等进行模拟演练;三是市场运作模拟仿真项目平台,主要是对市场实际运作、商战决策、证券市场交易和金融市场投资分析等进行模拟演示;① 四是外贸业务模拟、会计实训等其他业务模拟项目平台。

三、搭建三位一体的产教融合技能实训基地

搭建"学校、见习实习基地企业和就业单位"的"硬"技能培养三位一体的产教融合技能实训基地。② 作为师生学习实践基地应以建立长期的、全方位合作的开放式实践教学基地为导向,选择一些典型企业,在确保学生实训、见习、实习有实效的同时,也应不断完善校外实习管理制度,促进实习企业有效提升管理工作水平。③（见图9-2）

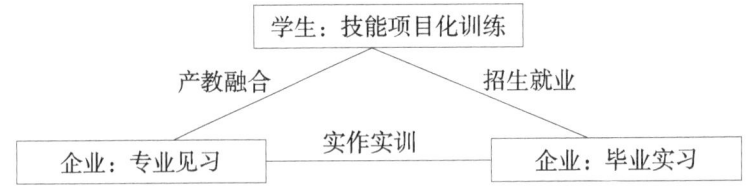

图9-2 现代企业财务管理专业群各"硬"技能训练平台及专业实训实习模式

---

① 温桂生,燕录音.关于高等学校实施素质教育的若干思考［J］.江西社会科学,2003.06:186-187.

② 唐欣,康健.基于卓越人才培养的地方院校会计实践教学改革探析［J］.财会学习,2016.01:253.

③ 杨凤鸣,陈国生,陈晓亮.地方高校工商管理类专业学生硬技能培养实践与探索［J］.邢台学院学报,2016.02:166-170.

第二节 高职院校现代企业财务管理专业群各"软"专业"硬"技能、产教融合人才培养的运行机制

一、以"硬"技能人才培养的创业教育理念为先导

"硬"技能人才培养模式的构建,坚持高职高专产教融合教育背景下的"硬"技能原则和创新性原则,确立以创业教育为核心的多元质量观,培养学生发现问题、分析问题和解决问题的综合能力和素质。[①]

二、注重"硬"技能人才培养的全过程性

学校强调在培养方案、课程体系、教学内容、考试形式、实践方式等所有方面以"硬"技能的理念为导向,使"硬"技能培养成为专业教学的核心和本身内容,使创业人才培养贯穿于课程教学和实践、实验教学的全过程,[②]确保"硬"技能人才培养模式的执行。

三、构建产教结合的互动机制

学校建立创业教育学院等机构,从学校的角度对创业人才培养进行整体规划、全面推动;各教学单位在具体落实过程中,依据分类特色培养方案的指导,结合专业特点,构建硬技能人才培养的产教良性互动的管理与运行机制。

四、建立跨专业的综合实践能力培养基地

学校以实验室为依托,建立各类创新创业园和多种就业技能培训基地,使学生可以带着研究性学习和创新性实践项目、创新实验室项目,参与科技竞赛项目,以跨专业组成项目团队的形式,入驻创业园或基地开展创业

[①] 陈晓亮.现代企业财务管理专业群以个性化教育为导向的创新创业人才培养模式探索与实践[J].绿色科技,2016.01:162-163

[②] 同上

项目实践活动，这就为学生提供了一个综合性的、动手能力强的锻炼环境。

第三节　高职院校现代企业财务管理专业群各"软"专业"硬"技能、产教融合人才培养的保障措施

一、加强"双师型"教师队伍建设

要培养学生有较强的"硬"技能，就必须强调双师型师资队伍的建设。一方面通过产教融合，让更多中青年教师到企业中挂职锻炼，提高教师专业技能应用能力；另一方面从企业中聘请高技能人才兼任实践指导教师，把实践经验引入实践教学环节。[①] 以确保每门专业核心课程都同时配备一名校内专业教师和一名企业培训人员。

二、制定严格的"硬"技能培养管理制度和评价体系

在制度建设方面应制定《现代企业财务管理专业群各"硬"技能培养实施意见》《现代企业财务管理专业群各实训课程教学质量监督方案》等规章制度。在实习评价方面注重知识、能力和素质三结合，建立衡量学生在实践中工作态度、专业知识、能力表现等应用能力具体指标，完善学生"硬"技能培养效果检测机制。[②]

三、设置有利于个性发展的创业教育学分制

学分制是适应创业人才培养的教学管理模式。在人才培养目标中要制定和专业要求相关的创业目标，要将创业教育学分在现代企业财务管理专业群各人才培养方案中充分体现出来，在教学要求、方法、手段、实践教学等各环节都从时间、内容安排上使之有利于学生创业能力和实践能力的

---

① 杨凤鸣，陈国生，陈晓亮.地方高校工商管理类专业学生硬技能培养实践与探索［J］.邢台学院学报，2016.02：166-170.

② 同上

第九章　产教融合背景下高职院校现代企业财务管理专业群各"软"专业"硬"人才培养模式及运行机制研究与实践

培养。为此,我校出台了《现代企业财务管理专业群创业教育学分管理条例》,通过增加创业教育学分10学分,激发学生参与研究性学习和创新性实践的积极性。目前,现代企业财务管理专业群有631人次获得了创业教育学分。[①]

四、制定个性化导师制,建立硬技能培养平台

硬技能的培养要因人而异,分类指导,为此,学校需建立学业导师制和创业导师制,加强指导学生自主学习和创业实践。一是学业导师制。目前我校在现代企业财务管理专业群全面推行学业导师制,制定《现代企业财务管理专业群学业导师制工作实施细则》,学业导师从专业教师中择优选拔,已有25名教师担任过学业导师,有215人次学生接受过学业导师的指导。学业导师主要根据学生的个性特点,在学生选课、专业学习、学术研究、人生规划诸多方面给予学生以个性化的指导,以充分发展学生个性。二是创业导师。学校聘请了12位知名企业家为7个现代企业财务管理专业群各创业项目团队进行创业指导,创业导师主要针对学生创业实践过程中出现的问题进行案例式指导,以提升学生创业的技能。[②]

[①] 陈晓亮.现代企业财务管理专业群以个性化教育为导向的创新创业人才培养模式探索与实践[J].绿色科技,2016.01:162-163

[②] 许晓宇.创业教育模式构建的探讨——以常纺院创业教育为例[J].科技信息,2010.34:214

第十章 地方院校经管类本科专业产教融合的发展模式及实践途径研究
——以湖南工学院为例

本章基于产教融合发展新理念,分析国内外产教融合的发展现状,以湖南工学院产教融合发展为研究个例,探索我国在转型发展背景下地方本科高校经管类专业的产教融合发展规律,总结该校在产教融合发展过程中积累的经验和成果,对影响地方本科高校产教融合的不良因素展开分析,并提出相应的发展对策,以期为转型期的地方高校教育发展提供参考。

当前,我国社会主义市场经济正处于转型发展的关键时期,产业结构正面临着不断的升级和调整。在这种转型期的发展背景下,许多地方高校的发展都出现了同质化的现象,培养出的大学生大多缺乏专业特色,进而引发了大学生就业难现象,但是对企业来说,也招聘不到可用的高素质应用型人才。大学生就业难、企业用工难现象的出现,使得很多地方高校正朝着应用型高校转型,在高校转型发展过程中,能否实现产教融合发展,已经成为高校能否成功转型的关键。希望可以通过校企产教融合的发展方式,解决当前经管类本科高校学生的就业问题。

第十章 地方院校经管类本科专业产教融合的发展模式及实践途径研究

第一节 国内外产教融合现状

一、国外产教融合的成功经验

关于产教融合的发展，一些发达国家起步比较早，在产教融合领域积累了丰富的经验，相关的政策法规也比较完善，政府的支持力度较高，企业会全程参与产教融合项目，并且已经实行了就业资格准入制度。总体而言可以将产教融合的发展模式分为三种：其一是由企业主导的产教模式，像是德国的"双元制"、日本的"企业访问制"，还有韩国的"产学融合"项目，主要是以企业培训为主、高校教育为辅的教学模式；[①] 其二是学校和企业并重发展的教学模式，比如说美国的"契约合作制"、英国提出的"工学交替"产教融合形式，实现了教育与生产相结合，在学校教育的同时也向学生传授实践性的操作技能；其三是学校主导的产教融合方式，像是法国的"学徒培训"与澳大利亚的"新学徒制"，主要是以学校教育为主，提高学生的综合素质，这些教学模式的发展，对我国产教融合的发展产生了很大的启示和影响。[②]

二、国内产教融合的发展现状

我国产教融合项目的发展起步虽然较晚，发展水平较欧美国家而言也存在着一定的差距，但自2008年以来发展极为迅速，代表性的成果主要集中在两个方面：一是模式研究方面，以王文岩等对产教合作模式的分类、特征及选择研究和谢科范等对产教融合传统模式与现代模式比较研究为代表；二是模式设计与选择影响因素方面，以柳友荣、李正卫和崔旭等为代表。不过，在产教融合研究的总体水平上目前还停留在比较浅的层次，在构建应用型本科高校的人才培养模式方面，提出了一些产教融合的理论，如"订

---

① 毛志伟.新建本科院校向应用型本科院校转型发展研究[D].江西师范大学,2015.
② 王文岩,孙福全,申强.产学研合作模式的分类、特征及选择[J].中国科技论坛,2008.05：32-35

单模式""2+1教学模式",还有"半工半读"教学模式,创造性地提出了"三点一线"的教学方法,将产教融合作为人才培养的关键,推进高校教育和企业生产的同步发展。不过国内的产教融合项目在发展的过程中还是出现了几点问题,比如产教融合项目在校企联合发展的运行机制系统方面还是有些欠缺,缺乏对应用型本科高校的联合运营手段,在产教融合发展的过程中,常常会与地方经济发展的实际需要相背离,很难达到较深层次的产教资源共享,在产教融合的实践中,市场所发挥的主导性作用不强,一些表面工程的出现,大大破坏了校企联合发展形式在人们心目中的印象。①

第二节 经管类本科专业产教融合的实施——以湖南工学院为例

一、产教融合的教育理念

对于产教融合的教育理念,湖南工学院经管类本科专业在产教融合的实践过程中,有了自己独特的教育见解,树立了以学生发展为根本,以提高学生综合能力为导向的校企融合发展理念,实现对经管类专业学生的应用技能型人才培养,开启了"双导师制"的教育培养模式,加强了学校与企业的联系紧密度,注重对经管类专业本科人才的培养质量。②

二、产教融合的发展模式及实践途径

1. 育人模式

地方高校进行产教融合人才教育培养的主要育人模式有五种,分别是建立产教实习基地、创办校企联合学生实习实验室、校企共同创立工程技术研究中心、推动科学技术研究成果向现实生产力进行转化以及设立各级

---

① 谢科范,陈云,董芹芹.我国产学研结合传统模式与现代模式分析[J].科学管理研究,2008.01:24-25

② 柳友荣,项桂娥,王剑程.应用型本科院校产教融合模式及其影响因素研究[J].中国高教研究,2015.05:22-24

第十章 地方院校经管类本科专业产教融合的发展模式及实践途径研究

各类教学奖励基金。湖南工学院经管类本科专业在开展产教融合教学实践模式时,创造性提出了"五结合、五重点"的人才培养模式。所谓"五结合",就是要让专业课的课程教学体系和企业中的工作岗位需求相一致,基础知识和基本技能的教学相结合,理论和实践相结合,通用知识教育和职业教育相结合,还有"校企融合"和"工学一体"相结合,使这"五结合"统一发展,而产教融合发展的重点则是放在了提高学生的实践应用能力、培养学生的创新思维意识、提高学生的职场适应能力。[①]"五重点"是指重点考虑工作岗位的实际需求,重点培养学生的基本实践性操作技能,重点强化产教融合中的实践教学环节,并且重点培养学生的综合职业素质能力,重点培养学生的工程意识并提高实践能力。

2. 实践途径

实践途径的设定可以结合当前就业市场上的转型发展背景,培养学生的综合能力,坚持以企业的发展需求为产教融合导向,进而探索出正确的实践途径,重点围绕着企业的核心职业技能要求来制定高校的人才培育计划。对于经管类专业学生来说,还要注重提高学生的数字化应用能力、创新学习能力以及英语应用能力,在应用型人才的培养过程中,重新构建经管类专业的课程教学体系,将创新创业型人才培养理念贯穿于整个产教融合的教学实践过程中,发挥企业的重要指导作用,校企共同联手打造真正的教育实习环境,培养一支优秀的"双师双能型"的师资队伍,进而加强对应用技能型人才的培养。[②]湖南工学院在建立产教融合基地方面以及设立奖励资金方面做得还是比较不错的,说明学院领导在产教融合项目的发展上还是比较重视的,但是在创建工程技术研究中心实验室时,受到技术水平低和创新人才少的制约,就现阶段的发展水平来说还有很长的一段路

---

① 李正卫,王迪钊,李孝缪.校企合作现状与影响因素实证研究:以浙江为例[J].科技进步与对策,2012.21:25-26
② 崔旭,邢莉.我国产学研合作模式与制约因素研究——基于政府、企业、高校三方视角[J].科技管理研究,2010.06:35-39

要走。①

3.经管类本科专业产教融合的成效与不足

近几年来，湖南工学院经管类本科专业采用了"校企融合""工学一体"的教学模式，培养并提高了经管类专业学生的学习能力和技能应用水平，根据企业对于产教融合的发展需求，又进一步完善了经管类专业的课程教学体系，在各大企业内建立了200多个湖南工学院实习基地，同时也和湖南省衡阳市人才市场保持着密切的沟通与联系，建立了经管类专业本科大学生的就业人才需求网络，引入大量的实践性课程到经管类专业的课程体系当中，加强对实践性课程的监督管理，在产教融合的实践教学中，培养学生的职业道德素质，使他们能够真正理解工作安排，按时完成企业所交代的工作任务，在实践性的课程当中，不断为今后的工作积累经验，使学生的综合素质得到了提升，并且积累了一些产教融合方面的实践经验。②

但是湖南工学院经管类本科专业在实际的产教融合教学实践过程中，还是存在着几点不足，其一是因为湖南工学院并不属于重点本科院校，因而在高校竞争中，竞争实力不强，没有一个长效的发展机制，在企业选择上和其他高校相比有所不足；其二是因为湖南工学院的学术研究者比较少，在大项目的完成上很艰难，不能形成集群效应；其三是湖南工学院的教学工作经常和科研项目研究方向相背离，教师的科研性教学水平比较差；其四湖南工学院并没有针对自身产教融合发展现状而搭建更为完善的育人平台，特别是在"两创"教育平台方面，缺乏创新思维理念和实践应用技术，在与现代化科技有限公司合作时，对于项目中存在的问题，总是达不到企业提出的要求，这些都是限制湖南工学院经管类专业产教融合发展的重要影响因素。③

---

① 孔苏.地方本科高校转型发展背景下应用型人才培养模式研究[D].广西师范学院硕士学位论文，2015.
② 曾颖.新建本科院校的转型发展研究[D].广西师范学院硕士学位论文，2015.
③ 曹雪梅.高校现代企业财务管理专业群校企合作模式研究[J].教育教学论坛，2016.32：33-34.

第三节 影响转型期地方高校经管类本科专业产教融合的五大因素

结合湖南工学院经管类专业来看,影响转型期地方高校经管类本科专业产教融合发展有五大因素,其中地方政府对于经管类专业产教融合发展的政策制度并不健全,高校内部的管理不善,产教融合机制陈旧,缺乏创新性,都使得当地企业的合作积极性较差,对于校企合作的监督机制不合理,在无形当中影响着湖南工学院的产教融合项目发展。

一、地方政府政策制度不健全

从湖南工学院经管类专业在产教融合发展的实践教学情况来看,影响产教融合发展水平的主要因素之一就是地方政府所制定的政策以及制度保障的不完整性。受到转型发展背景环境的影响,我国经济正处于转型发展的关键时期,地方企业和地方高校都面临着转型升级,这也是造成目前政府方面政策制度不健全的根本原因,湖南工学院在开展实际的产教融合项目时,希望可以获得衡阳市地方政府的支持。而且政府方面对产教融合项目的重视和投资力度也是不够的,缺乏资金的支持,缺乏配套的监督管理手段,应用型本科高校经管类专业的产教融合项目很难开展起来,如何获得更多产教融合资金,将成为限制产教融合发展的一大难题。[1]

二、高校管理不善

湖南工学院内部管理不善,各部门各自为政,人才队伍良莠不齐,很难在观念意识上形成统一,也是影响转型期应用型地方高校经管类专业产教融合发展的重要原因。目前整体的管理水平还是需要提升的,需要重新明确人才的培养安排计划。

---

[1] 冷森林,石维,姜菁菁.地方高校与企业产教融合模式探讨[J].才智,2016.30:47.

三、产教融合机制比较陈旧,缺乏创新性

企业和经管学院之间没有搭建一个良好的沟通平台,校企双方的利益得不到满足,学生在学校接触到的经管类知识或软件系统都存在滞后性,不能跟上时代发展的步伐。这样的学生根本就无法适应企业中工作岗位的生产需求,而且学校的整体师资水平不高,缺乏具有实践经验的应用型教师人才,又进一步限制了地方高校产教融合模式的发展水平。[①]

四、企业合作的积极性差

影响转型期地方高校经管类专业产教融合发展的现实因素就是很多企业在开展产教融合项目的时候并不是真的在配合,企业与地方高校之间合作的积极性比较低,在人才培养方面常常是敷衍应付了事,流于过场和形式。在转型期的发展背景下,企业还是比较注重利益的,它们不愿意在这种产教融合的人才培养模式中浪费太多的精力和财力,缺乏长远性的发展眼光。政府的鼓励力度不够,并没有对进行产教融合发展的企业给予一定的政策补贴,企业害怕承担风险,由于缺乏正确的引导,企业在参与产教融合发展的同时,自觉性不高,合作态度差,也是影响转型期地方高校经管类专业产教融合发展的重要因素。

五、企业合作的协调与监督不到位

湖南工学院经管类本科专业在与企业进行产教融合的过程中,存在着与企业合作协调性比较低、相关监督和管理不到位的问题。从总体的产教融合水平来看,缺少一个科学的协调监督管理机构,这也就意味着没能对校企融合发展的具体工作进行统筹规划管理,在合同的签订方面也常常是应付了事。

---

① 王慧华.广告融合背景下的经管专业广告课程改革初探[J].科教导刊(中旬刊),2012.11:73-74.

第四节 转型期地方高校经管类本科专业产教融合的对策建议

一、健全地方政府相关法律政策制度

地方政府为了能够促进高校经管类专业产教融合项目的快速发展，需要大力发展项目牵引模式，作为湖南省境内重要的地方高校，湖南工学院需要根据衡阳市地方政府部门的要求参加到当地市场经济的建设当中，加入到社会发展的重大课题项目当中，因而衡阳市地方政府应制定并完善相应的优惠性政策，支持并鼓励湖南工学院经管学院科研技术人员和教师来积极加入到当地企业所委托的重大横向课题项目的建设当中。因此，为了能够更好地促进转型期地方高校的产教融合发展水平，从政府层面上应当健全相关的法律政策制度，完善产教融合项目的制度保障体系，提高地方政府对地方高校经管类产教融合发展的资金扶持力度，加强地方政府对产教融合项目的监督管理力度，从法律政策上来保障地方高校与企业的产教融合项目得以顺利地实施。[①]

二、优化高校管理模式

从湖南工学院地方高校发展的角度来看，应当进一步开发产教融合的研发教育模式，在经管类专业产教融合的过程中，应以创新技术开发为核心，加快技术创新和科学研究相结合，从而做好地方高校和企业的技术转让、技术咨询以及沟通交流服务，使企业可以和地方高校共同参与产学研联合的工程项目开发当中。在继续深化转型期发展背景下应用型本科地方高校产教融合发展水平的同时，应当优化高校的管理模式，为高校教育提供一个健全的产教融合发展体系，提高自身对产教融合教育理念的认识，并且加强对高校师资队伍的培养力度，探索出一种更符合地方经济发展特

---

① 葛雷，金巨波，王玉峰．基于企业模式的产教融合、工学结合实践教学体系构建［J］．信息与电脑（理论版），2015.08：61-62+66．

色的产教融合发展模式。

三、提高企业合作的积极性

湖南工学院要想更好地提高经管类本科专业的产教融合发展水平，应当大力开发人才交流模式，实施地方高校与企业"双主体"的育人教学模式，提高经管类专业学生的学习开发力度，促进产业项目融入，共同参与到人才培养的全过程当中，提高企业和湖南工学院之间的知识共享水平，促进经管类专业学生和企业技术人员之间的沟通与交流。为了能够提升转型期发展背景下企业参与地方高校经管类本科专业产教融合的意识以及合作的积极性，应当做好企业上层领导者的思想工作，让企业明白产教融合项目的建立对于企业今后发展的重要意义。如果应用型本科高校不能培养出优秀的高素质技能型人才，那么从企业长远的发展角度来看，也会限制企业的创新改革发展速度，作为产教融合项目中更为重要的组成部分，提高对企业的政策扶持力度，促使企业积极加入到"校企合作"的产教融合项目当中，提高地方高校的产教融合层次水平，在实践性教学过程中，不断充实并完善经管类专业的课程教学内容。

四、加强行业对产教融合发展的协调与监督

湖南工学院主要是以建筑材料行业为基础进行教学的地方高校，从建材行业发展的角度来说，需要更多经管类专业的优秀人才，因而对湖南工学院的产教融合方式提出了人才培养管理的政策建议，希望有关建材行业的管理部门能够从市场经济和政策制度方面，加强对建材行业产教融合项目发展的协调性监督与管理，进而大力支持应用型本科高校产教融合的具体工作实施，也就是说在产教融合方面大力发展校企共建模式。根据湖南工学院地方高校自身的学科优势以及建材行业的特色资源优势，主动吸引衡阳市当地的优秀企业，共同建立起地方高校和建材行业组织之间的科学研发中心以及经管类专业的重点实验室，共同建立经济实体以及人才培养基地，使得产教融合项目开发的资金、创新技术以及创新人才、科技成果

第十章 地方院校经管类本科专业产教融合的发展模式及实践途径研究

进行实时传递和共享,解决过去校企融合发展不协调的问题。

总之,在转型期发展背景下,要想地方高校经管类本科专业在产教融合项目发展水平上得到更好的提升,需要从地方政府、高校、企业和行业四方面着手,促进产教融合项目的发展,健全相关法律政策制度,优化高校管理模式,提高企业合作的积极性。

第十一章　地方高校经管类专业课程体系优化思路及其学生能力评价指标体系构建

随着现代化市场经济的不断发展，社会对于经管类专业的人才要求也越来越高。为了能够更好地提高地方高校经管类专业学生的就业能力水平，必须根据现代企业的发展需求进行专业课程体系的优化建设，通过学生能力评价指标体系的构建来进一步完善课程体系的优化方案，提高学生的专业能力，为企业培养出更多优秀的综合型人才。

在传统的地方高校经管类专业课堂教学中，由于课程体系设计的不合理，课程内容、课时安排的不科学，理论性课程教学占据了高校教育的大部分时间，学生主动学习的积极性不高，实践操作能力比较差，不能正确认识自己将来所要从事的工作到底是怎样的，因而需要构建一套有效的学生能力评价指标体系，才能够提供更为准确的实验数据来支持专业课程建设体系的优化设计。

第一节　地方高校经管类专业的课程体系优化思路

一、课程体系优化思路

在对地方高校经管类专业学生的能力现状进行调查分析时了解到，大

第十一章 地方高校经管类专业课程体系优化思路及其学生能力评价指标体系构建

部分学生对于本专业知识的实际运用能力和掌握程度都是比较差的,平时的学习只是为了应付期末的考试,真正能够应用到实际工作当中的知识很少,不能活学活用,不能将理论知识联合实际,对于实际工作中可能会出现的问题缺乏预见性。这样学生在毕业以后走入工作岗位中,很难在短时间内适应现代化企业、当代银行以及金融证券公司的经营模式,解决实际问题的基础能力较差,而且缺乏相应的计算机系统及软件操控能力,信息搜索能力、信息管理能力都需要提升。更重要的是现代高校中的学生基本上都是独生子女,他们习惯了从小到大父母、老师的包办式教学,学生的心理成熟度较低,很难独自一人面对工作中的问题和挑战,一旦遇到各种各样学习、工作以及生活上的挫折,他们往往承受不了打击而一蹶不振,心理承受能力和心理素质还有待于进一步加强。

为了向社会传送更多高质量的合格人才,地方高校一直致力于优化专业课程体系,而专业课程优化体系的核心思路在于培养学生终身学习的能力,让他们可以快速地接受各种新知识的学习,进而能够更好地适应现代化社会的发展需求。这是地方高校开展经管类专业课程优化体系的出发点和归宿,希望可以通过优化课程体系改革,来补充和完善地方高校的教育教学体系。[1]

1. 培养学生的专业能力

针对地方高校经管类专业的课程教学现状来看,在专业学习能力方面需要进行优化设计,这也正是地方高校经管类专业课程体系优化构建的思路。在优化课程体系建设的同时,对课程教学的内容安排上、课时安排上都要相应地增加经管类专业实践性课程的建设任务,增加计算机电子技术的课时安排,还要定期对大学生进行心理健康教育的专业疏导,让他们可以正确面对自身缺点和不足,然后不断地充实并完善自己,这些都需要在

---

[1] 景亚萍.地方财经类院校大学生综合能力评价与培养体系研究[D].电子科技大学硕士学位论文,2016

优化专业课程体系建设中体现出来。在新课程安排设计时，除了邀请地方高校内经管类专业课教师和就业指导教师以外，还可以邀请企业中的优秀技术人员、企业领导者共同参与到地方高校经管类专业的优化课程体系建设当中。比如说可以向高校会计学专业教师提出一些建设性意见，把现代化企业中对会计岗位的专业需求告诉学生，使地方高校中的大学生可以在学习期间做好会计岗位的专业准备，提升自身相应的会计专业知识储备水平，提高会计财务软件、审计软件的应用能力，培养学生形成良好的职业道德素质，使其不会在今后企业的会计工作中做做假账、做漏账等事情，合理优化课程体系的建设思路，在各专业课程的教学材料选择上，要结合不同专业在企业发展中的实际用途来进行选择，尽量不要选那些与实际工作联系不是十分紧密的教材，在教材当中要多体现出实践性的课程教学内容。①

2. 满足社会人才需求

关于地方高校经管类专业课程体系优化建设项目的另一点思路就是要尽可能让高校专业课程的优化改革能够更加适应现代化企业对于人才的需求，为企业量身定做打造专业性的复合型人才，这就要求地方高校和企业、银行之间必须进行密切的联系，使地方高校可以及时了解到当今社会市场上的经济管理发展趋势，对未来企业的发展方向做出展望，进而制定科学的教学目标，设计专业化的经管类课程。在课程教学的过程中，更加注重学生的综合能力培养，提高他们的就业竞争能力水平，因而地方高校经管类专业的课程优化设置，需要采用二位一体的模块化课程体系重构，才能够培养出更多适应现代企业发展的经管类专业人才。②

---

① 张熠.高校经管类创新型本科人才培养质量评价体系构建研究[J].教育教学论坛，2015.32：58-59.
② 王新华.地方高校经管类专业人才培养质量评价体系构建[J].科技创业月刊，2015.11：73-74+88.

二、二位一体的模块化课程体系

优化并完善地方高校经管类专业的课程教学体系，需要以学生能力评价体系为基础，沿用"培养学生综合能力，满足社会发展需求"的构建思路。同时按照地方高校学生的能力结构指标来进行深入性的专业课程安排设置，进而实现高校的教育目标，在实施课程建设项目的同时，要注意安排一些实践性的教学环节，开展地方高校与各就业单位之间的校企联合活动，让有条件的企业可以在地方高校校园内创办教育实习基地，使经管类专业的学生可以到实习基地内进行系统性的专业学习，企业中优秀的技术人员可以到地方高校就业基地内对学生进行专业化的技术指导。这也是优化二位一体模块化课程体系构建的要求，从而提高经管类学生的实践操作能力，优化经管学院的教育师资水平，促进二位一体模块化课程体系的进一步实施。①

图 11-1 则是二位一体的模块化课程体系构建图②：

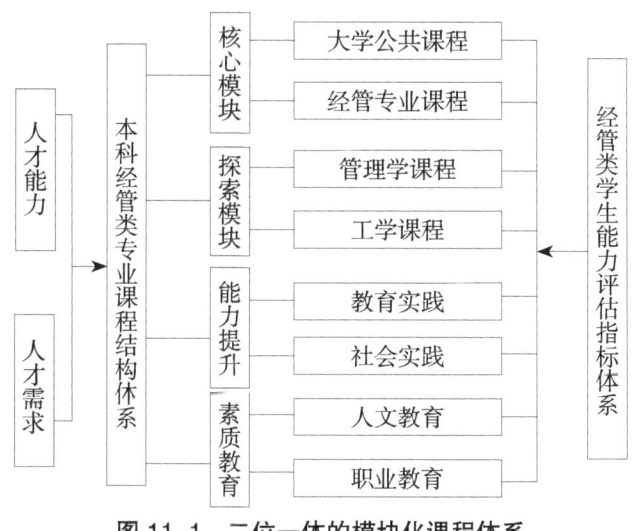

图 11-1 二位一体的模块化课程体系

---

① 侯玲玲.地方高校经管类本科生专业实践能力提升途径研究［D］.江西农业大学，2014
② 卢安文，唐丹，胡倩倩.基于学生能力评价指标体系的工商管理类专业课程体系优化［J］.科技资讯，2011.31：184-185

第二节　地方高校经管类专业学生能力评价指标体系重构

一、重构的关键步骤

从社会对经管类专业人才的职业需求来看，当前地方高校内经管类专业的学生应当同时具备"大学生"和今后职场上"企业管理者"的双重身份，因而对于地方高校经管类专业学生的能力评价指标体系重构也应当从这两种角色方面进行要素分析。同时应用现代企业的人力资源管理胜任模型理论，运用经管类专业人才的理论知识掌握程度和现代化金融财务软件的操作应用水平等方面来进行职业性的专业能力素质评价。一般将能力评价指标体系的重构分为以下几个关键步骤来执行。

1.在进行学生能力评价指标体系重构时，可以采用专家法来模拟出一级指标和二级指标。专家法中的专家是由地方高校内的经管类专业任课教师及就业指导处教师组成，教师们一起讨论出具体的学生能力评价指标重构方案，其中一级指标包括学生的学习能力、学生的综合组织能力、学生的实践工作操作能力、学生的创新思维能力以及学生的职业道德素质。[①]在每个一级指标内包含着二级指标，学习能力的二级指标主要指的是学生的自我学习能力、学生对经管类专业基础知识的掌握程度、对经济学理论和管理学理论的熟练掌握情况、是否可以在现代化的信息技术背景下熟练地应用经管类专业的知识和技能来解决各类实际问题。而组织能力的二级指标主要指的是学生在社会环境中对待要做事项的专业计划能力，对其他同学、同事的领导能力，与他人交往过程中的沟通能力。工作能力的二级指标指的是解决实际工作中问题的能力，包括团队合作能力、构建和谐人际关系的能力、处理实际工作的能力。创新思维能力的二级指标是指经管类专业学生的抽象概括能力、发现问题的能力，以及在解决问题的过程中

---

① 李琪.经管类学生实践能力评价指标体系的构建与思考[J].现代营销（学苑版），2014.04：59-60

是否可以创新思路。职业道德素质的二级指标主要是指对学生诚信问题的要求，同时还有一个良好的身心素质，以积极、健康的心态来面对工作中的困难和挑战。

2.采用问卷调查的形式对学生能力评价指标的内容进行合理化分析和评价，同样由地方高校内的经管类专业教师和就业指导教师共同来完成问卷设计，选取高校经管学院内各专业学生作为研究范试，对每位学生能力的各项指标进行综合性的科学评分，进而确定问卷调查中的各指标内容，保证问卷的信度、效度符合科学问卷的设计标准，需要事先告知被试学生本次问卷调查的主旨，希望学生都可以如实作答，确保问卷填写的准确性，方便专家教师更好地完善问卷调查内容。[①]

3.由地方高校经管类专业课程优化改革设计的专项负责人来确定此次经管类专业学生能力评价指标体系构建的最终方案，并对课程优化设计方案中的学生能力评价指标进行效度检验和系统性分析。

二、学生能力评价指标体系的效度检验

在重构的地方高校经管类专业学生的能力评价指标体系建设完成以后，还需要深入做好学生能力评价指标体系内容的准确性检测，也就是效度检测，检测这套制定好的学生能力评价指标体系究竟是否可以正确地体现出学生各方面的综合能力水平。只有通过对评价指标体系的测试，才能够更好地优化并完善地方高校经管类专业课程的建设体系，将这套学生能力评价测验在实际教学中应用开来。在开展效度检测时，需要按照以下两项步骤来进行。

1.使用已经制定完成好的经管类专业学生能力评价指标体系对衡阳市4所本科高校经济管理学院财务管理专业1180名学生进行测试，对学生的课程学习结果进行综合性评价，然后获得每位同学的综合能力分数。为了

---

① 徐公伟.地方应用型本科高校经管类专业课程结构体系改革的对策［J］.宿州学院学报，2010.12：83-85

方便进行数据分析,对每一个具体能力评价项目都采用优秀、良好、尚可的等级评分方式,优秀计 3 分,良好计 2 分,尚可计 1 分。调查问卷一共发放了 1180 份,回收上来的问卷有 1100 份,回收率是 93.22%。对回收上来的问卷进行整理,其中有效问卷为 1000 份,问卷的有效率是 90.91%,再应用 SPSS 19.0 数学统计软件对数据进行分析和分类处理,对该市所有学生的评分数据进行效度检验。[①]

(2)在使用 SPSS 19.0 数学统计软件进行学生能力评价问卷检测时,检测各项能力指标内容的准确性和有效性,测量学生行为特点和能力之间的关联程度,使用积差相关法来检验测量结果和效标效度之间的指数。从效度检验结果来看,效标效度系数是 0.862,结果表明地方高校经管类专业学生的自我评价指数和专家评价指数的相关性比较高,说明通过学生能力评价指标体系的构建可以很好地考察出经管类学生的实际能力,为今后的专业课程体系优化建设思路提供了很好的数据支持。

总之,为了培养出更多优秀的经管类专业技术型人才,让他们可以在今后的企业发展中做出更好成绩,地方高校一直不断地致力于专业性的课程体系优化改革。通过检验学生能力评价指标体系的方式,将学生的各项综合能力指标同经管类专业的课程体系优化设计结合在了一起,提出了二位一体的模拟化课程优化体系,使得地方院校经管类专业的教育培养目标和社会发展需求高度融合,并且随着企业的不断发展进步而做出相应的课程体系调整。

---

① 姚君.地方本科院校课程体系优化研究[D].华东师范大学硕士学位论文,2008

第十二章 论工业 4.0 背景下地方高校数字媒体艺术专业教学内容与课程体系新特征

伴随着现代化工业技术的不断发展，数字媒体艺术领域也发生了翻天覆地的变化。在一波波的产业改革浪潮中，如何能够让地方高校毕业生的数字媒体创作水平得到提升，已经成为工业 4.0 革命发展的关键。各级高校专业课程设计方面以及教学内容都需要进行创新转型，结合地区发展趋势，不断进行科学的课程体系变化调整。

在工业 4.0 的发展背景下，社会的发展归根结底是人才的竞争。地方高校每年要向社会传送大批量的人才，其中数字媒体艺术专业的教学内容安排是否合理、教学质量的高低、课程体系的建设是否能够满足市场的发展趋势，都会影响到工业技术革命的发展进程，影响着数字媒体艺术专业人才的核心竞争力。为此，我们将针对工业 4.0 背景下地方高校在教学内容上的要求展开分析，进而探讨课程体系的新特征，旨在能够为国家培养出更多优秀的数字媒体人才，促进工业 4.0 革命的快速发展。

第一节　工业 4.0 背景下地方高校数字媒体艺术专业的人才培养要求

科学界将"工业4.0"概念定义为，继三次工业革命以后，全球将迎来智能化制造产业的第四次革命，在工业4.0发展背景下，工厂生产将高度智能化、数字化以及计算机系统网络化，有效将现代化的电子信息通信技术同生产系统结合起来，实现了电子智能化的工业产业革命，使社会生产模式发生大规模的转变，由传统的流水化作业转为个性化定制的生产方式。灵活的工业生产方式也对操作人员提出了更高的要求，同时也使得高校人才的教育培养模式随之发生转变。[①]

根据工业4.0发展背景对高校毕业生的要求，关于数字媒体专业的教学内容必须满足"工业信息化"的发展特点，始终环绕创新驱动发展战略来制定新的教学方针，坚持"以人为本"的核心教育要求。在人才培养模式方面，注重培养学生的创新能力，促进绿色工业产业的快速发展，加强产业结构优化调整。在教学内容的设计上，必须抓住市场经济的发展规律，在地方政府的正确引导下，对于数字媒体专业人才的未来发展目标设立要长远一些，使高校毕业生可以实现更好地突破和发展，在地方高校内形成专业化的人才培养框架。

一、确立专业人才培养方案

为了更好地适应工业4.0背景的发展需求，地方高校对于数字媒体艺术专业的教学内容安排，首先应当确立正确的人才培养方案，充分利用高校自身的办学优势，重新确立教学目标，同时也要明确当地经济的发展特点以及对于数字媒体艺术专业的工业设计要求。在国际化的市场竞争环境下，设计人才创新能力的发展是工业制造产业革命的关键因素，在教学要

---

① 温贻芳，江建春.企业视角：工业4.0背景下高职制造类专业人才的新需求与培养［J］.职教论坛，2016，（21）：46-49.

第十二章 论工业 4.0 背景下地方高校数字媒体艺术专业教学内容与课程体系新特征

求上,必须注重培养学生的创新思维能力,能够有敏锐的市场发展眼光,提高学生的动手操作能力,加强对地方高校大学生综合能力的培养,使他们能够适应工业时代的发展需求。不仅要在本领域的影视动画方面有所造诣,还可以将先进的数字媒体艺术设计理念有效地融合在工业化的生产当中,提高工业生产项目的文化创意水平。[①]

二、拓宽课程教学内容

在专业课的教学内容设计方面,需要响应我国数字媒体行业的文化号召,进一步将影视创作、动画设计、游戏以及电子文化传媒等领域包揽到高校的教学任务当中,综合发展数字媒体艺术专业的跨学科特点,建立艺术技能型的综合性人才模式,让大学生既能掌握更多的数字媒体知识,更重要的是能够活学活用,将学校学习到的知识应用到真正的实际工作当中去,这就需要高校毕业生有着丰厚的专业底蕴和高超的技能操作水平。在工业 4.0 发展背景下,地方高校需要做的是拓宽专业课的教学内容,开阔学生的视野,提高学生的知识阅历。在专业基础课程教学中,既要有大学外语、计算机以及高等数学等基础性课程,又要有数字媒体艺术专业单独的课程,为学生打下坚实的理论知识基础,再增加实践性的教学环节,以自主合作的学习形式,充分发挥学生的个性化特点。[②]

三、创新教学模式

在教学模式方面,地方高校也要顺应工业 4.0 的发展趋势,根据教学内容的转变选择创新型的教学模式,由于数字媒体艺术专业本身对于计算机多媒体技术使用的要求比较高,为了能够使学生的创新性批判思维得到提升,地方高校在教学模式和教学环节的设计上可以引进更多先进的教学

---

① 周静.工业 4.0 背景下技术技能人才需求分析及培养路径探析[J].工业技术与职业教育,2016,(02):19-21.
② 王冠愚,范双喜,张喜春.从历史到未来——工业 4.0 背景下的教育模式构想[J].高等农业教育,2016,(03):12-16.

仪器设备,让学生能够接触到更多先进的教学手段,提高学生的数字媒体创作水平,给予学生更多展示自己的舞台。在实践性的教学环节中,大力开展"校企联合""工学一体"的教学模式,在地方高校校园内建立可以让学生实习的"工业产业园",使用"双课堂"联合教学的方式组织实践活动,创建集教学、科研为一体的数字媒体艺术专业平台。在这一教学平台中,学生可以和专业课教师进行互动沟通,讨论在专业课学习过程中遇到的问题以及对工业4.0发展趋势的看法和理解。

四、建立新的教学评价体系

在传统的教学模式中,地方高校对于数字媒体专业教学内容的评价检验方式比较单一,不能很好地体现出课程教学的效果。特别是在教学内容的检验中,比较注重理论知识的记忆背诵考查,对于学生的实践性应用能力考查较为欠缺。在工业4.0的发展背景下,必须建立科学合理的专业课程教学评价考核体系,考查学生对课堂教学内容的参与程度,是否具有与他人沟通和团队协作的能力。在理论知识考查方面,不仅要考查学生的专业基础知识掌握水平,还要对学生的人文素质、艺术涵养进行综合评定,比如说让学生完成一个项目设计方案,对设计方案的创新性和艺术性进行评估,从而提高学生在实际工作中解决问题的能力,全面考查教学任务的开展情况以及学生在专业课学习过程中的表现。①

第二节 工业4.0背景下地方高校数字媒体艺术专业的人才培养策略

地方高校在工业4.0背景下构建新的数字媒体艺术专业课程体系时,将传统的教学发展路径进行了转变,建立了以信息智能化发展为主的课程体系。这种课程体系的构建没有对传统工业化的教学路径进行彻底否定,

---

① 王培,耿冬茹,刘志军.工业4.0背景下高职教育人才培养模式改革的新思维——产业链与专业链的对接与融合[J].河北软件职业技术学院学报,2016,(01):27-30

第十二章　论工业 4.0 背景下地方高校数字媒体艺术专业教学内容与课程体系新特征

而是顺应了时代的发展潮流，与国际化的工业发展趋势遥相呼应。

一、信息技术是专业课程体系建设的重要内容

在工业 4.0 背景下，地方高校积极开展了"两化融合"战略教学方案，重新构建了数字媒体艺术专业的课程体系，信息技术的快速发展则是专业化课程体系建设的重要核心内容，也是专业课程体系的新特征。信息技术的发展已经渗透到了社会生产的各个领域当中，尤其是数字媒体艺术领域的发展更是离不开信息智能化技术的大力支持，将信息技术和工业生产紧密地结合在了一起，极大程度加快了我国社会主义工业化道路的发展进程，同时也更有利于学生自身的能力发展。在课程体系结构上进行了转变，融入了信息化的教学元素，对课程教学内容进行了补充说明，提高了智能化信息手段在课程教学中的使用程度，重视学生"信息素养"能力的形成，并将课程体系建设的教学目标同"两化融合"战略相结合，探索数字媒体专业课程体系在信息化因子作用下如何提高学生的"信息素养"，在潜移默化中渗透信息化的教学理念。①

二、知识是课程体系的重要元素

在新课程体系建设中，地方高校将智力知识资本作为数字媒体艺术专业课程体系建设特征的重要组成元素。随着工业 4.0 发展水平的快速提升，智力资本已经成为了企业人力资源发展的重要组成部分，而且智力资本的重要性程度会越来越高。在专业课程体系重构中，需要将有用的信息充分利用起来，将信息转化为知识。从过去的传统工业化发展到现在的"两化融合"发展，地方高校应当意识到工业产业的生产和服务价值都已经发生了转变。因此在课程体系建设中，需要把握价值链体系的核心建设，构建一种信息收集、信息提炼、知识挖掘以及专业技术生产一条龙的课程教学

---

① 梁岩. 对数字媒体艺术专业基础课教学的改革与思考 [J]. 新媒体研究，2015，(14)：79-80+90.

结构，提高对工业生产知识的认识，才能将工业生产元素融入到数字媒体艺术设计项目当中，使学生在数字媒体设计创作过程中，可以利用高校现有的资源优势，转变创新生产思维。[①]

三、适应与创新是专业课程体系的灵魂

习近平总书记强调，在21世纪，人才是创新的源泉，而能否适应工业4.0背景下"两化融合"发展战略，则是地方高校数字媒体艺术专业新课程教学改革的灵魂所在，如果没有创新，也就意味着工业革命的失败，因而在课程体系建设中，需要学生具有一定的创新能力和适应能力，时刻追求卓越的数字媒体艺术创作品质，将数字化的多媒体技术进行定期的更新升级。与传统教学不同的是，随着信息智能化技术的快速发展，专业课程体系的内容也在随之发生着变化。如果地方高校的课程体系建设缺乏对社会发展趋势的统筹规划和了解，就意味着要被社会的发展所淘汰，通过正确的地方高校专业教育，增强了教育系统和企业生产系统之间的血肉联系，这也是当代工业4.0背景下高校课程体系建设的重要目标，避免了数字媒体艺术专业的盲目发展，提高了信息化技术对产业革命的改造力度，开发了更为广阔的大学生就业渠道，使得工业智能化发展的覆盖范围得到了大幅度提升。[②]

四、协作是专业课程体系建设的主要方式

在工业4.0发展背景下，信息化和工业化的协作发展教育是专业课程体系建设的主要方式和新特征，这种协作发展教育不单纯指"两化融合"教育，更重要的是培养学生的协作水平。一个优秀的数字媒体艺术设计项目，依靠某一个人或是单一环节都是完成不了的。在构建新型专业课教学

[①] 黄成云.数字媒体技术本科专业实践教学体系研究[D].华中师范大学硕士学位论文，2012.

[②] 李鹏杰.高校数字媒体艺术专业现状分析及教学体系的研究[D].河北师范大学硕士学位论文，2010.

体系时,必须要使学生建立合作化的价值导向,在集体合作创作中,集思广益,开阔设计思路,调动地方高校同学间的艺术设计氛围,使学生能够站在他人的角度上进行换位思考,了解其他同学的艺术创作理念。在集体合作和探究过程中,加深对数字媒体艺术专业的认识和理解,形成多元化的创新思维理念,为学生普及更多的数字媒体知识,构建和谐、民主的校园学习环境,使学生可以在四年学习中获得更多实习经验。

总之,面对着工业4.0日新月异的发展变化,地方高校对于数字媒体艺术专业的教学内容提出了新的要求。加快"两化融合"战略下新课程体系的构建速度,过去传统的教学方式已然无法满足现代化企业的发展需求,在工业化和信息化的发展背景下,地方高校必须认识到课程体系建设的新特征,才能够从本质出发,提高学生的职业竞争能力以及数字媒体艺术创作水平。

第十三章 工业4.0背景下地方高校数字媒体艺术专业课程体系重构的关键问题分析及对策建议

工业4.0概念最早是由德国提出的，目前，工业4.0已经成为中国和德国合作的重点项目。通过两国共同参与的方式，转变了现代化互联网信息系统下的社会生产关系，从工业生产原料采集、加工到经营销售环节，全面实现了数字化的信息管理，大大提高了社会生产效率。工业4.0项目在整合各方面生产资源的同时，也对数字媒体艺术专业人才提出了更高的要求，经过了一段时间工业4.0战略的实施，中德两国希望在制造业发展水平上得到更进一步的提升，提高资源的可利用性，实现工业化产业项目的快速发展。随着市场经济的快速发展，企业对于数字媒体艺术专业人才的要求也越来越高，为了能够降低用人企业和地方高校教育之间的偏差，提高大学生的就业竞争力和实际工作能力，如何针对现有的专业课程体系进行重构，明确课程体系建设的关键问题，这已是工业4.0时代发展背景下，当代地方高校数字媒体艺术专业急需思考并解决的重要任务。①

---

① 桑华月.工业4.0时代的职业核心能力与高职思想政治理论课教学［J］.思想政治课研究，2016，（03）：9-11+21.

第十三章 工业4.0背景下地方高校数字媒体艺术专业课程体系重构的关键问题分析及对策建议

作为一种涵盖范围较广、人文综合性比较强的设计学科，地方高校对于数字媒体专业的课程体系设计进行了多次调整。根据工业4.0背景的发展需求，能否更好地发挥数字媒体艺术的专业优势，已经成了制约现代工业化和信息化发展的影响因素，我们将针对地方高校在数字媒体艺术专业课程体系重构方面的关键问题进行分析，进而相应地提出一些对策，希望可以有效地改善该专业的教学现状，为国家培养出更多优秀的艺术设计型人才。

第一节 工业4.0背景下地方高校数字媒体艺术专业课程体系重构中的关键问题

一、明确构建课程体系的倾向性

在工业4.0发展背景下，地方高校在重构数字媒体艺术专业的课程体系时，首先需要确定正确的课程价值取向，实现从过去的"传统工业化"课程教学模式到现在的"两化融合"课程教学模式的创新。为了更好地明确课程构建的价值取向，应当从"两化融合"战略的发展背景入手，进而确立课程项目的生成型价值目标和表现型价值目标，了解在地方高校的课程结构体系中是否存在重叠现象，在信息化和工业化融合教学中，二者之间是否具有相互促进、互相补充的关系，是否明确了课程评价体系的主体问题，在研究"两化融合"课程要素内容价值取向时，应当更加注意培养学生的信息素养，帮助学生拓展学习应用能力，始终坚持"以人为本"的教育教学理念。[1]

二、重新创建课程目标

地方高校对于数字媒体艺术专业课程目标的建立，主要是以培养学生

---

[1] 张志强，张修军，范文杰.地方高校数字媒体技术专业课程体系构建与实施[J].计算机教育，2015，（20）：18-22.

的"信息素养"为主。所谓"信息素养",指的就是当代大学生在社会生产当中应当具备的一种综合性的信息处理能力,"信息素养"不仅是国际信息化的发展要求,更是工业4.0项目发展的重要保证,同时将课程目标的实现分成几个维度,由地方高校传媒学院的教师和学生一同建立课程教学目标,将学生的数学媒体艺术设计能力划分成三大课程目标,分别是知识与技能、过程和方法、情感态度和价值观。在重构专业课课程目标时,要注意提高学生的全面素质,以课程目标的创建为基准来完善课程体系构建的关键项目,比如说通过积极开展"信息技术教育"课的形式给予学生更多应用信息技术的机会,使得课程体系目标可以得到更好的落实。①

三、重新组建课程教学内容

为了进一步将重新创建的课程目标进行落实,并且积极强化"两化融合"教学理念,地方高校需要针对数字媒体艺术专业进行教学内容重组,培养学生的数字媒体艺术设计的专业能力,以专业能力的提升为教学目标来对课程教学的内容进行选择。在具体课程教学内容重组的时候,地方高校的专业课教师应当对教学目标框架内的课程内容进行专门分类以及要素整理,把相同性质的课程教学内容放在一起,转变成为片段式的模块教学形式,并将课程教学内容进行标准化处理,形成教学性的描述评价,再根据不同时期的社会发展需求,增添个性化的人才培养内容,完善数字媒体艺术专业的课程内容。

四、优化专业课程结构

在重构专业课程体系时,课程结构的优化设计则是地方高校需要重视的关键问题之一,重点把握专业课程体系结构调整过程当中基础性通用知识和数字媒体艺术专业课程知识的整体融合度。在通用知识的学习中,像

---

① 陈永强.地方普通高校应用型本科数字媒体技术专业课程体系研究[J].软件导刊,2015,(07):209-211.

第十三章　工业4.0背景下地方高校数字媒体艺术专业课程体系重构的关键问题分析及对策建议

是大学外语、大学计算机技术以及大学数学等学科的学习，应当同专业课程学习结合起来，加强对通用知识课程结构的内部要素的优化。在分学科教学时，不同学科之间要有一定的内部联系，使得不同课程的教学内容之间可以融会贯通，将地方高校学习阶段的选修科目和必修科目进行模块化处理，提高实践性课程教学在整个专业教学阶段中的地位，使得理论知识的课程教学内容可以应用到实践性的社会生产实践当中，积极开展校园内的隐性课程，让地方高校的隐性课程可以和显性课程得到同样的教学资源。①

五、实施课程教学改革

地方高校在工业4.0背景下需要进一步实施数字媒体艺术专业的课程体系重构，在实施课程改革的同时，必须要强调学生在课堂教学中的主体地位，进而开展以专业课教师为主导、学生全面参与的课程教学活动，给予学生更多的选择空间。在实施课程改革过程中，重点问题在于怎样为学生创造一种更为真实的"两化融合"教学情境，进而培养数字媒体艺术专业学生拥有更高的专业理论基础以及艺术素养，在进行现代化的动画设计、网络宣传以及自媒体营销教学时，学生只有紧跟时代发展潮流，才能掌握更多的信息技术手段，迎接工业4.0飞速发展所带来的挑战，设计出更为新颖、独特的企业策划方案，吸引更多优秀的复合型人才加入到企业的生产当中。②

六、完善课程教学评价模式

在专业课的评价方式选择上，地方高校应当从传统理论性知识课程评价方式向着实践性的操作技能评价方式进行转变，对于工业4.0背景下数字媒体艺术专业的发展来说，还要注重提高学生的自我评价能力，找到适

---

① 张坤.江苏高校数字媒体艺术专业设置的合理性研究[D].南京艺术学院硕士学位论文，2014.

② 马炅.国内高校数字媒体艺术专业发展现状及对我们的启示[J].考试周刊，2011，(80)：198-200.

合自己的就业发展方向，从他人的评价中找到自身存在的缺点和不足，并努力加以改进。信息化与工业化融合发展需要的是综合型的复合人才，学生的专业能力和职业道德素质更为重要，因而课程评价方式也不是一成不变的，应当处于弹性变化当中。对于学生学习效果的评价标准也应当结合当时的社会发展背景来看，完成定性评价和定量评价的剥离，增强评价内容对学生成长的鼓励性作用。

第二节　工业4.0背景下地方高校数字媒体艺术专业课程体系建设的实施对策

一、注重对学生思维能力训练的课程教学内容构建

一个良好的思维方式，在某种程度上能够很好地提高学生对自身专业课的学习兴趣，在重构实施工业4.0背景下的数字媒体艺术专业课程体系时，教师应当将课程体系建设的首要工作放在对学生思维能力的培养训练上，采用启发式的教学原则，由浅入深地渗透数字媒体艺术专业课的教学内容，给予学生充分的思考时间和缓冲过程。同时高校应当将教学内容进行举一反三，列举现实生活中比较常见的例子进行教学，从基础性的专业课程开始训练。例如针对平面设计进行思维训练，提高学生的图形联想能力，开设平面创意课程，为学生提供真实的策划方案，让他们去思考。在思维训练的课程体系建设时，要加强多媒体技术的功能普及，比如采取微课教学、慕课教学的课堂组织形式，随时随地进行数字媒体艺术的专业课程教学。在慕课教学平台中，学生可以和教师一同讨论教学内容所涉及的问题和知识，教师进行正确的指导和教学审查，打破了过去教师一味地讲、学生一味地记笔记的课堂教学模式，让学生针对专业课教学内容先到网络上查阅相关的资料，加深对专业知识的理解，并且提高了自我学习能力以

及合作探究能力，学生对数字媒体艺术设计的创作信心也得到了肯定。①

二、强化数字化的课程教学手段

为了更加顺应工业4.0背景的发展，地方高校在数字媒体专业的课程体系建设时，还应当进一步强化学生的数字化应用技能。利用信息化、数字化的教学手段，不仅可以调动学生的学习积极性，快速从课堂导入环节进入到正式课堂的教学当中，更重要的是利用数字化媒体技术，可以开发学生的艺术素养，增强学生的艺术审美能力。运用数字化的技能手段，可以将新媒体行业的特色充分展现出来，增强学生的艺术再造能力。数字媒体艺术专业是一门将传统艺术同现代化数字媒体技术相结合的学科，也就是说它不仅需要学生具有较高的艺术素养，还要有数字化的多媒体技能操作水平，事实上，在实际的课程体系构建中，可以将课程教学内容通过数字媒体的形式展现出来，帮助学生找到专业课程知识的教学重点，强化数字化的技能手段练习，提高学生获取有用信息的能力，培养学生的语言表达能力，增强其对数字媒体艺术专业课程体系的认知理解性。使用自上而下的课程分析方法，不仅可以从细节上掌握数字媒体艺术的应用原则，还可以从宏观角度着手，利用现代化的数字信息理论进行"两化融合"的教学实践活动。②

三、健全实践性的课程教学模式

针对很多地方高校学生对数字媒体艺术专业虚拟性的教学内容难以理解的问题，在重构专业课程教学体系的时候，应当明确实践性的课程教学效果。通过有效的教学目标确立，开展地方高校专业课程教学中数字媒体艺术创作的实践性课程安排，利用设计项目来调动地方高校的教学积极性。

---

① 熊佳慧.就业视角下地方高校教育技术学实践类课程教学模式设计与实施［D］.华东师范大学硕士学位论文，2011.

② 李鹏杰.高校数字媒体艺术专业现状分析及教学体系的研究［D］.河北师范大学硕士学位论文，2010.

学生在大一学期刚入学的时候，在基础性专业课程体系构建的初期，就可以尝试着让学生们一起来完成一些较为容易的艺术设计项目，使得理论课程的教学内容同实践性课程相关联，并且确定好下学期的课程教学安排，为学生制定好科学的教学研究方向。另外，地方高校还需要结合工业 4.0 发展的实际走向，在高校范围内建立课程教学项目责任室，利用责任工作室的监管作用来提升学生的实践性操作能力，打破传统课程教学理念的束缚，建立"校企融合"的沟通桥梁，为学生设立就业实习的活动窗口，让学生可以到企业中去参加社会实践活动，将在企业实践中所学习到的知识融入到地方高校专业课程体系的建设当中去。

总之，地方高校在工业 4.0 发展背景下数字媒体艺术专业的课程体系应该朝着"两化融合"方向继续发展，转变传统课程体系的改革方向，形成"螺旋式"的上升趋势，将课程体系重构建设的重点放在提升艺术素养和数字媒体设计水平上面。对课程教学内容进行重组，加强课程结构的改革设计水平，保证地方高校课程体系建设方案的顺利实施，从而构造出一种符合社会工业发展需求的创新型专业课程体系。

第十四章 地方高校工业设计专业群课程体系、教学内容改革的整体优化研究

伴随着我国地方本科院校的转型升级与发展，相关工业设计类专业的学科也正在面临着专业群的课程体系、教学内容改革以及整体优化等问题。本章将从湖南地方本科院校工业设计专业学科课程体系与教学内容的改革现状入手，重点从工业设计专业的教学方式、教学理念以及课程体系建设方面应当如何更加科学合理地开展工业设计专业教学改革进行了一些探索，意识到专业课程体系、教学内容改革中存在的问题，进而采取有效的优化改进措施，构建"校企合作、工学一体"的人才教育培养模式，促进学生的职业能力发展，在教学内容的改革中找到有效的工学结合方式，并以工业设计专业学科建设为基础，开展专业课程群建设。

第一节 湖南地方本科院校工业设计专业课程体系、教学内容改革现状

一、依照教育部规定的地方本科院校学科专业分类标准来设置课程体系

根据我国《普通高等学校地方本科院校教育指导性专业目录》的分类

标准，地方本科院校中工业设计类专业课程，在具体的课程体系设计中，主要是将课程分为公共基础课，学习大学英语、大学语文、高等数学以及思想政治理论课程，还需要有专业基础课程、专业必修课程和专业选修课程，主要学习的专业课程有工程图学、设计素描、平面构成、产品设计、视觉传达等。毕业以后一般可以从事车身造型设计，或者其他机电产品设计、日用品造型设计等工作，具体的专业课程还是要根据不同的专业研究方向来制定。①

二、为培养出更多的工业设计专业人才做了不少尝试

为了能够培养出更多高素质复合型工业设计专业人才，本科院校在学科专业人才方面做出了不少的尝试和努力，提高了学院内跨学科专业的课程融合水平，并且在课程体系设计以及教学内容方面都展开调整，增加了实践性的上机操作课程，让学生可以有机会去进行美术设计实习、产品设计实习、装修构造实习，还有人机工程实习等等。将理论课程和实践课程有效地融合在一起，在学好理论课程的基础上，更加重视理论课程的教学，积极构建校企实训基地，加强了湖南地方本科院校同现代化企业之间的合作与联系，采用订单式的人才培养方式，使学生都有机会到工厂中去工作实习。②

三、地方本科院校课程体系设置要与国家职业资格证书相衔接

伴随着我国职业资格证书考核制度的不断完善，及新出台的政策，湖南工学院的工业设计专业课程安排设置，要与工业设计师资格认证考试之间进行有效的衔接，比如说"工业产品造型设计师资格"证书，还有"轻工业设计师资格"证书，学生都可以在地方本科院校学习期间考取。如果

---

① 庞杏丽.环境艺术设计专业课程体系的优化与教学内容改革的研究[J].科技展望，2016，（36）：314-315.

② 李云静.本科院校生物制药技术专业课程体系整体优化与教学内容改革探索[J].产业与科技论坛，2016，（06）：157-158.

学生能力比较强的话，还可以考取"工业设计师助理"证书，从而帮助地方本科院校学生更好地适应现代化工业的发展需求，尽快地融入到工作岗位中。本科院校的工业设计专业课程体系设置，应该是和国家职业资格证书的考核科目相类似的，在学习的同时把证书考取下来。①

四、继续推行工作过程的教学改革

本科院校在进行教学改革时，继续将工作过程的教育指导理念融入到职业教育的整体规划当中，也就是把工业设计专业的教学内容同学生毕业后所要从事的工作岗位需求相联系，最终满足工厂企业的人才招聘需求，提供最为优质的人才培养服务。而依照实际的工厂工作过程展开工业设计专业的课程体系改革，能够更好地提高学生的实际操作技能，培养学生独立解决问题的能力，同时也能够和周围的人进行协调合作，一起开展有关项目课程的开发，使学生了解更加完整的工厂生产模式。②

第二节 湖南地方本科院校工业设计专业课程体系、教学内容改革中主要存在的问题

一、课程体系设置、教学内容存在雷同

在实际的湖南地方本科院校工业设计专业课程体系以及教学内容的优化改革的过程中，还是存在着这样那样的实际问题。从工业设计专业的课程设置来看，在公共基础课程的安排上，还有专业主修课程、选修课程的设计上，各级学院的专业设置方式大致雷同，这也就使得地方本科院校在人才培养方面毫无竞争优势，不能够体现出湖南地方本科院校的办学特色。

---

① 张引.论"突显地域特色、服务区域建设"环境艺术设计专业课程体系与教学内容整体优化［J］.现代装饰（理论），2015，（10）：143-144.
② 王其，刘青山，钱承山，等.基于工程应用型人才培养的物联网工程专业课程体系改革与探索［J］.科技信息，2013，（12）：23+26.

而且在教学内容的设计层面上,本科院校并没有解释好"为什么""怎样做"的问题。[1]

二、课程体系、教学内容在落实到人才培养模式时还存在着一定问题

虽然说近几年以来,湖南地方本科院校一直都在追求着"校企融合""工学一体"人才培养模式的构建,但是在实际的课程体系设计以及教学内容的安排上,还是存在着一定问题,尤其是实践性课程比例不高的问题,严重影响着学生的职业技能提升,不能够很好地将所学知识应用到实际的工厂生产中;并没有完全处理好"产学研"之间的融合关系,甚至是进行工业设计专业的教学模式设计时,基本上做的都是一些形式主义,而没有将实践性的课程项目真正意义上落实下去,存在一定程度的敷衍应付了事。

三、各个层次的课程体系和教学内容安排不合理

在湖南本科院校各个层级的课程体系安排中,存在着专业课程与公共课程安排不合理的问题,学生学习公共课程的时间基本上和学习工业设计专业基础课程的课时大致相同,这也就意味着留给学生钻研本专业知识的时间是比较少的,而且能够锻炼并培养学生应用实践能力的专业必修课程也是很少的。另外,在不科学的课程体系下,学生所要学习的课程之间会发生内容上的重复,削弱了学生的学习兴趣,每一门课程的学科教师之间缺乏沟通,一味地照本宣科,没有考虑到教学内容的实用性和重复问题,白白浪费了宝贵的学习时间和教学资源[2]。

---

[1] 李正.基于工程创新人才培养的课程体系改革[J].中国大学教学,2012,(03):12-14+56.

[2] 夏敏燕.构建以集成创新能力培养为目标的"工业设计"专业课程群[J].商场现代化,2011,(34):96-97.

四、学科专业教学单位间互相排斥，使得课程体系与教学内容安排不合理

湖南地方本科院校在实际的教学过程中，在落实具体的学科专业课程时，常常发生各级教学单位之间不能够互相配合的问题，进而导致了有几门课程的专业教师非常短缺，特别是在安排教研室的时候，因为在学院内存在课程本位主义，都会先安排一些理论性的基础必修课程，从客观层面上影响到了一些其他课程的教学。有的学科教研室，即使出现了课程重复的问题，也不愿意将自身的教学资源共享出来，从而导致了课程体系管理的混乱性，大大增加了本科院校的教学成本，学生也不得不接受过多的教学课程安排。

第三节 地方本科院校工业设计专业课程体系、教学内容改革及其整体优化的有效途径

湖南工学院作为地方本科院校，在工业设计专业课程体系设计以及教学改革方面存在着很多不足，尤其是存在课程体系设置以及教学内容方面雷同的问题，无法将教学改革的具体内容落实到实处。各个层次的课程体系内容安排得并不合理，学科间排斥现象严重，急需针对新建的湖南工学院工业设计专业群进行课程体系和教学内容改革和整体优化建设。

一、依据本科院校人才培养模式来开展课程体系、教学内容改革

为了能够更好地实现本科院校课程体系、教学内容的优化整理，还是要根据现代化企业对于工业设计专业学生的人才培养需求来进行课程体系改革，并且要以学生的就业需求为教学工作导向，促进"校企融合、工学一体"教学模式的形成，培养学生在工业设计方面的专业能力，提升他们

的综合素质。① 积极开展"双证书"制度,让本科院校的人才培养可以和职业资格证书的考核紧密地联系起来,优化学科专业课程结构,并构建专业群课程体系,如表14-1所示。

表14-1 地方本科院校工业设计专业群课程体系建设

模块	课程和项目实践	能力培养
拓展模块	工业设计软件应用、软件开发、影视动漫制作、动态捕捉	拓展相关知识能力
核心模块	力学、电工学、机械设计基础、工业美术、造型设计基础、工程材料、人机工程学、心理学、计算机辅助设计、视觉传达设计、环境设计	专业核心能力培养
基本模块	工业软件开发、设计工具、工业程序语言、设计数据库、图像处理、网页制作、动漫设计	基本技能培养
通用模块	思想政治教育、法律教育、素质拓展、大学外语、高等数学	文化素养培训

二、将课程分成通用性与专业性课程

在进行湖南本科院校学科专业课程体系设计时,还是应当从学生的职业需要角度来考虑,一般会将课程分为通用性课程以及专业性课程,其中以通用性课程的教学为主要核心,也就是工业设计专业的主要课程体系。在这个主要的课程体系基础上,还会继续添加专业性课程,并且可以开展专业的课程群建设,在课程群建设中培养工业设计专业学生的创新创业能力,提高他们的职业道德素质,让学生可以适应各种各样的就业工作环境。②

三、创新教学内容改革

解决湖南本科院校工业设计专业的教学改革问题,重点是要培养学生的实践性操作技能,并将理论基础教学同实践性课程教学内容融为一体,构建出一种既互相依从又互相独立的模块式工业设计课程体系,从学生的

---

① 郭永洪,眭碧霞.专业群课程体系建设的思考与设想[J].计算机教育,2012,(21):83-86.

② 陈星.论本科院校财经类专业课程体系、教学内容改革和整体优化[J].北京教育学院学报,2009,(01):62-65.

生活实际角度入手，由浅入深，进一步开展模拟教学课程，把每一教学单元都分成项目单元组块，对不同课程中出现的重复性教学内容进行筛检，将不符合工业设计生产实际的老旧教学内容进行剔除，不断更新教材，并将教材分成实训教材与理论教材，教给学生更多先进的工业设计专业知识。

四、以专业学科建设为基础开展专业课程群建设

湖南地方本科院校开展以工业设计专业学科建设为核心的课程群建设，目的是为了能够更好地提升本科院校的教学资源配置水平，进而创新优化课程教学体系，解决好传统课程体系设计和安排不合理的问题，健全课程群的建设体系规范，对工业设计专业具体的学科教学计划展开严格的审批。与此同时，湖南地方本科院校还可以通过产教融合以及产官学研一体化发展的形式，将专业群的课程体系改革同学校的教学内容改革融为一体，根据课程体系内设计和安排的内容来展开教学内容改革，并且要与专业群的课程体系建设协调发展。

五、协调处理好课程体系建设同教学工作之间的关系

通过湖南地方本科院校协调处理好工业设计专业课程教学体系建设与学科教学工作间的关系，才能够满足地方本科院校毕业生的职业发展需求。根据市场的变化趋势来不断更新并调整教学内容，将本科院校的课程体系优化同教学工作的开展，摆在同等重要的位置上来，既要让学生拥有扎实的工业设计专业课程理论基础，又要让他们在地方本科院校的就业实习中培养自身的实践性动手操作能力，进而提高学生的综合素质，既要具备专业的职业素质，同时也能够协调好自身同周围环境之间的关系，能够有效地与他人进行沟通和配合，这些都是学生在实际工作中需要培养的能力。

六、吸收发达国家的职业教学指导经验推进改革进程

湖南地方本科院校在进行工业设计专业群建设的过程中，可以吸收一

些发达国家的职业教育改革经验,实施课程整合系统,采用宽泛的知识技能培养态度来构建职业群,像美国一样,对本科院校的课程教学体系进行过渡计划调整,而德国则是采用了"双元制"教学模式,在学校中学习理论知识,在工厂企业中开展实训指导课程。

  总之,随着我国市场经济的不断发展,社会对于工业设计专业学生的综合素质要求也不断提高。地方本科院校作为我国职业教育的重要组成部分,为了能够培养出更多高素质应用技术型人才,必须要针对现有的工业设计专业课程体系、教学内容进行优化改革,有效地整合校内外教学资源,在"校企融合""工学一体"人才培养模式背景下,提升本科院校的办学效果,提高工业设计专业学生的实践性能力水平。

第十五章　适应"中国制造2025"的湖南地方高校工业设计专业课程体系构建实证研究
——以湖南工学院为例

"中国制造2025"这一概念是由国务院总理李克强在2015年3月5日政府会议报告中提出的。"中国制造2025"是我国政府为实现强国战略而提出的十年行动纲领，制定了"人才为本"的前进方针，希望通过"三步走"的方式来实现"强国战略"的发展目标。目前我国地方本科高校的人才培养模式正和"中国制造2025"强国战略发展目标不谋而合，需要结合"中国制造2025"战略实施的背景展开湖南工学院工业设计专业的定位设计，希望培养出来的高素质工业设计专业人才能够更加满足新时代技术产业的发展需求，高效完成"中国制造2025"战略的伟大梦想。

"中国制造2025"战略的实施离不开我国本科高校的人才培养支持。本章结合湖南工学院向技术型本科院校转型的实践，分析湖南地方高校工业设计专业人才培养目标，是否可以体现出地方应用技术型本科高校人才培养层次的高级性，学科专业知识、学科专业技能的职业性，人才培养的技术性和技能，明确工业设计专业的地方本科院校人才培养目标，进而加强对工业设计专业的学科课程体系建设，协调好地方本科高校与现代化企业、市场间的多边互动合作关系，培养出更多"中国制造2025"战略发展所需要的高素质应用技术型人才。

第一节 适应"中国制造2025"战略的湖南地方技术型本科高校人才所具有的特点

为了能够适应并满足"中国制造2025"强国战略的发展需求，湖南省地方本科院校一直都在不懈地努力。以湖南工学院为例，在学科建设与发展中，地方技术型本科院校所培养出来的学生应当具备以下四个特点。[①]

一、人才层次的高级性

通过应用技术型地方本科高校的人才培养，无论是从学生的工业设计专业理论知识的掌握上，还是学生的专业设计水平上，都要求他们要比地方高职院校、中职院校等专科院校毕业的学生强很多，从专业素质再到职业能力水平，都要体现出人才培养层次的高级性。作为应用技术型本科院校的学生必须要有高水平的实践操作能力，能够判断、识别并且分析好在真实工厂生产环境中解决问题的实际能力，具备较强的就业市场竞争实力。[②]

二、知识、能力的职业性

在湖南地方应用技术型本科高校的人才培养中，一定要根据工业设计专业的人才培养要求来制定教学计划和目标，也就是说，通过湖南工学院应用技术地方本科高校的人才培养，能够培养学生的工业设计专业的应用技术水平，让学生在本科学习阶段，就能够感受到工厂中的实际生产氛围。

[①] 陈玲.《中国制造2025》背景下高校工程训练师资队伍建设［J］.湖北函授大学学报，2017，（01）：16-17.

[②] 沈言锦."中国制造2025"背景下的职业教育供给侧改革研究［J］.成人教育，2016，（11）：48-51.

培养出来的学生要能够满足现代化企业的人才招聘需求，提高学生的专业知识和专业技能的职业性，培养学生树立正确的三观，明确工作岗位必须具备的职业道德，有目的、有计划、有组织地开展工业设计专业的本科院校教学活动课程。①

三、人才的技术性、技能性

为了能够更好地适应"中国制造2025"战略的发展需求，高校培养出来的学生，不光要具有工业设计专业的知识和相关技能，学生在实际工作岗位中所表现出来的实践操作能力以及工作中的组织协调、沟通能力也很重要。要培养并提高应用技术型本科专业人才的技术水平，可以按照生产设计中的图纸要求来进行实际的生产操作，灵活地运用工业生产中的技术管理手段。同时，在现代化的企业生产中，还要求学生能够熟练地使用计算机操作控制设备，及时了解各种相关的工业生产信息，能够接触到更多先进的生产设备和生产技术，将湖南工学院地方应用技术型本科高校的学生培养成为综合素质比较强的复合型专业技术人才。②

四、人才的创新意识

应用技术型人才不单要对过去的学科专业技能展开继承性的学习，更重要的是能够对过去的学科专业知识和技能的应用进行创新。在"中国制造2025"强国战略的正确指导下，想要提高我国学科专业的技术发展水平，需要培养出更多创新技术型人才，能够对生产技术以及生产管理模式进行优化创新改进。③

---

① 李坤，伍广，李雪斌.《中国制造2025》背景下地方高校工程人才培养新模式［J］.教育教学论坛，2016，（05）：256-257.

② 《中国制造2025》与工程技术人才培养研究课题组.《中国制造2025》与工程技术人才培养［J］.高等工程教育研究，2015，（06）：6-10+82.

③ 李拓宇，李飞，陆国栋.面向"中国制造2025"的工程科技人才培养质量提升路径探析［J］.高等工程教育研究，2015，（06）：17-23.

第二节 湖南工学院"三重一高"的办学定位

在"中国制造2025"战略发展背景下,湖南工学院创设性地设计了"三重一高"的办学定位。所谓"三重一高",具体来讲就是"重基础、重技术、重能力"以及"高素质",意思是说,工业设计专业课程在实际的教学过程中,要重视培养学生的基础知识掌握水平,做好基础性的教学工作,重视对学生技术能力的培养,培养学生的创新性思维能力。使用项目教学法以及任务教学法的方式,培养学生解决问题的实际能力,旨在能够培养出更多高素质综合性的职业技能人才,提高学生的综合素质,提高湖南工学院的高校竞争实力。

第三节 应用技术型工业设计本科专业的培养目标及课程体系建设

工业设计专业是一门创新性和实践性都比较强的学科,从湖南工学院的实际人才培养现状中可以了解到,为了能够培养出更多能够适应"中国制造2025"的应用技术型人才,就必须培养并锻炼学生的专业学习能力以及现代社会的职场适应能力,体现出湖南工学院在人才培养上的职业定位以及"三重一高"的办学宗旨。而在进行高校内工业设计专业的教学课程体系建设时,也应该尽量满足课程设置的"加强"原则,就是要"加强"学科专业理论课程的教学,学生的理论基础要满足"必须,够用"的课程设置原则,夯实学生的专业知识理论基础,其次是要加强实践性的课程教学,提高工业设计专业学生的技能动手操作水平。

一、应用技术型工业设计专业本科学生的人才培养目标

为了能够满足我们国家应用技术型本科高校的人才培养教育要求,进而更好地实施国家"中国制造2025"战略计划,可以将应用技术型工业设计本科专业学生的人才培养目标确定为:培养更多具有较高科学素养水平、品学兼优的学生,要求湖南工学院工业设计专业的学生具有比较强的专业

第十五章 适应"中国制造2025"的湖南地方高校工业设计专业课程体系构建实证研究

知识学习能力,具备很好的社会适应能力,能够适应市场经济发展背景下激烈的市场竞争环境,具有较高的抗挫折、抗打击能力,有勇气、有自信心地面对职场竞争中的各种挑战。同时还要求应用技术型工业设计专业的本科学生,可以熟练地应用并掌握各种计算机系统及操作软件,具有扎实的理论基础,在实际工作中具有较高的工作责任感和社会使命感,可以对现有的工业生产技术以及生产模式进行创新,具备良好的与他人沟通交流、合作的能力,可以在现代化工厂中从事专业的产品研发、设计和加工,针对工业产品展开造型设计,但也具有一定的视觉传达设计水平和环境设计水平[1]。

二、应用技术型本科高校的课程体系建设

为了能够更好地实现应用技术型地方本科院校关于工业设计专业的人才培养计划,湖南工学院需要进一步完善对工业设计专业的课程体系建设。

(1)应当根据湖南地方本科院校工业设计专业的人才培养目标来制定相应的课程安排计划,湖南工学院应当在上述人才培养目标的基础上,融入更多现代化企业和工厂的人才招聘需求,培养学生适应现代化工厂工作岗位的综合能力,要吸收当代课程教育观的优点,对湖南工学院现有的工业设计专业学科教学计划提出相应的整改意见。吸收国外发达国家的应用技术型本科院校的人才培养经验,采用"订单式"的课程教学模式,以企业的用人需求为导向来开展有针对性的教育活动,实行"双证书"的教学方法,促进"产学研"教育模式的形成,加强湖南工学院同湖南省地方政府以及湖南省地方企业之间的沟通和联系。[2]

(2)湖南工学院需要加强对实践性教学环节的重视,实践性的课程

---

[1] 史铭之."中国制造2025"视域下地方本科院校的转型与坚守[J].职业技术教育,2015,(25):13-17.
[2] 于志晶,刘海,岳金凤,等.中国制造2025与技术技能人才培养[J].职业技术教育,2015,(21):10-24.

主要包括，基础性的工业设计专业课程实验、课程设计，还有基础性的工业设计专业技能培训课程，到企业内参加实习以及毕业论文的设计。为了能够培养学生的实践性综合能力，在健全工业设计专业学科教学体系时，需要加强对"产学研"校企实训基地的投资建设，加强"校企融合""工学一体"教学模式的应用，使得湖南应用技术型本科高校能够在校企合作的过程中密切沟通与配合，打造全方位的校企实训平台，将社会上各种教学资源整合到一起，在实践教学中强化学生的专业素质。①

（3）需要在湖南工学院等地方应用技术型本科高校工业设计专业学科教学中培养良好的学术氛围，比如说在教学环节的设计方面，应当借鉴中央重点本科院校开办高水平学术教学活动讲座的方式，安排一些与工业设计专业有关的技术讲座课程，让湖南省地方本科院校中的学生能够吸收其他学校的技术经验，接触像清华大学、复旦大学等高等学府的教学指导，打开学生的眼界。还应当根据工业设计专业学科最新的发展动向以及学科专业发表的著作、期刊以及学科教材为设计蓝本，从而设计出一套适合湖南地方应用技术型本科院校学生发展需求的教学讲义，抓好教学的重难点，从国际上各种尖端学习交流网站中获取有关的参考信息，同时要适应我国工业产业的发展计划要求，适应并配合"中国制造2025"战略，与国际上各大高校的学科专业教学体系同步。

在实际的工业设计专业应用本科院校课程教学体系设置中，湖南工学院还是要根据学校自身的发展情况进行学科教学目标的调整，将真正课程实施阶段的过程记录下来，再好好完善教学计划。对本科高校内的学科专业教学质量进行跟踪管理，提升湖南工学院课程教学的反馈水平，学生需要将自己在工业设计方面的学习结果展现给教师，而教师也要及时指出学生在应用技能学习中的缺点和不足，健全课程教育的教学评价体系，实施多层次的教学评价方式，在教师评价、生生互评以及学生自

---

① 李大军，张佐钊，贺惠.基于就业导向的"三重一高"应用型人才实践教学模式改革与探索——以环境工程专业本科教学为例.科技创业月刊，2015.9：79-80.

评中，给予学生最为客观公正的评价，关注学生实践学习过程中的点滴成长与进步。

三、湖南工学院"三重一高"全方位实践教学体系的构建

在应用技术型工业设计专业应用本科高校的课程体系建设的基础上，还需要结合"中国制造2025"战略的发展需求，建立适合湖南工学院工业设计专业人才培养目标来建立"三重一高"全方位实践教学体系。正因为实践教学是培养学生综合素质能力的重要基础，因此工业设计专业"三重一高"实践教学体系应如图1所示。"三重一高"应用型本科人才培养体系的建立主要是为了提高学生实践能力和创新能力，进而构建层次递进式实践教学体系，要求工业设计专业教师改进传统的教学思维，切实调整实际的教学方式和形式，注重实验教学、实训教学等环节。

总之，为了能够培养出更多适应"中国制造2025"战略发展的应用技术型工业设计专业本科人才，以湖南工学院为例的地方应用技术型本科高校学科专业的课程体系建设还有很长的一段路要走。要使高校的人才培养目标能够和工业设计专业的课程体系建设相融合，构建一种"产学研"共同参与的学科教学体系，使得课程教学实施的效果能够满足人才的发展需要，不断优化工业设计专业的课程教学结构，提高湖南应用技术型本科院校的课程专业教学水平。

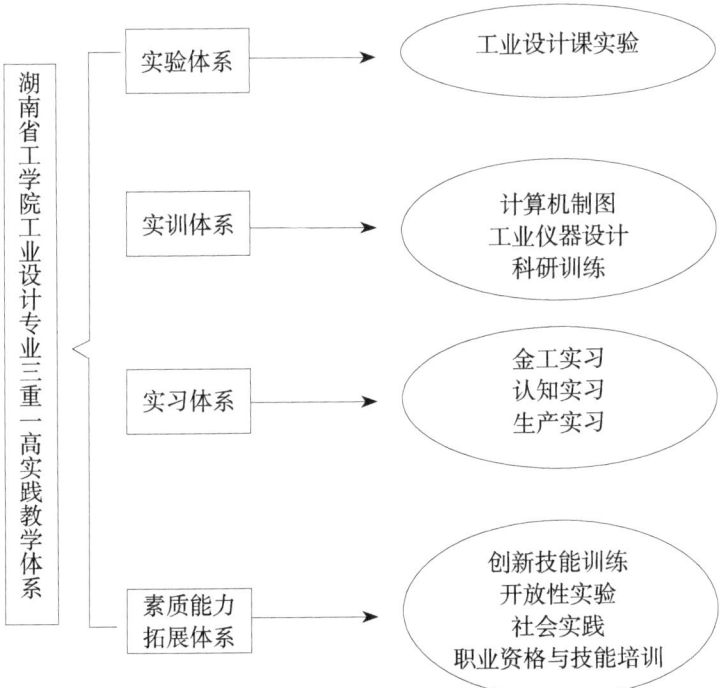

图 15-1 湖南工学院工业设计专业"三重一高"实践教学体系

第十六章 地方高校国际贸易专业"技术+商贸"人才培养模式创新研究
——基于"湘南承接产业转移示范区"建设

"湘南承接产业转移示范区"的建设与完善，离不开湘南示范区内地方高校对于国际贸易专业"技术+商贸"人才培养模式的改革与创新。本章将主要针对湘南承接产业转移中的产业结构变化以及地方经济发展对国际贸易专业人才的要求，探索和分析地方高校国际贸易专业在人才培养过程中存在的问题，进而相应地提出国际贸易专业"技术+商贸"人才培养新模式，就人才培养模式的内涵、措施展开研究。近几年来，随着"湘南承接产业转移示范区"建设发展脚步的不断加快，越来越多的外贸公司在示范区内创建起来，促进了湘南地区产业经济的快速转移，同时这也意味着对于国际贸易专业外贸复合型人才的需求量以及综合素质要求也越来越高，希望湘南示范区地方高校能够培养出更多高素质"技术+商贸"复合型的优秀人才。

第一节 湘南承接产业转移与地方高校国际贸易专业群建设研究

湘南承接产业转移，主要是指湖南省衡阳市、郴州市、永州市3市34县的产业转移，与地方高校南华大学、衡阳师范学院、湖南人文科技学院、湘南学院、湖南工学院及湖南财经工业职业技术学院形成了密切的合作伙伴关系。为了促进湘南承接产业转移示范区地方经济的快速发展与产业创新，要求大力发展现代职业教育，加大对产业区内地方高校的基础设施建设力度，吸引更多优秀高校同湘南示范区高校联合办学。[1] 因此，湘南承接产业转移示范区的建设，需要引进创新人才与流动机制，实施高层次高素质创新人才管理策略，提高对科研团队建设的关注度，将高层次人才、高尖端技术引入到湘南承接产业转移示范区的建设当中，提高示范区的自主创新与研发能力，如表16-1所示为湘南示范区地方本科高校国际贸易专业开设情况。

表16-1 湘南示范区地方本科高校国际贸易专业开设情况

	专业数量	专业布点	省级特色专业	国家特色专业	省综合改革专业试点
南华大学	6	20	是	是	4
衡阳师范学院	6	18	是	是	4
湖南人文科技学院	4	16	是	否	2
湘南学院	5	12	是	是	3
湖南工学院	4	14	是	是	2
湖南财经工业职业技术学院	3	8	是	否	2

湘南示范区地方高校开展国际贸易专业群建设，能够提升地方高校学科专业的教学资源配置水平，创新优化外贸课程结构体系。在"产教融合"人才培养模式下，可以将国际贸易专业群的课程体系建设同教学内容改革联系在一起，以湘南民族企业为发展目标，以市场营销专业为龙头，从而实现国际贸易专业同市场营销、会计、物流管理以及电子商务专业的专业群集约协调发展。[2]

---

[1] 张英.国际经济与贸易专业"平台+基地+实业"实践教学模式探讨——基于技术技能型人才培养的视角[J].湖南科技学院学报，2016，(12)：100-104.

[2] 李玲玲，邓育武，袁岳驷.湘南承接产业转移示范区高新技术产业发展研究[J].衡阳师范学院学报，2015，(06)：84-89.

第二节 地方高校国际贸易专业人才培养存在的问题

一、专业定位与人才培养导向不明确

在对湘南示范区地方高校外贸人才培养现状展开调查时,我们发现实际的国际贸易专业人才培养模式还是存在着许多问题。比如说国际贸易专业在定位上,并没有满足湘南承接产业转移示范区市场经济结构的发展变化需求,最终使得地方高校国际贸易专业人才培养导向并不明确,不能够摆脱传统高校教育模式的思想禁锢,不能和地方企业展开很好的技术合作与营销合作,校企间的沟通不够密切,因为湘南示范区中的企业发展规模都比较小。这些中小微型企业不能和地方高校进行"订单式"的人才培养,很多高校毕业的学生都不能满足企业的发展需求,不能实现高校人才培养价值,地方高校所培养出来的复合型外贸技能人才数量也是比较少的。[1]

二、教学内容和课程体系的创新能力不足

湘南示范区地方高校存在着严重的国际贸易专业教学内容及课程体系创新能力不足的问题,教学内容老旧,教材更新不及时,使得高校教育所培养出来的外贸学生职业竞争力差,学生的语言表达能力、文字编辑能力、外企营销活动策划能力,都不具备竞争优势。尤其是在湘南承接产业转移示范区的发展背景下,还需要地方高校在人才培养中能够开阔学生的视野,增长学生的见识,才能够更好地培养外贸学生的创新创业能力。但实际上湘南地方高校做得并不到位,特别是在国际贸易教育理论的更新问题上,还有实践性课程基础设施的建设上,都还有很大的上升空间,教学压力大、教学任务重,也导致学生对国际贸易专业知识的理解和应用并不乐观。[2]

---

[1] 缪琨.基于产教融合、课证融通的高职院校人才培养模式探索——以江苏海事职业技术学院国际贸易实务专业为例[J].宁波职业技术学院学报,2015,(06):20-23.

[2] 谢平楼.高职市场营销专业"技术+营销"人才培养模式创新研究——基于"湘南承接产业转移示范区"建设[J].当代经济,2015,(22):114-115.

三、产学研融合不够密切

在"湘南承接产业转移示范区"建设的校企合作问题上,"产学研"合作模式并没有很好地建立起来,由于缺乏地方政府的有效支持,很多湘南地方企业并不愿意主动参与到校企合作的项目中来,这样就会使得湘南地方高校国际贸易专业的学生并不能够在社会实践中获得更好的成长,学生在高校就学期间的实习活动也会流于形式,敷衍了事,走个过场而已。学生忙于毕业设计或者是其他资格认证考试,真正留给实习的时间和精力都不是很多,再加上校企联合创办的实训基地建设水平差、基地数量少,高校对于实践类课程安排的课时少,学生也接触不到现代化外贸企业的实际工作,不能了解实际的外贸生产操作流程。[①]

四、师资水平差

总体来说,湘南示范区内地方高校关于国际贸易专业"技术+商贸"人才培养教育的教师队伍师资水平不是很高,以湘南学院为研究对象调查发现,国际交流学院中从事国际贸易专业教学工作的教师一共有十二人,其中助教有一人,讲师为五人,副教授教师有六人,而只有三人具有外贸公司工作经验,其他教师并没有从事过外贸工作。所以说高校教师是缺少市场营销和商务贸易合作经验的,只是一味地照本宣科,纸上谈兵,这样培养教育出来的学生实战能力很差。由于"双师型"人才队伍的构建不够完整,没有到企业中去进修学习,也没有聘请优秀企业外贸工作人员来到高校为学生示范讲解,学生不能接触到更多先进的外贸企业经营管理理念和人才培养模式。[②]

---

① 朱伟芳.对接区域经济发展,创新国际商贸人才培养机制研究[J].吉林省教育学院学报(下旬),2015,(05):63-66.

② 谢平楼.基于湘南承接产业转移示范区建设的郴州高技能人才供求研究[J].当代经济,2014,(21):82-86.

第三节 "湘南承接产业转移示范区"地方高校国际贸易专业"技术+商贸"人才培养新模式

"技术+商贸"人才培养模式主要指的是,在湘南承接产业转移示范区的经济建设中,要求地方高校国际贸易专业能够根据地方商务贸易发展方向而有选择地开展"技术+商贸"融合课程,分别是T2M模式和M2T模式。"技术+商贸"人才培养模式的创新点在于,以产业技术为背景,重点突出商贸人才的培养,在地方高校的课程设置上,主要是双课程内容,让高校学生可以在技术和营销商贸教学环境下学习。

一、T2M 模式

在T2M模式中,主要采用的是"技术+商贸"国际贸易专业复合型人才培养模式,要求地方高校学生除了需要具备一定的外贸工作专业基础知识以外,更要有熟练的外贸技能操作能力,熟悉现代化企业的操作安排。在学习电子商务等课程的同时,也要强化学生的市场营销意识,在高校学习期间,就有机会到校企合作实训基地中操作练习。并且在大四实习时,可以真正到外贸企业中工作,感受真正的外贸公司工作氛围,让地方高校培养出来的学生既能够懂得专业技术,又具备较强的国际商贸管理营销能力。[1]

二、M2T 模式

而M2T模式,则主要指的是"商贸+技术"复合型人才培养模式,侧重点是要让学生在培养自身市场营销能力的同时,能够提高自身的专业基础知识以及实践应用能力,用一半的高校学习时间来夯实专业基础,用另一半的学习时间来进行市场营销锻炼,旨在能够提升湘南示范区地方高校

---

[1] 陈卫华.高职国际贸易实务专业"'四阶段、三循环'人才培养模式"探析——以南通纺织职业技术学院为例[J].安徽职业技术学院学报,2013,(03):43-46.

外贸学生的技术应用水平。

第四节 "湘南承接产业转移示范区"地方高校国际贸易专业"技术+商贸"人才培养保障措施

一、地方高校要明确"技术+商贸"国际贸易专业定位及人才培养导向

为了湘南示范区地方高校国际贸易专业的学生更能够满足"湘南承接产业转移示范区"建设的发展需求，我们需要进一步明确好"技术+商贸"复合型人才培养导向以及国际贸易专业课程的定位问题，提前做好对外贸企业的市场调研工作，了解外贸公司工作所需要的对外翻译能力、文字编写能力以及外贸产品操作流程，从产品的策划到市场营销和售后服务都有哪些规定和要求。要求地方高校培养出来的学生能够了解外贸公司产品的生产技术，又能够熟悉国际贸易的商务流程，了解国际贸易的一些准则，使得高校培养出更多"汽车+营销""房地产+营销"等方面的高素质复合型人才。[1]

二、构建"技术+商贸"实践能力教学本位体系，提高学生的创新创业能力

要注重对湘南示范区地方高校国际贸易专业的实践能力教学本位体系进行修整和完善，从而更好地提高学生的创新创业能力，拓宽"技术+商贸"的人才培养思路，增加实践性课程的所占比例，提高学生的综合素质。同时也让学生能够从外商贸易产品运作的角度思考，在能力本位教学体系完善的同时，在高校学习期间，培养国际贸易专业学生的创新创业意识，进而提升地方高校的自主创新和研发能力。在外贸人才培养的教学内容上、

---

[1] 储玲.国际贸易实务专业的"平台+方向"人才培养模式——以南通纺织职业技术学院为例[J].南通纺织职业技术学院学报，2013，（02）：104-108+112.

课程体系上以及教学手段上进行优化和改进，完善地方高校的学分制教学评价体系，促进国际贸易专业与市场营销专业的跨学科融合建设，采用案例教学法、项目教学法的方式，注重实际对外贸易产业的解释分析，从而形成"技术＋商贸"结合的宽口径人才培养模式。

三、地方政府要加强湘南高校产学研校企融合力度

要加强湘南示范区地方高校与企业间的产教融合力度，当然这离不开地方政府的大力支持和帮助，必须要在湘南示范区政府的正确领导下，对能够积极响应高校国际贸易专业"技术＋商贸"人才培养校企融合实训基地建设的企业给予表扬，并对这些企业进行政策上的扶持，当然也要加强对地方高校基础设施的建设投入力度，让高校能有更丰富的教学条件来开展校企合作项目，在高校区域范围内构建"校企融合""工学一体"人才培养实训基地。这样地方高校就可以针对某些科学研究项目，与企业一同创新研发新的产业技术，让研发出来的新产品更好地在市场得到推广，建立起湘南承接产业转移示范区一条龙服务型外贸产业。

四、校企联合打造"双师型"教师队伍

湘南示范区地方高校要想联合打造"双师型"国际贸易类专业教师人才队伍，需要聘请外贸企业中优秀的技术人员到校企实训基地对学生进行实习指导。当然高校中国际贸易专业教师也可以利用寒暑假的时间到外贸企业中去进修学习，下到基层和外贸公司人员一起工作，了解现代化外贸公司的工作流程，继续强化国际贸易专业理论课教师的实践操作能力，提高教师的"技术＋商贸"素质，定期组织顶岗培训、技术兼职等项目，完善对高校教师的技能考核体系，让教师可以和外贸企业技术人员共同组建一个产品市场营销研发小组，提升高新产业技术的成果转化水平。

总之，为了能够顺应湘南承接产业转移示范区建设对"技术＋商贸"型人才的需求，湘南示范区地方高校始终坚持以承接地方产业专业为发展导向，结合湘南外贸产业的市场发展需求而创建了"技术＋商贸"人才培

养模式，重新进行了专业定位和培养目标的制定，优化了外贸课程结构内容和教学体系，构建了实践能力教学本位体系，从而提高了国际贸易专业学生的创新创业能力。

第十七章　基于创新创业型外贸人才培养的湘南示范区地方本科院校国际贸易专业教学改革研究

现代教育教学理念要求地方本科院校大力培养具有创新精神和实践能力的高素质国际贸易人才。从客观上要求地方本科院校能够紧跟时代的要求，深化教学改革，更新教学手段和方法，加强对外贸人才的专业基本技能培训，培养学生的创新思维、创新能力和创新精神。本章将以湘南示范区地方本科院校外贸人才培养创新为研究对象，主要采用理论与实践相结合的社会调查方式，调查研究湘南6所本科院校国际贸易专业外贸人才培养过程中存在的问题，并且针对这几个问题的成因展开分析和讨论，相应地提出有关湘南示范区地方本科院校外贸人才培养创新的一些新举措，力图描绘出外贸人才培养新途径的设计蓝图，从而推进湘南地方高校外贸人才培养模式创新，构建起多层次的外贸人才培养体系。

面临着国际社会发展的新形势，现代化企业对于外贸人才的要求也是日新月异。怎样才能够培养出更多满足社会发展的高素质技能型外贸人才，让他们可以科学地处理国际贸易事务，已经成为很多湖南地方本科院校关注的重点问题。希望可以正确地进行教学安排规划，制定出更加完善的外贸人才培养方案。

第一节　湖南地方本科院校外贸人才培养的重要性

伴随着全球一体化经济的不断发展，很多中外合资型企业都在湖南省工业基地内创办了起来，比如湖南的一汽、大众汽车公司，都与德国的大众、日本的丰田集团保持了很长时间的合作伙伴关系。目前我国经济正处于转型升级的关键时期，对外贸易频繁，为了能够促进湖南工业经济的快速发展，加强我国企业同发达国家企业的密切合作，则需要更多的国际贸易专业高素质外贸人才。因此需要湖南地方本科院校能够结合湖南区域经济"一带一部"战略发展的背景，加强对外贸人才的专业培养，重点是能够提升地方高校国际贸易专业学生的技能应用水平，让他们能够更好地服务于社会，适应中外合资企业的生产模式和竞争理念，抓住湖南省洞庭湖生态经济区以及湘南承接产业转移示范区的建设发展机遇，推动产学研校企合作项目的联合发展，始终坚持自我开发的创新合作战略，加快湖南省对外贸易经济的跨越式发展。①

湘南示范区本科院校外贸人才培养的主要立足点是培养符合党的十八大所倡导实施的创新驱动发展战略要求的创新型外贸人才，而创新创业型外贸人才的培养也是"十三五"期间湘南实施创新驱动战略的主要内容。创新型国际贸易人才培养应当以培养创新精神、创业意识和创新创业能力为指引，进一步推进创新创业教育与学科专业教育相融合，以培养学生社会责任感、创新创业精神以及实践能力为导向，进而将创新创业教育融入到人才培养的全过程当中，融入到每一个教学内容中。国际贸易专业需要结合自身的专业特色，开设创新创业教育选修课程或专题，创新多样化的创新创业实践项目，建立或者引进一批创新创业教育类的慕课、视频公开课程，提高学生学习的自主性。

在外贸企业中，外贸专业中的业务员、跟单员、采购员、报关员还有

---

① 郭红芳.基于三学期制的高职旅游应用型人才培养模式改革探索——以湖南外贸职业学院旅游学院为例［J］.产业与科技论坛，2016，（21）：213-214.

高层管理者都是非常需要的，那么在湘南产业承接示范区中，最为紧缺的就要属专业的采购员了，从表17-1的调查中可知。

表17-1 湘南示范区国际贸易专业市场需求

职业名称	薪资待遇	学历	人数	工作区域
淘宝打包员、发货员、仓库管理	5000～8000元	大专	2	宝安
阿里巴巴淘宝客服业务员	5000～8000元	不限	2	宝安
外贸业务订单采购人员	3000～5000元	不限	30	南海
外贸业务订单处理打单员	3000～5000元	大专	5	宝安
淘宝美工	3000～5000元	大专	2	宝安
外贸业务员	3000～5000元	大专	10	宝安
淘宝打包、发货、仓库管理	3000～5000元	初中	2	宝安
速卖通外贸经理业务推广	5000～8000元	大专		宝安
eBay外贸业务员	8000～12000元	大专	10	宝安

第二节 湖南地方本科院校外贸人才培养中存在的问题及成因分析

一、地方本科院校外贸人才培养存在的问题

1. 办学资源匮乏

关于湘南示范区地方本科院校的外贸人才培养问题，从高校教学实践考察的结果来看，总体来说，湖南省地方本科院校的教学资源非常短缺，缺少"双师型"的师资队伍。以湘南学院为研究对象，我们可以了解到，该校国际贸易专业的教师一共有十二人，其中助教有一人，讲师为五人，副教授教师有六人，而只有三人有过在外贸公司上班的经验，其他的教师并没有真正地参与到外贸企业的工作当中，只是在本科或是硕士阶段见习或实习过一段时间，实习的效果也只是浮于表面，走个过场而已。教师自身的外贸工作实践经验都是短缺的，又怎么能保证教学的质量呢？除了师资方面的原因以外，很多地方高校国际贸易专业的教材都得不到更新，所使用的教材也不正规，教材内容老旧，缺乏先进性和实践性，不能体现出现代化外贸公司的发展特点，不具备教育实践性。高校内关于外贸教学的

基础设施、设备也很匮乏，实验室、实训基地建设机制不健全。很多具体的外贸操作流程的学习，都只能停留在书本上。①

2. 外贸人才培养方式落后

湘南示范区很多地方本科院校在外贸人才的培养上，所使用的培养方式都比较老旧和落后，也没有根据企业对外贸人才的需求来展开教学，具体体现在学院的课程安排与设置上不合理，没有对我国对外贸易经济市场进行调研，使得高校出现了外贸人才培养目标和定位不明确的问题。国际贸易专业课和高校基础公共课的教学安排不合理，留给学生学习本专业国际贸易知识的时间很少，缺少实践性的对外贸易课程。在地方高校学习期间，学生对于专业课的学习只停留在书本上，国际贸易专业群课程结构单一，不能对学科教材进行很好的开发，教材内容缺乏实践性和应用性，不能依托现代化企业中国际贸易专业的工作岗位需求和工作流程来对教材进行编制，不能与企业展开有效的沟通与配合，教学安排不合理，使得国际贸易专业学生学习的积极性和主动性不高，缺少高校外贸人才培养的时代特色。②

3. 缺少正确的竞争意识

现有的湘南示范区地方本科院校外贸人才的培养体系缺少一种正确的竞争意识，就是说地方高校所培养出来的学生就业竞争力不高，高校本身也缺乏资源竞争意识，不论是对外贸人才培养水平上的追求，还是对高校的学科建设来说，都缺少创新思维意识。近十年来，湖南地方本科院校不断的盲目扩招，而教学资源和师资水平却没有提升上去，导致国际贸易专业所培养出来的学生质量反而是下降了。在高校盲目扩招的过程中，很多基础条件比较差的学生也被招上来，这部分学生的高考文化课程分数很低，

---

① 季绍斌.我国外贸人才培养质量和人才提升途径的研究——以温州外贸人才需求和质量提升为例[J].中国商论，2016，（12）：176-179.

② 荣海龙.基于促进外向型经济的湖南外贸英语人才培养模式研究[J].电子测试，2015，（20）：110-111.

第十七章 基于创新创业型外贸人才培养的湘南示范区地方本科院校国际贸易专业教学改革研究

他们在大学期间学习国际贸易专业课程是比较吃力的,所以他们无法满足现代化企业的人才招聘需求。各级地方高校在盲目追求优秀生源时,还出现了恶性竞争问题,破坏了湖南地方人才市场的整体结构,造成高素质、高技能型外贸人才供不应求。①

目前湖南地方高校创新型国际贸易人才培养中还存在一些其他问题,比如课程设置不完整,没有有效的外贸专业实践教学体系,传统"填鸭式"的教学方式依旧占据着主导地位,学生课堂学习的主体性缺失,不能很好地对学生的英语语言表达能力和计算机应用能力进行培养。

二、地方本科院校外贸人才培养问题的成因

1. 学校历史问题

造成湖南省地方本科院校外贸人才培养出现问题的原因有很多,其中非常重要的一点是高校的历史原因,尤其是我国对外开放的时间并不是很长,对外贸易合作项目也是近十多年才逐渐开展起来的,地方高校自身并不具备国际贸易专业外贸人才培养经验,只能是不断地探索和摸寻,在实践中总结经验和不足,吸收其他发达国家外贸人才的培养经验。当然湖南地方本科院校完全照搬照抄他国的外贸人才培养模式也是行不通的,同时很多高校也疲于应对办学规模的不断扩张,为了提高学校毕业生的输出数量,而无暇顾及外贸人才的培养质量,高校办学的基础条件差,财务状况紧张,更不要提对国际贸易专业学科的建设和对教学基础设施的投入、对教学理念的改进。填鸭式的课堂教学,也使得湖南地方高校的外贸人才培养水平很差,没有时间和精力投入到高校"双师型"外贸教师人才的培养上面。②

---

① 荣海龙.基于促进外向型经济的湖南外贸英语人才培养策略研究[J].电子测试,2015,(24):121-123.
② 邹华.适应湖南省外贸发展的外语人才培养体系探讨[J].科技创新导报,2014,(35):137-138+140.

2. 国家政策方面的原因

影响湖南地方本科院校外贸人才培养与发展的另一点原因，是国家政策方面的问题。这固然与我国的人才教育培养体制分不开，使得高校在办学思想方面缺少市场意识。从体制外原因来看，湖南地方本科院校的教办学经费并没有得到保障，社会大众对于国际贸易专业技能型外贸人才的培养缺少正确的认识，不能够正视外贸服务类工作，并不了解外贸人才的具体工作是怎样的，自然就会导致社会大众对于外贸人才培养的认识不到位，不能够很好地拓展地方高校对外贸人才的教育培养范围。[①]

第三节　湖南地方本科院校外贸人才培养的创新举措

关于湖南地方本科院校的外贸人才培养需要以学生的全面发展以及适应社会需求的"OBE"理念为导向，科学合理地设计出创新型国际贸易人才培养体系，重点以"OBE"也就是成果导向教育（Outcome-based Education）理念为核心，使得本科院校培养出来的人才能够适应新技术、新业态、新模式、新产业的新经济发展。湖南地方高校在创新型国际贸易人才培养过程中，各级教学环节都应承载着知识、能力和素质培养的具体目标。因而在外贸人才培养创新中，还要注意健全实践教学体系，创新教学内容，加强通识教育，改革外贸学科专业教学方法，提高学生学习的主观能动性，构建外贸双语课堂。

一、引进优质的办学资源

为了能够进一步弥补湖南地方高校在外贸人才培养上办学资源的空缺问题，地方高校要引进更为优质的办学资源。从国际贸易专业的办学资金上开始引进，帮助地方高校做好开源节流的工作，提高"校企融合"的办学力度。为此，湖南地方本科院校必须要能够立足于湖南地方经济的发展

---

① 刘土英.DF 高职学院外贸人才培养创新研究［D］.南昌大学硕士学位论文，2014.

建设，并且服务于地方，寻求地方政府的支持，在湖南省政府的主导下，平衡学校和企业各方面的利益，也就是找到校企利益融合的平衡点，实现校企资源和利益共享。比如说可以应用招投标的方式来打造校企外贸实训基地，秉持着"谁开发，谁保护，谁投资，谁受益"的原则，让企业获得更多的经济收益。同时也要注意对高素质技能型专家外贸人才的引进，打造一支优秀的外贸专业"双师型"师资队伍，邀请企业的外贸专家参与到国际贸易专业的课程计划讨论，制定出高校外贸人才的集约培养发展方案，加强对基地实训体系的完善，让校内的实训课程可以和企业中的实习课程融合在一起，提高外贸学生的岗位服务意识。①

二、创新科学的培养方式

要对湖南地方本科院校的外贸人才培养方式进行改进，改变过去高校国际贸易专业呆板落后的教育思维，总结起来就是十五个字，要让"企业走进来，学生走出去，教师走出去"。所谓企业走进来就是要让现代化外贸企业走进校园，在校园内建立起国际贸易学习工作室，打造VR虚拟仿真实训环境，让学生提前感受外贸企业的工作氛围。当然学生也可以到对口的外贸公司去参加模拟实训，提高学生的动手操作能力，让学生能够真正意义上接触外贸工作，把课堂所学知识应用到实践操作中，与企业签订顶岗实习与就业实习合同，直接面向客户，在企业工作人员的指导下，从事真正的外贸服务工作，熟悉外贸合同的各种流程。同时，湖南地方本科院校外贸人才培养的专业教师，也可以和学生一起参与到企业实践活动中去，到外贸公司的基层工作岗位上去进修学习，学习企业先进的服务理念和管理模式，并将在企业中学习到的经验总结到外贸教材的编写中去。②

---

① 邹小梅.外贸物流人才培养存在的问题及解决方案——以湖南生物机电职业技术学院为例[J].商场现代化，2014，（05）：57.

② 刘颖君.完善高职学院外贸人才培养机制的思路和措施[J].职业教育（下旬刊），2013，（01）：35-37+40.

三、创新教学体系开发

既然湖南地方高校在外贸人才培养上缺少正确的竞争意识,为了可以提升高校国际贸易专业毕业生的就业竞争实力,还是要从学科专业教学方面着手,注重对教学体系的开发与创新,让外贸课程教学体系的开发变得更加职业化,让地方高校的外贸实训教学设施、场地更加现代化,全面创新与开发第二课堂。根据地方高校的课程改革要求来开发教材,提高教材内容的实用性,让外贸课程的学习变得更加生动而有趣。采用情境教学法、项目教学法以及课证融合的形式,健全并完善高校课程结构,重点突出实践性外贸课程教学的内容,提高学生的商务英语应用能力和计算机外贸流程操作系统的使用熟练水平,增加新的考核评价体系,让学生可以将自己在外贸企业实习中的项目设计作品展示出来,综合分析并评价学生的外贸职场适应能力。

总之,伴随着国际金融贸易形势的不断发展和变迁,现代化企业要想得到更好的发展,打开国际市场,对于国际贸易专业外贸人才的需求将会越来越多。因此湖南地方高校必须能够审时度势,把握新常态背景下"一带一部"战略发展机遇,对高校外贸人才培养体系进行不断的创新优化和改进。

第十八章　湘南承接产业转移与地方高校国际贸易专业建设研究

伴随着国家级湘南承接产业转移示范区建设发展速度的不断加快，湘南地区范围内高素质技能型人才供需矛盾情况愈发激烈，重点体现在高素质高技能型专业人才储备量的不足，尤其是国际贸易类专业的高素质人才缺口情况特别严重，存在着严重的地方高校学生国际贸易专业结构和人才培养方案不合理的问题。因此，一定要加强对地方高校学生的职业技能培养教育，不断扩大高校的招生规模，提升承接产业转移示范区所需的人才总量，进一步强化校企合作，促进"产学研"合作模式的形成。还可以开展合作办学，继续优化承接产业转移所需要的专业技能人才结构体系，加快国际贸易专业的集约集成建设与发展，创新优化国际贸易专业的结构与课程体系，提升湘南地区地方高校的人才培养水平。

作为地方经济建设中的重要组成部分，为了可以更好地适应湘南承接产业专业示范区的建设发展需求，需要地方高校能够充分认识这一时代局势，加强对国际贸易专业的建设管理，旨在能够培养出更多高素质技能型的专业人才，共建校企合作长效机制。

第一节 湘南承接产业转移概况

湘南承接产业转移区,主要指的是湖南省南部的衡阳市、郴州市、永州市三个市34个县,目前湘南承接产业转移区已经成为国家级承接产业转移示范区,与其中的衡阳师范学院、湖南工学院以及湘南学院等地方高校形成了密切的合作伙伴关系,是湖南省"长株潭两型社会"试验改革区开发以后又一大区域建设方案。为了能够促进湘南承接产业转移区地方经济的快速发展和产业创新,需要鼓励并且大力发展现代化职业教育,提高对产业转移区范围内地方高校的基础建设投入力度,还可以吸引更多其他地区的高校同湘南承接产业转移示范区高校进行联合办学,积极兴办分校,进一步落实高校产业开发建设用地项目,实施有关建设资费和税收的减免政策。为此,需要湘南承接产业转移示范区创新人才引进和流动机制,实施高层次高素质创新人才引进策略,提高对科研团队建设的关注度,使得"两院院士"与"长江学者"都可以加入到地方高校人才的培养计划中,将高层次人才、高尖端技术引入到湘南承接产业转移示范区的建设当中,提高示范区的自主创新研发能力。[①]

自湘南承接产业转移示范区建立以来,有力地推动了湘南三市,特别是郴州市的承接产业转移建设。目前,郴州市成立了全省第一家国家级出口加工区,通过添加物流的保税功能,已经成为郴州市扩大开放、承接产业转移发展的闪亮名片。在工业园区中,建立并健全了海关检验检疫、公路口岸、保税物流平台,开通了国际快件,实行"属地报关、口岸验放"模式,率先开通了直接放行的"F通道",使得郴州市的综合物流成本降低了35%。近年来,郴州市同浦发银行、光大银行陆续进行了合作,这些外贸企业的发展需要更多业务员、跟单员、采购员、报关员还有高层管理人才,但是实际上,地方国际贸易专业的人才供应水平并不是很好,存在

[①] 陈琪.第四届中国湘南国际承接产业转移投资贸易洽谈会即将在我市启幕[N].郴州日报,2016-09-15(002).

着严重的供不应求现状。

第二节 地方高校国际贸易专业在实施湘南承接产业转移人才培养方面存在的问题

湘南示范区自建设以来，一直都致力于做大做强特色产业与优势产业，并通过产业链招商的方式，不断补链强链，推进产业聚集。因此，湘南承接产业转移示范区三市通过错位发展形成了各自优势，比如说衡阳市初步建立了电子信息、储能电池等产业集群；郴州市形成电子信息、装备制造、LED、有色金属产业集群，而且特色宝石产业发展迅速；永州市则是形成了轻纺制鞋、生物制药、农产品等精深加工产业集群，"蓝宁道新江"加工贸易走廊可以说正成为具有较强区域影响力的制鞋、毛纺基地。不过地方高校在对国际贸易专业学生进行人才培养时，专业的建设与国际贸易学科发展并不同步。

一、高素质技能型专业人才供应不足

从湘南地区地方高校国际贸易专业人才培养现状来看，其不能满足湘南承接产业转移的人才培养要求。在对湘南承接产业转移示范区内几所湘南重点地方高校进行深入的实地考察以后，我们发现，整个湘南承接产业转移区的高素质技能型人才严重供应不足，人才短缺的现象是非常明显的，可以说，国际贸易专业高素质技能型人才的日益短缺，已经成了限制湘南承接产业转移区持续发展的重要影响因素。据不完全统计，在湘南地区的企业中，拥有技术型工人上岗资格的人数为6400人，高级技工资格的人数为500人，技师人数为260人，高级技师的数量为25人。由此可见，湘南地区企业中的高素质技能型人才数量是非常稀缺的，也说明高素质专业技能型人才的数量远远无法达到湘南承接产业转移的发展需求，很大一部分的技术工人都是无证上岗的，这些工人并不具国际贸易专业知识，文化素质水平差，职业道德素质低，这都将限制湘南地区产业经济的转型升

级与发展。①

二、校企合作间配合缺乏默契

事实上，在湘南地区地方高校与当地企业开展的校企合作项目真正落实时，二者之间配合的默契程度并不是很好，受到地方经济发展水平以及政策等方面原因的影响，这些中小企业在经营发展中往往是自顾不暇的。尤其是湘南承接产业转移所面对的这部分企业，并没有过多的精力、财力和人力投入到地方高校国际贸易专业的人才培养当中，更谈不上帮助高校专业的建设。进行在湘南承接产业转移区内的这些企业，在与地方高校进行"校企融合、工学一体"的高素质人才培养时，十分地敷衍应付，而且热衷于形式主义，追求表面上的合作，而不会把国际贸易专业建设的合作内容落实到具体的行动当中去。在校企实训基地建设方面也不积极，不能够给予更多的技术人才支持和资金支持，从而使得湘南地区地方高校和企业间的校企合作项目停滞不前，造成地方高校教学资源和企业社会资源的极大浪费。②

三、国际贸易专业体系不健全

在湘南地区地方高校国际贸易专业的课程体系建设中，出现了严重的专业课与公共课安排不合理的现象，留给学生学习本专业国际贸易知识的时间比较少，可以锻炼并培养学生综合应用实践能力的必修课安排也很少，大部分地方高校学生的实践能力都是很差的。大学四年要学习的课程比较紧凑，一般只有大四一年的时间可以实习，但是实习的过程中，也会穿插着各种毕业设计和课程结业考试，严重影响着学生的实习质量。再加上学校对于国际贸易专业学生的实习也很难重视起来，不能够及时关注学生的

---

① 尹影，杨凤鸣.大湘南承接产业转移背景下地方高校服务区域经济发展对策研究——以衡阳5所高职院校为例[J].劳动保障世界，2016，（02）：43-44.
② 谷显明.湘南高校本科专业设置与区域经济社会发展对接研究[J].湖南科技学院学报，2015，（10）：108-111.

近况,有的只是到企业中简单地见习几周的时间,走个过场,学生根本就不能亲自动手操作,自然也就学习不到有用的知识。① 而且地方高校国际贸易专业的课程结构非常单一,各级教学部门之间缺乏有效的沟通和配合,所授的专业技能老旧,完全落后于湘南承接产业转移的发展需求。

第三节 地方高校国际贸易专业与大湘南承接产业转移的人才培养协同发展策略

一、扩大职业教育招生规模

为了能够提升地方高校国际贸易专业建设发展水平,使得高校培养出来的学生能够适应湘南承接产业转移示范区的产业建设需求,必须要扩大职业教育的招生规模,提升对高校职业教育的重视力度,保证高校培养出来的国际贸易类专业人才数量能够满足湘南承接产业转移区建设的人才数量要求。当然这离不开地方政府的支持与帮助,提高对地方高校办学资金的投入力度,对于国际贸易专业的建设来说,要以市场营销课程为主要导向,让高校的学生都能够快速实现就业。② 从企业层面上来看,湘南承接产业转移所面向的企业基本上都是中小企业,不适合用"订单式"的人才培养方式,但是可以让地方高校同企业进行定向培养,了解中小微企业的人才需求,从而提升高校的对口专业人才培养能力。湘南承接产业转移示范区内加工、制造类企业比较多,所以地方高校在对国际贸易专业进行建设和人才培养时,应当更有针对性。根据湘南示范区市场经济的产业需求,地方本科院校可以适当地增加或是调整自身的课程专业结构体系,按照实际的湘南承接产业转移以及区域经济结构的变化,调整好国际贸易类课程

---

① 谢平楼.高职市场营销专业"技术+营销"人才培养模式创新研究——基于"湘南承接产业转移示范区"建设[J].当代经济,2015,(22):114-115.

② 谢平楼,周正义.郴州承接产业转移与高职商贸专业群建设研究[J].黄冈职业技术学院学报,2015,(02):37-42.

的方向，调整好产业布局，不仅要对基础性课程加强建设，还需要对一些服务类的课程进行建设。①

二、加强校企联合与产业合作

为了优化湘南承接产业专业示范区内的人才培养结构，要加强校企合作的运行管理，提高地方高校职业教育同现代化企业人才培训的配合度，加强校企合作的协商管理，促进国际贸易专业建设的市场调研向着承接产业转移方向衔接，并且以现代化企业与地方高校间的产业园建设为核心，主动利用承接资源，提高人才培养质量，构建校企实训基地，让地方本科院校的学生都能够接触到先进的企业设备，同地方企业积极开展"校企融合""工学一体"的人才培养模式建设，了解在企业中人们都是怎样工作的。可以采用顶岗实习和轮岗实习的方式，在企业中展开实践性国际贸易课程的教学，直接打通校企合作的就业渠道，让企业和高校在湘南承接产业示范区专业课程建设中获得更多的社会效益，让高校的学生也能够加深对企业的感情，在实习的过程中，提前适应企业的工作环境，提前和身边的同事搞好关系，提升地方高校学生对企业文化的认同感。通过主动向企业推荐国际贸易专业学生的方式，使企业能够感受到专业建设的重要性，进而加大对高校人才培养的投资力度。②

三、加快国际贸易专业的集约发展速度

湘南地区地方高校开展国际贸易专业的课程体系建设，可以大幅度提高学科专业建设的教学资源配置水平，创新优化课程结构体系，处理好过去高校课程体系设置安排不科学的问题。在"产教融合"高校教育模式下，需要将国际贸易专业的课程体系建设同教学改革内容联系在一起，并促进

---

① 肖尉群，肖璨，赵少平，等.地方高校现代企业财务管理专业群适应"大湘南承接产业转移示范区"建设的人才培养模式创新研究［J］.经济研究导刊，2014，（18）：66-68.
② 何根海.地方高校参与承接产业转移的思考——以皖江城市带承接产业转移示范区为研究视点［J］.中国高教研究，2012，（12）：74-78.

第十八章 湘南承接产业转移与地方高校国际贸易专业建设研究

两者之间的协调发展。以企业为发展目标,以市场营销专业为龙头,实现国际贸易专业同市场营销专业、会计专业、物流管理专业和电子商务专业的专业集约发展,光了解一方面的知识是不够的,要能了解多方面的专业信息,提升地方高校专业集约化发展的综合水平。[①] 在优化专业群建设体系时,需要地方高校的人才培养能够满足产业转移后落地企业建设的技能需求,以工作岗位的实际工作内容来制定课程,处理课程之间的关系,邀请专家到地方高校中同教师一起制定国际贸易专业的课程计划,大家集思广益,共同讨论有关专业集约发展的计划方案,进一步加强对高校实训体系的完善,让校内的实训课程可以和企业中的实习课程融合在一起,提高学生自身的岗位服务意识,加强"双师型"国际贸易类专业教师人才的培养建设,让企业中优秀的技术工作人员对学生的实习工作进行指导。在提高学生专业能力的同时,注重学生综合素质的全面发展,提升地方高校国际贸易专业学生的团队协作能力和抗挫折抗打压能力,能够适应湘南承接产业转移的市场变化需求,对学生的实际表现进行综合评价,注重考查学生的市场营销能力和会计电算化水平,加强对学生的职业道德培养。

总之,本章充分结合了湘南承接产业转移示范区的发展背景,针对湘南地区地方高校国际贸易专业建设过程中出现的问题展开讨论,并且提出了相应的解决对策。通过扩大职业教育招生规模,加强校企联合与产业合作,同时加快国际贸易专业集约发展的速度,使得地方高校国际贸易专业建设与人才培养,能够适应湘南承接产业转移示范区的发展需求。

---

① 肖振宇.承接现代服务产业转移 加快广州国际服务贸易发展[J].大经贸,2005,(12):78-81.

第十九章 地方高校转型背景下要注重大学生职业能力培养的校企联合人才模式选择

高等教育的大众化在提高我省教育水平的同时，也在一定程度上出现办学同质化、与市场需求脱钩、学生缺乏创新创业能力等问题，湘南地方高校的转型发展应遵循"职业能力养成"的方向，成为高层次应用技术型人才的培养主体。"校企联合人才培养"无疑是应用技术型人才培养的理想模式。全国普通高校毕业生人数从2006年的413万升至2016年的765万。大学生毕业即失业现象日趋严重。特别是地方普通本科高校毕业生在就业时更是处于尴尬的境地。这些毕业生既没有高职专科生的专业操作能力也没有大型综合性高校毕业生的学术和研究能力。因此，某些地方高校培养的学生毕业之后面临巨大的就业压力。《国务院关于加快发展现代职业教育的决定》（国发〔2014〕19号）明确提出："采取试点推动、示范引领等方式，引导一批普通本科高等学校向应用技术类型高等学校转型，重点举办本科职业教育。"《国家中长期教育改革和发展规划纲要（2010—2020年）》要求促进高校特色办学，建立和完善高校分类体系，实行科学分类的管理。这一系列决定和措施的出台一定程度上反映了我国高等教育存在的问题已经得到了国家层面的高度重视。因此，明确地方高校的培养

第十九章　地方高校转型背景下要注重大学生职业能力培养的校企联合人才模式选择

目标，提高毕业生的就业和创业能力，促进地方高校转型发展的现实意义十分鲜明。

第一节　湘南高校毕业生在就业结构及职业能力培养方面所存在的问题

一、湘南地区从业人员的素质还有很大的提高潜力

表 19-1 显示的是 2013 到 2014 年衡阳、郴州、永州三市一二三产业从业人数以及该产业从业人数占总就业人数的比重。分析后可以看到 2013—2014 年衡郴永地区就业结构并未发生较大变动，说明该地区就业结构较为稳定，就业人员较为稳定。但是从湘南地区的三次产业结构的比重来看，第二产业比重在湘南三市都达 50% 以上。但是湘南三市的第二产业的从业人数却最多占比只有 30%。这说明湘南地区第二产业和第三产业，尤其是第二产业还有较大的发展空间。

表 19-1　2013—2014 年衡郴永地区就业结构分析表（单位：万人）

年份	地区	第一产业 从业人数	第一产业 比重	第二产业 从业人数	第二产业 比重	第三产业 从业人数	第三产业 比重
2014	衡阳	214.73	45%	94.77	20%	166.95	35%
	郴州	110.57	34%	96.79	30%	120.26	36%
	永州	158.34	46%	67.45	20%	116.28	34%
2013	衡阳	214.83	45%	94.08	20%	166.53	35%
	郴州	111.48	30%	94.49	30%	112.13	35%
	永州	161.52	47%	67.76	20%	116.03	33%

数据来源：《湖南统计年鉴 2014—2015》。

二、技师、高级技师和高级专业技术人员缺口甚大

《湖南省衡阳市 2016 年第三季度人力资源供求状况分析报告》的数据直接反映了衡阳市的人才市场供需情况：从用人单位对职业技能的需求来看，有 93.8% 的岗位需求对求职者的职业技能提出了要求，说明用人

单位更倾向于有技术和职称的求职者。① 从供求状况对比看，技师、高级技师和高级专业技术人员，缺口人数分别为3167人、1843人、1481人和808人。数据表明衡阳市急缺技师、高级技师和高级技术人员，特别是高级技师，13个岗位争抢一个求职者，有12个岗位招不到合适人才。这也正是衡阳市高校进行转型发展的方向和动力。

三、新兴产业人才严重不足

目前，衡阳市初步形成了电子信息、储能电池等产业集群；郴州市初步形成了电子信息、装备制造、LED、有色金属等产业集群，宝石产业发展迅速。② 有色金属之乡、中国银都、世界铋都等品牌形象影响力逐渐扩大，永州市初步形成了电子信息、轻纺制鞋、生物制药、农产品精深加工等产业集群。结合湘南地区实际经济发展状况和现有的就业结构、湖南省贯彻《中国制造2025》建设制造强省五年行动计划（2016—2020年）相关内容以及湘南三市重点承接的转移产业，不难发现湘南地区对电子信息、生物医药、新材料、装备制造、矿产加工、有色金属精深加工、轻工纺织和农产品加工、现代服务业等产业或领域的人才需求量较大。

四、湘南地方高校教育结构与湘南地区市场人才需求结构不符

随着我国改革开放的不断深入和经济社会的迅速发展，湘南地区的产业结构和经济结构不断优化升级，经济增长结构也发生了巨大变化。从宏观上看，根据国家统计局党组成员、总工程师郑京平所述：2013年中国第三产业增加值首次超过第二产业增加值，占GDP比重达46.1%；2014年前三个季度，第三产业增加值占GDP比例继续上升到46.7%。经

---

① 中国就业网.湖南省衡阳市2016年第三季度人力资源供求状况分析报告［DB/OL］http://www.lm.gov.cn/DataAnalysis/content/2016-12/

② 赵晓军,陈国生,张瀚文,等.大湘南示范区承接转移的产业选择[J].经济地理,2013,(12):130-134.

济增长结构的优化升级,导致了市场对人才需求结构也发生了改变。[1] 某些传统热门的专业在实际工作中已经渐显颓势,某些传统生产领域也逐渐萎缩。但是某些地方高校没有敏感地感知到这些变化,仍然按照传统的教学方式理念进行教育,仍然没有对专业和课程的设置进行更新。而一些新兴技术,如信息技术、3D打印、新能源、新材料、大数据利用等均是重要的有极大发展前景的领域。某些地方高校却因资金不足、师资问题、教学设备缺乏、科研能力不强等一系列原因没有在这些领域进行突破,教育的结构和方式也没有随之调整,导致许多地方高校专业设置、课程设置与企业实际工作岗位产生了错位现象,高校毕业生的就业率也随之降低。从湘南地区的实际情况来看,信息产业、新能源产业、新材料产业、生物医药产业、文化创意产业等产业将是湘南地区重点发展方向。为适应湘南地区经济社会的发展,根据市场的人才需求预期,有目标有针对性地培养人才尤为重要。

第二节 基于职业能力的校企联合人才培养的目标和方向

一、锻炼和提高地方高校学生的综合实践能力

高校培养的毕业生综合实践能力越强,就意味着在企业职位竞争中的优势越大,成功被企业录取的概率就越大。大学生掌握基本的专业理论和知识无可厚非,但仅仅是停留在这个层面而不具备动手实践能力,无异于"岸上学游泳"和"纸上谈兵"。校企联合培养人才最主要的就是要提升学生的综合实践能力。[2] 企业的岗位技能实训不仅可以帮助学生更好地理解和掌握理论知识,更有利于学生积累实际的工作经验。

---

[1] 刘鸿雁. 我国高等继续教育的现状、问题与对策 [J]. 继续教育, 2012, (05):26-28.
[2] 陈玲. 校企联合人才培养模式探讨 [J]. 商场现代化, 2014, (09):105.

二、不断提升学生的职业适应能力

地方高校培养的毕业生不仅要在知识储备、思维能力、工作能力等方面被企业认可,在道德规范、行为规范、生活方式等方面也要适应社会的需求。在校企联合培养人才的方式中,学生会接触到不同于学校的学习、工作、生活环境,初步积累这方面的知识和经验,为正式步入社会,走向工作岗位打下良好的基础。[①]

三、创新思维的培养与开发

地方高校是创新主力军之一,培养大学生的创新意识和创新能力是地方高校为创新做贡献的方式之一。但是地方高校受教育环境和教育体制的局限性,对学生创新能力和创新思维的开发作用有限。企业拥有追求效率与效益的动机和潜力,而且企业的实践经验较为丰富,所以校企联合培养学生的创新意识与创新能力是一种完美的搭配。

第三节 基于职业能力的校企联合人才培养的实施路径

一、湘南地方政府应发挥主导作用

一是促进湘南地方高校转型。政府一向是地方高校转型设计者、推动者和领导者。湘南三市政府应为地方高校的转型改革提供有效的制度依据和机制保障,努力完善地方高校转型的制度规范、问责机制以及激励机制,以提高地方高校转型发展的积极性。[②]二是为地方高校营造公平竞争的环境。湘南地方高校地理位置处于非省会或非发达城市,社会影响力不大,办学历史较短,获取资源能力不强,市场竞争能力较弱。因此,政府应在地方高校转型期为其提供更加公平的市场竞争环境,从而顺利

[①] 杨海英,李志辉.顶岗实习带队心得体会[J].成功(教育),2011,(08):87.
[②] 曲殿彬,赵玉石.地方本科高校转型发展的问题与应对[J].中国高等教育,2014,(12):25-28.

实现地方高校的成功转型。三是湘南地区政府要为地方高校转型提供资金支持。转型发展中对教学设施设备的投入、双师型师资的培养与引进等都需要政府投入大量的资金，否则地方高校转型只能流于形式。四是政府要为地方高校与企业的联系牵线搭桥，出台相应的政策鼓励地方高校与企业联合办学。

二、湘南地区高校可选择的具体路径

一是校企共建校内实训基地。既可采用校办实训基地引入企业合作的模式，使地方高校处于主导地位，能够较好地根据学校的教学任务灵活制定实习训练计划；也可采用企办实训基地的模式，这样能较好地解决地方高校资金和教育资源缺乏的问题。二是校企共建开放实验室。既有助于不同专业的学生共享同一专业的开放实验室，不同的专业思维对同一专业问题进行讨论，又有利于企业技术人员与地方高校教师一同进行专业交流并及时引导学生。如财务管理专业的学生可以参与到现代企业财务管理专业群实验室中去，不仅让财务管理专业的学生有了从企业管理全局思考财务管理专业的思维，也让现代企业财务管理专业群的学生更加注重财务管理的重要性。而企业的工作人员可以将企业实际经营的状况和课堂上不会涉及的内容进行补充，让学生更加全面地了解和认识企业经营管理，更好地促进他们的专业学习。三是校企联合教学模式改革（与企业共建校外实训基地）。"3+1"人才培养方案和"工学交替"校企联合人才培养方案两种校企联合人才培养方案是改革现有的教学模式和教育体系的有效途径。四是"订单式"人才联合培养。"订单式"人才联合培养途径以地方高校、企业、学生多方共赢为基点，地方高校与企业签订联合培养协议。该模式不仅仅解决了人才的培养的问题，还解决了毕业生"就业难"和企业"招工难"的结构性矛盾。

三、用人单位应做的努力

一是校企联合，无缝对接。企业要主动与培养单位合作，及时交流人才需求信息，更加主动地了解人才对工作待遇和工作环境的要求。二是企业要善于用人。湘南地区的人力资源相对较为丰富，但是高技能的应用型人才还是相对较为缺乏的。企业也要主动支持鼓励员工学习深造，让企业能招得到人才，留得住人才，培养出人才。三是企业要提高用人的透明度。企业应当建立起更加公正、公平、透明的用人制度，通过公平的招录程序选拔录用人才。

第二十章　产学研协同语境下湖南地方本科院校科技创新能力研究

本章所要研究的协同创新从本质结合内涵上来说主要是为了寻求一种合作和突破。通过对协同创新的内涵进行阐述，可以指出目前湖南地方本科院校协同创新发展的必要性，进而分析湖南地方本科院校在技术创新能力发展过程中的不利因素，从而提出能够提升湖南省高校科技创新能力发展的有效对策。

第一节　协同创新视角下湖南省地方本科院校协同创新的必要性

一、协同创新视角下的高校协同创新内涵

从概念上来看，协同的意思是合作，而创新的意思是突破，那么协同创新连起来的意思就是在当代科学技术快速发展的时代背景下，协同创新需要地方高校、现代化企业以及科学研究所、地方政府部门机构都能够统一协调起来，一起形成一个整体。也就是要以科学技术创新为主要导向，并且以产业知识的增值为主要核心，目的是为了能够更好地协调调动各方面的社会资源，形成优势联盟互补，从而达到更加深层次的合作共赢。要让高校的协同创新教育更加面向现代化、面向世界、面向未来，打造出一批高素质、

高层次的学科专业队伍，培养学生的科技素养和人文素养，要让地方本科院校的科技协同创新教育更加符合湖南省地方经济的发展需求。①

二、协同创新视角下湖南地方本科院校协同创新的必要性

为了能够培养出更多协同创新科技型人才，我们需要明确地方本科院校在协同创新研究方面的必要性，必须能够重新着力于高校内科技学科间的交叉融合，促进学科教育平台和资源的共享和开放，在高校范围内营造一种良好的科技创新氛围。同时也能够培养学生的创新创业意识和服务意识，提高当代大学生的科学创造能力，完善地方本科高校的协同合作职能。在校企融合的科技协同发展中，发挥出自身的协调作用，打破学术界和行业间的壁垒，主动和地方政府、地方科技企业寻求联合，使得高校的科技创新开发项目可以同工厂当中的生产实际相结合，可以和湖南省地方经济发展趋势相统一，目标更加明确地开展科技创新活动。这样地方高校的科技创新研究就能够更加具有实用性，从而提升高校科技研究成果的转化效率。②

第二节 湖南省地方本科院校科技创新能力发展现状

一、科技创新的基础薄弱

在产学研协同发展的语境下，我们需要进一步针对湖南省地方本科院校的科技创新能力发展形势展开调查，进而发现地方本科院校在这方面做的还有很多不到位的地方。首先，湖南省地方本科院校在科技创新上的基础条件很差，科学技术型创新人才的结构组成不科学，对于6783万的人口总数来说，科技创新型技术人才的数量是远远不够的，而且也没有相应的领军带头人，高水平的科技创新活动较少。截止到目前，湖南省境内的

---

① 邵云飞，曾勇，汪腊梅.高校协同创新视角下的复合创新型人才培养模式探索——以电子科技大学为例[J].电子科技大学学报（社科版），2017，（01）：1-5.

② 尹洁.高校科技创新团队协同创新能力评价研究——以高校协同创新中心为例[J].大学教育，2016，（04）：7-8.

高校科学研究机构只有400多个，正在进行的研究项目有1000多个，从表20-1来看，虽然在投入经费上有所增加，但总体投入趋势并不是很明显，而且主要集中在长沙市、衡阳市以及湘潭市，其他地区的科技创新研发项目几乎没有，区域间的科技产业集群发展极度不平衡。整体来说，湖南省地方本科院校的科学研究和创新的条件较差，限制了对高校创新潜力的开发，也限制了科技研究成果的转换水平。①

表20-1　2010—2014年湖南省R&D经费的投入情况

	2010年	2011年	2012年	2013年	2014年
R&D经费（亿元）	186.5	233.3	287.7	327.2	367.4
R&D经费投入强度（%）	1.16	1.19	1.31	1.33	1.36

二、科技创新的投入不足

在产学研协同发展背景下，地方本科院校的科技创新投入不足，没有投入就没有相应的科技成果产出，没有相应的科技装备。从调查数据的结果上来看，2016年湖南省地方本科院校在科技创新上的投入要高于2014年的教育投入。但是在全国范围内来看，湖南省地方本科院校在科技创新上的投入还是有很大上升空间的，长株潭三市基本占到了前三位，这三大城市的地方本科高校在科技创新资金利用方面就消耗了60%以上的经费资源，也就导致了科技创新经费投入不够平衡，还有很多的地方高校会因为科技创新教育资金投入不足的问题，使得学校中有关科技创新活动的仪器设备、设施严重不足，教育教学手段非常滞后，学科专业的科技创新发展水平非常低。②

三、科技创新成果不多且转化能力不强

湖南省地方本科高校的科技创新转化能力不是很强，如果以科技成果

---

① 马荣.协同创新视角下高校旅游教学的探索与实践[J].佳木斯职业学院学报，2015，(09)：230-231.

② 闫青.协同创新视角下高校科技产业与高校科技成果转化关系探究[J].产业与科技论坛，2014，13(11)：76-78.

奖为例子的话，湖南省地方高校每年所获得的奖项数量并不多，基本上每年增长 2～3 项奖项，这也从侧面限制了科技创新成果的转化速度。湖南省在科技创新类型期刊的论文发表上，还有国家级科研项目的数量上，在全国范围内的排名并不靠前，在 2015 年的科技成果奖项上，获得国际科技进步奖的奖项数量仅为 6 项，甚至已经跌落到了 15 名的位置上。这一问题的出现主要是受到了湖南省地方本科高校区域位置分布的限制，使得地方高校在学科发展的策略上很难达到协调统一，这样在科技研究创新活动中，就很难对学科资源进行整合，就会让本来就非常短缺的科技创新力量变得更加分散，科技研究成果的转化效率变低。而且有一部分的学科研究人员，总是自视清高，不注重生产实际，思维还停留在学术研究的象牙塔阶段，不能够看清市场的发展形势，这样的科技创新研究是没有实际意义和价值的。①

四、高校学术评价机制与激励机制不够完善

现有的湖南省地方本科院校学术创新评价机制和激励机制并不是很完善，不能健全学术评价机制自然也就无法完成更加公正的高校学科教育研究管理，而且会在某种程度上削弱地方高校科技创新人才的创造积极性，不会发自内心地去想要探索更加深层次的科技创新活动。因此，受到湖南省地方本科高校管理模式的影响，在产学研协同语境下，高校的学术创新评价机制太过单一，甚至基本上就是用教研人员的论文发表数量来作为学术衡量和评价的唯一标准。从长远性的高校科技发展角度来看，非常容易激发科研者的功利主义思想，同时在高校中的一些行政部门，也存在越权管理、学术审核评价并不到位的问题，玷污了纯洁的学术研究环境，白白浪费了宝贵的高校科技创新资源，在高校范围内形

---

① 梁翠，王智新．协同创新视角下高校科技创新能力提升研究［J］．科学管理研究，2014，32（01）：23-26．

成不良的学术研究风气。①

第三节　提升湖南省地方本科高校科技创新能力的有效对策

一、夯实教师队伍建设，促进资源的合理配置

为了能够在新时代产学研协同发展语境下，更好地提升湖南省地方本科高校科技创新能力的快速发展，需要夯实好地方本科高校的教师队伍建设，促进高校教育资源的科学合理配置，进而提升地方本科院校的科技创新竞争实力，扩大科学研究的活动组织规模，营造一个健康的、和谐的科技创新研究氛围。同时需要做好"双师型"人才的培养建设，要让高校中的教师有机会到现代化的科技研究中心去参观实习，活跃教学研究者的创新思维和创造能力，继续强化对科技创新平台的开发和应用，重点培养并扶持优秀的学科领军人物，集中各学科专业的资源优势展开科技研究和创新，各级同质类型的地方本科院校之间也要加强密切的沟通与配合，从而保障好科技创新资源流动的流畅性，减少因资源分散而造成的重复建设问题。②

二、面向区域经济发展，加大科技创新的经费投入

在产学研协同创新的发展语境下，湖南省地方本科高校在发展创新能力时，需要面向区域经济进行发展，同时提升高校的科技创新经费投入，要能够同湖南省对接"一带一路"倡议计划相吻合，使得地方本科院校的学科专业建设、教育科研项目的发展能够和湖南省地方经济的产业发展节奏步调相一致。为此，需要湖南省地方政府能够改变科技创新经济时代的发展理念，加大对地方高校自主创新项目的科学研发力度，提高政府对科

---

① 李超任，王润桃.协同创新助推地方高校科技创新能力提升［J］.中国高校科技，2013，(12)：34-36.

② 孙丽琴.协同创新视角下湖南高校科技创新能力研究［J］.贵州师范学院学报，2013，29(06)：77-79.

技创新事业的开发与扶持水平,从而提升整个湖南地区科技综合水平的进步速度。如果地方财政实力不够的话,要想办法提高对地方本科院校招商引资的扶持水平,在地方政府和现代化企业中设立相应的咨询站点,方便对科技成果的转化,通过建立高新科技园的方式,获取更多的经济利润。[③] 促进创新型企业建设,进而努力培养一批龙头型企业,还可以成立各种大中型企业科学技术研发机构,帮助企业快速成为决策投入及组织成果应用的实施主体,从而提高企业核心竞争力。通过高校间的产学研合作项目,继续推动中小企业的科技创新,对那些成长良好,拥有自主知识产权的创新中小企业进行资助,引导创新资源逐渐向地方高校和企业靠拢,形成以企业为主体、市场为核心导向的产学研区域科学技术创新发展体系。

三、强化协同创新机制,促进科技成果转化

在产学研一体化协同发展的时代背景下,我们需要明确的是,地方本科高校要想更好地进行科技创新发展,一定要将科技研究和经济、社会效益结合起来看,才能够很好地完成对科技创新成果的经济转化,将学科知识转化成为一种力量,从而走上一条科技创新化的发展道路。运用强化协同创新机制的方式,来保证区域范围内产学研科技创新合作项目的顺利进行。利用现代化电子通信技术网络,明确好科技创新企业的学术吸收能力,调节好今后科研项目的发展方向。一定要先从湖南省地方经济发展的角度出发,然后逐渐减小科技创新成果的技术转化难度。例如湖南工学院,就充分把握了现代化企业的科技研发进程,将学院自身的科技创新人才优势加以合理的开发和利用,成功打造了专业化一条龙的国家 863 计划成果基地,发挥了湖南地方本科院校的协调带动职能。要把创新发展成为一种高校文化,并且融入到公民的日常生活、工作和学习之中,从而形成一种崇尚科学、勇敢创新、宽容失败的文化氛围,鼓励人才创新,并将创新产品

---

③ 吴绍芬.协同创新与高校科技创新能力的提升[J].高校教育管理,2012,6(06):16-19+29.

转化成为社会财富。

四、完善高校评价体系和管理制度

在产学研协同语境发展背景下，湖南地方本科院校为了能够进一步巩固自身的科技创新研发能力，要完善高校的科技创新评价标准体系以及管理制度，弱化当代高校学术研究界的浮夸风气，同时细化一些科技创新指标方面的问题。不能让高校的科技研究项目充满着功利浮躁气息，在整顿风气时，要让科技创新研究者能够脚踏实地，发自内心地去做事，热爱创新活动，同时也要秉持"公平、公正"原则，让地方高校科技创新学术研究的评选活动更加透明化，注重提升地方高校科技创新项目的内涵，从关注数量转变到关注质量问题，从注重短期收益转变到关注长期发展机制。健全湖南省地方本科高校的高层次创新人才管理激励机制，让高校创新能力开发工作的重点放在"尊重人才，尊重技术"。不断壮大双师型教师人才队伍，加大高层次人才培养及海外人才的引进力度，从而打造一批批的高科技领军人才。在高校教学中，要重视激发学生的创新活力，努力改革高校科技人才评价考核与奖励机制，健全以考察科研能力、科技创新成果、科技产品实际效益的科技人才评价体系，以政府奖励为主要导向，完善地方高校科技人员的收入分配制度。

总之，在产学研协同一体化发展的时代背景下，湖南省地方本科院校更要明确自己身上所肩负的重担，才能够更好地提升地方高校的科技创新开发能力，继续夯实学科专业教师队伍的建设，促进高校教育资源的合理配置，进而面向区域经济进行发展，加大科技创新的经费投入水平，强化高校的协同创新机制，促进科技成果的有效转化，从而更好地完善高校科技创新活动的评价机制和管理制度。

第二十一章 湘南地区地方本科高校创新能力提升策略研究

随着湘南大开发战略的发展与建设,对于地方本科高校的创新能力要求也越来越高,众所周知,地方本科高校是区域经济发展过程中非常重要的人才智力资源库,尤其是在湘南区域创新发展中,更应该主动承担起新时期的人才培养任务,创新科学研究,做好区域社会服务以及优秀传统文化的传承和发扬。

第一节 湘南地区地方本科高校的知识创新能力 SWOT 分析

一、主要优势 S

从湘南地区地方本科高校的创新发展现状来看,如果从人才存量的角度来看,我们可以了解到,地方本科高校的师资队伍人数总量正处于稳健的上升趋势,人才是知识创新的基础。2013—2016 年期间,湘南地区地方本科高校的专业教师已经上升到了 8200 人,仅湖南工学院、湖南财经工业职业技术学院、湘南学院三所高校的专职教师数量就增

第二十一章 湘南地区地方本科高校创新能力提升策略研究

长了10%，拥有硕士、博士研究生学历的教师数量越来越多。①

表21-1 湖南省四大区域专职教师增长幅度

	专职教师增长幅度
长株潭	14.2%
环洞庭湖南	12.4%
湘西地区	9.8%
湘南地区	11.4%

从湘南地区地方本科高校的学科知识创新产出情况来看，近5年来高校科学研究论文的产出数量惊人，而且科研论文的质量非常出色，特别是高层次的学科论文研究，水平有了突飞猛进的发展。作为衡量地方本科高校知识创新产出的重要组成部分，只有科研论文的质量上去了，相应的地方科研工程项目的研究才能够快速地成长起来。研究表明，湘南地区本科高校在中国知网、《科学引文索引》以及《工程索引》上被收录的文章越来越多，说明湘南地区高校在工程学科方面的发展速度加快，这与当前湘南地区高校科学研究发展方向是分不开的，而且高校的人才培养层次也在不断提升，人才培养结构也在优化调整。

二、主要困境 W

不过也应当关注到地方高校在人才存量方面的不足。比如，由于研究生数量并未能形成集群发展规模，所以导致了湘南地区知识创新资源的分配不均，缺少拔尖型的高素质以及复合型人才，地方本科高校的学科建设基础非常薄弱。但是在科学研究项目中，自然科学方面的研究基金比较多，社会科学方面经费存量相对少一些。从湘南地区地方本科院校科技经费资助的现状来看，高层次人才的熟练对于高校的知识创新产出非常重要，如果地方高校一大批专业能拥有博士学位授予权，无疑可以让现有的科技经

---

① 范富春.应用型本科高校提升学生创新实践能力的探索——以学科竞赛为载体[J].知识经济，2016，（21）：162+164.

费发挥出更大的作用和价值,获得更多的国家级补助资金。①

三、机遇分析

与地方本科高校学科创新发展有着密切关联的各种实验设备,还有高校图书馆的建立,高校实验室、校企联合过程中实训基地的建立,也是高校知识创新发展的物质基础。当然随着"湘南大开发"战略的推进,湘南地区地方高校的物化资本存量也得到了明显的改善。主要是因为高校的资金条件更加充裕了,每年都会投入大量的资金到高校实验室、图书馆的建设当中,使得高校学生的人均图书占有数量大幅度上升,已经达到了98.28册/人,证明湘南地区本科高校对于图书馆的开发和利用非常重视,不光可以为高校自身,还可以为区域地方企业以及科学研究所的发展提供更多的资源便利。②

表21-2 湖南省四大区域物化资本项目数量

	物化资本（项目）
长株潭	161
环洞庭湖南	135
湘西地区	120
湘南地区	144

地方本科高校在科研创新研究中还有一部分专门用来支出的科研资金。近几年来,在"湘南大开发"战略的支持下,湘南地区本科高校能够获得的科学资金数量迅速增长,像是湖南工学院每年所获得的科研项目数量超过了100个。③

---

① 宋萌萌,肖顺根,神会存.提升应用型本科高校大学生创新能力的探析[J].宁德师范学院学报（自然科学版）,2016,28（03）：332-336.

② 冯琴.新建本科高校转型期实践教学体系构建策略研究——基于大学生创新创业能力培养的视角[J].贵州工程应用技术学院学报,2016,34（04）：116-120.

③ 洪林,李海莲.苏北地区地方本科高校创新能力提升策略研究[J].高校教育管理,2016,10（02）：61-69.

第二十一章 湘南地区地方本科高校创新能力提升策略研究

表21-3 湖南省四大区域科研项目数量

	科研项目
长株潭	680
环洞庭湖南	620
湘西地区	235
湘南地区	543

四、未来挑战T

除了科研论文的发表数量和发表质量以外，专利的授权和申报数量也是衡量地方本科高校知识创新产出情况的重要标准之一。从2013年湘南地区5所地方本科院校申请发明专利数量上来看，共有86项专利，这一数据侧面反映出了地方本科高校对于高新技术型专利的研究申报意识不强，其中实用型的专利数量比较多，还有一部分发明类型的专利，但是外观包装方面的设计专利很少，基本上没有，这就说明高校的创新能力还是有待于提升的。造成这种情况出现的根本原因，还是和湘南地区的经济发展状况分不开的，正因为本科高校的教办学实力还不够雄厚，创新人才数量以及科学研究经费还比较短缺的情况下，专利申请的技术含量自然会有所降低。[①]

表21-4 湖南省四大区域申报专利项目数量

	申报专利项目
长株潭	143
环洞庭湖南	120
湘西地区	64
湘南地区	86

表21-5 湘南地区地方本科高校知识创新能力SWOT矩阵分析图

	优势S： 人才存量的日益丰富 论文的质量明显提升 工程研究成长迅速	劣势W： 知识创新资源的分配不均 缺少拔尖型的高素质人才，地方本科高校的学科建设基础非常薄弱
内部		

---

① 曹一帆.新形势下提升高校学生创新创业能力培养路径与策略分析［J］.中国集体经济，2015，（36）：145-146.

续表

外部	机会 O: 科技经费存量的持续增长 物化资本存量的明显改善	挑战 T: 专利申报意识不强 创新质量有待提高

第二节 湘南地区地方本科高校的知识配置能力以及创新环境支撑能力

一、知识配置能力

从概念上来看，知识配置主要是指通过创新出更多新的知识，或者是利用现有的知识，在不同的创造个体间完成交流与互动，进而完成对知识的共享。知识配置的特点主要体现在共享知识的动态性以及交互性，对于湘南地区的地方本科高校来说，通过科学合理的知识配置，可以更好地完成对知识的创新，也就是说，地方高校需要与地方产业项目以及科学研究所进行配合，从而达到优势互补、知识资源共享的目的。关于知识配置的过程，应当还可以看作是高校通过利用社会的资源来完成对本科高校自身创新能力不足劣势的弥补，通过提升知识配置能力，可以促进知识的不断创新，促进创新成果的有效转化。[①]

二、创新环境支撑能力

地方本科院校的创新能力发展，离不开其周围创新环境的大力支持。一般来讲，可以将地方本科高校的创新环境分为软件环境和硬件环境，硬件环境主要是指高校所具备的科学研究设备，还有创新项目发展所需要的创新技术支持，同时还包括高校所在地的地理环境和交通环境等方面。而软件环境主要指的是地方高校的人才评价体系，还有湘南地区地方政府的

---

① 张琼予.高校科研团队创新能力的提升策略[J].延边党校学报，2015，31（01）：59-61.

科学研究政策。要想具备更好的创新环境支撑能力，硬件环境建设和软件环境建设，两手要一起抓，两手都要硬，还需要有地方政府部门的高度重视，建立良好的高校创新培养能力，努力改善高校周围的交通环境，调动高校人才的创新积极性。

第三节 湘南地区地方本科高校的创新能力提升策略与建议

一、精准定位，实现高校科学发展

为了能够更好地提升湘南地区地方本科高校的创新能力，必须要做的就是要对其精准定位。高校的科学创新发展，要坚持正确的指导方针，努力打造专业学科的品牌化特色，结合湘南地区地方经济发展需求来进一步明确学科建设的发展方向，认准学校在科技创新方面的发展优势。这就要求湘南地区地方本科高校的高层管理，能够拥有高瞻远瞩的远见和眼光，充分利用管理学智慧，开发高校自身的创新创造潜力，拓宽决策层的眼界，在准确定位的同时，可以先行先试，胆大心细，当机立断地抓住发展的先机，制定出一套科学的高校发展方案，并由品牌特色学科来带动其他学科的发展。[1]

二、高端先行，盘活学校人才存量

需要明确的是，地方高校学科创新的发展潜力同高校自身的人才存量结构是分不开的，如果想要让人才发挥出最大价值，高校自身的政策导向也很关键。有政策的导向性指引，教师才能够培养出更多适应发展的高素质高技能人才。所以在进行本科高校的创新能力培养时，应当执行"高端先行"的人才培养策略，有效地盘活学校人才存量，让地方本科高校所培养出来的人才可以朝着更高端、更高层次方向发展，促进人才的快速成长。

---

[1] 梁翠，王智新.协同创新视角下高校科技创新能力提升研究[J].科学管理研究，2014，32（01）：23-26.

同时也要保证高校师资队伍的稳定性，优化高校的人才培养结构，避免出现高校创新人才培养与市场经济发展需求相脱节的问题。

三、协同创新，提高知识配置能力

要充分发挥湘南地区地方本科院校的协同创新功能，提升高校的知识配置能力，就是要加强地方高校与现代化企业以及地方政府之间的沟通与联系，在产学研项目建设背景下，完成科技创新知识的创造和成果转化。在"校企融合""工学一体"的创新人才培养模式中，需要湘南地区地方政府能够对地方本科高校创新能力提升问题加以重视，从政策上到科研项目资金上都对其进行扶持，从而提升产学研合作项目的深度。同时还需要地方企业正视校企合作，努力寻找二者之间的合作机会，当然高校与高校间也是需要协同配合的，使高校的知识配置能力发挥出最大的价值，形成高校间的"强强联合"。[1]

四、注意沟通，打造协同创新环境

为了继续努力打造地方本科高校的协同创新环境，加强地方政府、现代化企业以及地方本科高校间的沟通与交流，地方政府要能够关注到高校的成长，同时也要给予高校更多的上升发展空间。而且高校要制定出"走出去"发展战略，主动展现自己的科技创新特色，向全社会展示自己在高新技术产业方面的创新研究成果，使高校的创新成果可以在转化以后，被现代化企业以及社会认可，满足湘南地区"大开发战略"的发展要求。需要注意的是，在创新型产业项目的学术研究中，不应该急功近利，更不应弄虚作假，尤其是在论文发表和专利申报这一块，一定要保证高校知识创新的产出质量。

湘南地区地方本科高校在创新能力建设与发展中，面临着创新资源匮

---

[1] 韦天翼，韦海鸣.基于三重螺旋模型的高校自主创新能力提升策略分析[J].宁波教育学院学报，2011，13（04）：4-7.

第二十一章 湘南地区地方本科高校创新能力提升策略研究

乏、创新产出的质量不高、创新知识及配置能力不足的问题,怎样才能突破这些困境,从而快速提高区域发展的创新能力,已经成为湘南地方本科高校急需思考并且解决的主要问题。不光是湘南地区,放眼于全国范围,在全国区域创新发展中,那些欠发达地区的创新能力发展显然已经成了"水桶效应"中的短板,尤其是在湖南省的地区经济发展中,这种差异变得更加明显。也就是说,湘南地区的区域发展已经成了湖南省经济发展的短板,我们必须面对这一事实,进而调动并整合区域创新元素,积极开发协同创新,从而走上一条具有湘南地区特色的创新发展之路。

总之,通过本书对湘南地区地方本科高校创新能力的提升策略研究可知,在今后高校创新能力建设中,应当重点把握"精准定位,实现高校科学发展""高端先行,盘活学校人才存量""协同创新,提高知识配置能力"以及"注意沟通,打造协同创新环境"这几方面的策略内容,营造更为良好的高校学术创新氛围,提升高校的创新人才培养水平。

第二十二章 基于"商工融合"的地方高校物联网专业复合型人才培养课程模式研究

时代发展赋予高等教育新的使命,尤其是应用型高校,更要及时将教育重点转移到培养学生创新意识、实践能力上来[1],这是由地方经济发展对人才的不同需求层次决定的。因此,地方高校培养的人才与高职院校和研究型大学培养的人才相比较,存在其自身的特点。而课程是地方高校实现这一人才培养目标的载体。[2]

第一节 全球化时代区域经济发展对地方高校复合型人才培养的新要求

1.从物联网工程专业学科本身来看,物联网工程专业作为一门新兴学科,主要依靠电子计算机和通信技术进行授课。可以说,物联网工程专业的综合性较强,与多学科内容发生交集,如计算机技术、通信工程、信息

---

[1] 张恒,许兆棠."多元立体化"人才培养模式探索[J].中国高校科技,2013.09:55-57
[2] 王新琴,江凌云.高职院校基于"商工融合"的机电类专业创新型人才培养课程模式理论探讨[J].家教世界,2014.02:204-205

第二十二章 基于"商工融合"的地方高校物联网专业复合型人才培养课程模式研究

处理技术、工商管理等学科,具有明显的交叉性和前沿性特征。

2.从物联网工程专业学科研究对象来看,物联网涉及知识涵盖信息传输、计算、控制、管理等诸多方面,其中传感网络系统、通信系统由电子科学与技术学科、信息与通信工程支撑,控制系统由控制科学与工程学科支撑,计算系统由计算机科学与技术学科支撑。管理与应用系统由管理科学支撑(如图 22-1 所示)。①

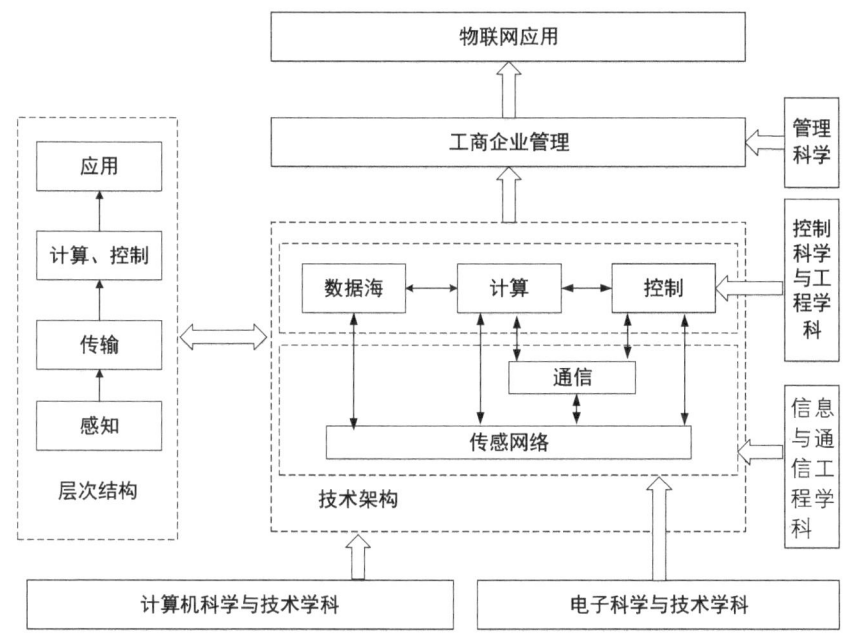

图 22-1 物联网工程专业学科支撑结构图

3.从市场经济全球化发展对物联网企业管理人才需求的综合化趋向来看,中国经济已经深度全球化,中国的高科技产业,从研发生产供应链到专利交叉授权体系,也已深度全球化,公司经营必须接受属地国的合规监管和审计。

4.从"工科与人文社科交叉融合"背景下物联网工程专业复合型人才培养的需要来看,21 世纪,物联网工程以集成技术、市场、管理为核心功能,

---

① 黄旭,蒋云良,顾永跟.物联网工程专业建设中多学科融合的探索与实践[J].高等工程教育研究,2016-02:86-90

既保持传统生产过程的技术强势，又特别强化了生产过程中的信息流通与管理，并拓展了物联网工程服务的内涵，对物联网工程教育及物联网工程人才的培养提出了更高的要求。[①]自步入21世纪以来，科技发展日新月异，各个领域的建设也发生了翻天覆地的变化，从业者也面临着前所未有的挑战。怎样使当代大学生拥有应用能力、创新能力，如何使他们成长为跨学科人才，这成为高等教育领域最重要的研究课题。[②]全球化的市场经济时代，物联网工程教育和商业教育之间具有十分密切的联系，快速发展的中国经济社会尤其需要具有产品设计和市场创意的物联网工程人才。

5.大商科背景下学生跨学科知识重组能力对物联网工程专业人才培养更加重要，而这种能力的提升主要受到跨学科课程结构创新文化的熏染与渗透。在"商工融合"的教学理念下，以课程的价值和应然取向为目标导向，课程作为承载知识和技能的载体，对教师、学生、内容、场所、方法和手段以及工具等在内的一切要素资源进行整合重构，特别是课程教育性内容动态发展，以正在生成过程中的知识及面向未来的知识为主体，构建了具备自我更新能力的动态的课程知识体系和相应的教学模式，彰显了大众化背景下学生培养和社会需求对大学课程知识体系、能力的新要求。

第二节 "商工融合"背景下地方高校物联网专业对学生胜任力的要求

物联网专业学生胜任力的培养，要遵循"拓展专业内容，培养应用能力，紧密联系实践"的原则，结合应用型本科物联网专业的人才培养目标和定位，构建本专业学生胜任力培养体系。物联网专业学生胜任力培养由五大板块构成，分别为基本素质、基本个人能力、技术知识能力、物联网工程

[①] 韩剑众,邓少平,顾振宇,等."工-商融和"的食品类专业人才培养模式创新与实践[M].人才培养与教学改革——浙江工商大学教学改革论文集（2015）[M].浙江工商大学教学改革论文集,2016

[②] 彭苓铨.地方本科院校跨学科课程设置问题研究[D].广西师范大学硕士论文,2009

第二十二章 基于"商工融合"的地方高校物联网专业复合型人才培养课程模式研究

基础能力和专业技术应用能力,每大板块之间课程组成独立却互相渗透,上下衔接(见表22-1)。①

表22-1 课程体系结构图

层次	课程模块	具体课程名称	学生胜任力培养
应用层	专业技能课程模块	各类实习环节、毕业设计、企业管理、市场营销、社会实践、团队动力与沟通	专业技术应用能力
综合层	专业方向课程模块	物联网系统设计、物联网系统安全、面向对象系统开发、嵌入式系统开发、无线传感器组网	物联网工程基础能力
核心层	专业核心课程模块	JAVA程序设计、C+程序设计、安全程序设计 计算机组成原理、无线传感器网络、无线定位技术、嵌入式程序设计、网络操作系统	技术知识能力
基础层	专业基础课程模块	物联网概论、计算机导论、C语言程序设计、数据库、计算机网络	基本个人能力
基础层	公共基础课程模块	思想道德修养与法律基础、中国近代史纲要、马克思主义基本原理、大学英语、高等数学、企业文化、管理学原理、大学物理、线性代数、概率与统计、计算方法等	基本素质

1. 人文素质要求应注重"商工融合"和通识教育。现代企业对物联网工程专业学生的职业技能要求不同,但对毕业生的基本素质要求却大同小异,即能吃苦,能学习,工作有责任心,诚信,踏实。这就要求地方高校在人才培养时绝对不能只注重专业知识和技能,还需要加强品质、意志和道德教育培养。② 在保持传统工程教育基本内核的前提下,把现代商业思想和商科教育精髓有效引入并融合在物联网工程教育中,将物联网工程教育与商科教育的相关要素相互渗透、融合,提出了基于"技术+管理"的"工商融合"的现代物联网工程人才培养新理念。

2. 专业技能的培养应通过不同平台体现人才类别。地方高校要立足学生个性化发展,创建不同类型的实践教学平台。传统的以课堂集中教学为主要

---

① 何洁,罗兴宇.基于应用型本科的物联网工程专业人才培养模式探索[J].电脑迷,2018.09:206
② 赵立平,陈政,陈晓亮.大数据背景下湖南地方高校大学生数据素养的内涵、价值及其评价指标构建与启示.武汉职业技术学院学报,2018.17(2):52-55

形式的同一课堂、同一培养方案、同一模式的理论教学很难培养出学生的个性化，必须建立开放的、允许学生根据自己的意愿进行选择学习模块、个性化的立体实践教学体系，具体到人工智能专业而言，不同的就业岗位对人才的要求也有区别。其中，学生要想顺利完成智能设备的安装与调试活动，就需要掌握必要的安全生产规定，能按照安装图纸的要求选择材料，按照操作规程完成设备的安装；学生要想熟练操作生产设备、合理编程，就需要掌握与安全生产相关的知识与内容，对每种产品的制作工艺了如指掌，能根据不同零件的复杂程度编制数控加工程序；至于销售与技术服务岗位更侧重的是学生的公共关系能力，能够对人工智能产品进行营销策划、开展营销服务。[1]

3.综合素质的培养要求高校不断创新物联网专业复合型人才培养新模式。当前，工科与人文社科的融合已是主流发展趋势，在这种情况下，学生不仅要熟练掌握专业理论知识，还要在就读期间积极参加实习活动。同时，也要学习物流管理、项目管理、采购管理等课程内容，为日后圆满完成工作做好铺垫。但也要意识到，管理学科正在以令人咋舌的速度发展，不具备管理能力、不善于与他人沟通的学生必将会被企业淘汰。[2] 工管融合背景下，现代物联网企业的发展越来越需要高校提供三类人才：第一类是"管理理论+技术实践+新技术"人才，这类人才能够从事"技术交叉创新"；第二类是"管理理论+技术实践+创新设计"人才，这类人才能够"开发出新产品"；第三类是"管理理论+技术实践+市场创意与经营能力"人才，这类人才能够进行产品创意设计。

第三节　基于"商工融合"的物联网专业复合型人才培养课程模式的构建

提高地方高校人才培养质量，尽量满足地方企业对毕业生的能力要求，

---

[1] 王新琴.从企业需求看高职机电类专业学生能力存在的主要问题[J].湖北函授大学学报，2014.02：67-68

[2] 张磊."管工融合"背景下管理类专业学生职业胜任力培养的课程体系设计研究[J].纳税，2017.29：77

第二十二章 基于"商工融合"的地方高校物联网专业复合型人才培养课程模式研究

但要想达到这一目的,先要构建起科学合理的课程模式。对于物联网专业教学来说,在确定课程模式时,一定要考虑到学科发展情况与学生特征两大因素。从基础课、专业基础课和实践活动课三大模块课程结构方面为教学实践提供一种可供选择的形式系统。[①] 就物联网企业对大学生要求而言,地方高校需要对大学生从三个方面进行规范,一是基本素质要求,主要通过哲学、政治、人文、德育、数学、英语、管理等课程群组(基础课)的设计和保障来达到;二是专业基础要求,丰富学生的专业知识,拓宽他们的视野,开设控制技术、通信技术、传感技术等课程,使学生掌握更为全面的专业技能,具备一定的管理能力,主要通过物联网方面的必修课程群组的设计和保障来达到;三是专业技能要求,主要通过感知通信互联模块、移动应用开发模块、知识能力拓展模块等三大模块化课程的构建和保障来达到(如表22-2所示)。[②]

表22-2 模块化课程构建表

序号	模 块	课程(群)	能 力
1	感知通信互联模块	RFID技术与应用 传感器与检测技术 无线传感器网络	熟练掌握RFID、传感器技术以及物联网应用系统的组网与数据传输,实现智能互联
2	移动应用开发模块	物联网中间件技术 JAVA程序设计 Android应用程序开发	熟练掌握计算机编程语言,通过实践、实训,能够通过团队合作或者独立完成手机等终端设备的应用软件开发
3	知识能力拓展模块	数据仓库与数据挖掘 物联网与云计算 人工智能	在感知、采集海量信息的基础之上,拓展处理、分析、挖掘数据的能力

在组织实施人才培养课程体系建设方面,以培养学生应用能力为核心,以项目开发为着力点,积极实施模块化课程教学。在构建专业课程模块时,要以"强基础,宽专业,拓能力,重实践,高素质,强个性"为人才培养目标,在重点突出物联网移动应用开发能力模块的同时,强化物联网海量数据的

[①] 王晶.医学课程整合的现状与对策[D].南方医科大学硕士论文,2015
[②] 赵荣阳,刘志先.应用技术型大学物联网专业人才培养模式探讨[J].电脑与电信,2015.03:65-67

数据融合、数据挖掘、决策支持、企业经营与管理等知识能力模块的拓展，从而构建融合信息感知与采集、数据传输与网络通信、物联网移动应用开发、企业经营与管理等多学科为一体的物联网工程专业核心课程模式（如图 22-2 所示）。①

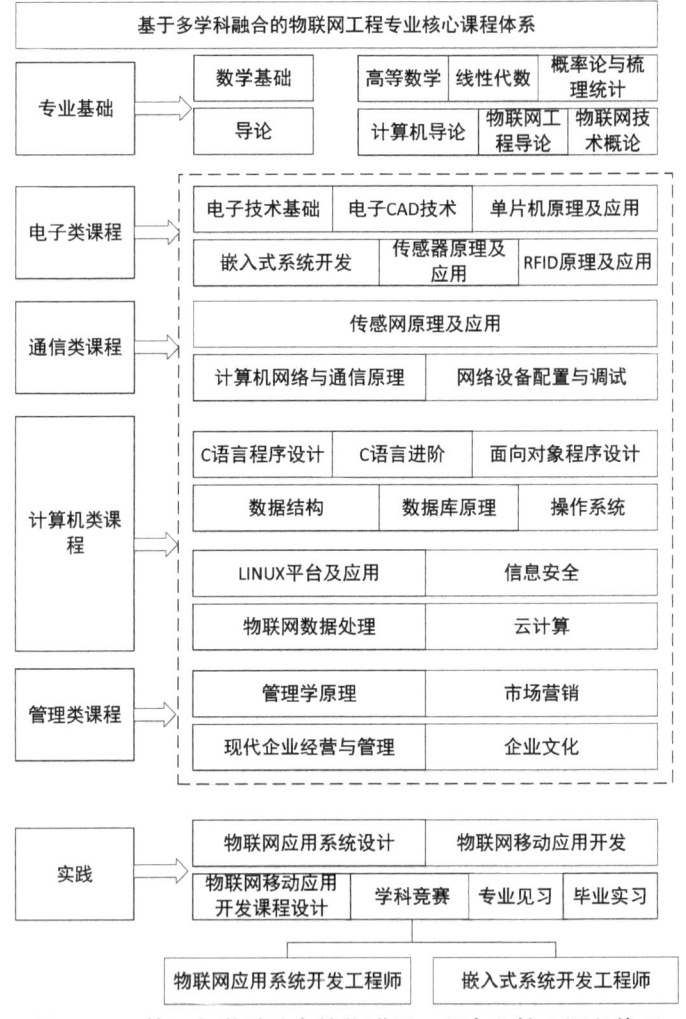

图 22-2 基于多学科融合的物联网工程专业核心课程体系

---

① 彭文武,陈政,陈晓亮.湖南应用技术型本科高校的多元分类标准与指标体系建设研究[J].今日财富，2018.04：180-181

第四节 关于"商工融合"的物联网专业复合型人才培养建议

1. 构建"商工融合"的物联网专业复合型人才培养的课程结构模式：基于"商工融合"的物联网专业复合型人才培养的课程结构模式不仅要以与企业生产、经营、管理实际相关的项目为工作任务，培养学生解决实际问题的能力；而且要以企业工程管理或销售岗位群对技术人才及有物联网专业背景的产品营销人才的共同需求为出发点，以工程素质和工程应用、创新能力的培养为主线，同时加强必需的营销知识的学习，选择专业技能及其相应的专业知识。

2. 构建基于职业胜任力校企联动应用型人才的培养模式：应加大校企合作力度，按照物联网企业的不同需求和不同层次学生的实际情况，展开多种类、多形式、多层面的合作；又如，结合不同年级学生的实际能力与心理特征，将他们安排到合适的岗位上进行锻炼，建立"企业岗位+学生顶岗实习"模式；又比如，学校要与企业保持密切联系，及时了解企业在发展过程中遇到哪些问题，优化调整课程内容，制定出科学合理的人才培养模式。在校企合作模式下，企业负责为学生提供实训机会，学校则根据企业的需求灵活调整专业课程，共同培养学生的应用能力。[①]

3. 构建融"教、学、做"为一体的问题中心模式，着力提升学生实战能力：在传授知识的过程中学生的基本素质和职业基础技能固然需要强化，但在此基础上如何综合运用所学知识，有效地解决生产过程中遇到的各类问题与难题，是当前更应当引起课程设计者重视的。除传统的项目教学法、任务驱动法、生产性实训、顶岗实习等外，还要培养学生的创业能力，使学生具备分析市场、选择项目、组建团队的能力，能制定详细有效的商业计划书，在对项目进行实践运营的基础上借助各种网络平台进行推广。同时还可以建立"企业外包+学生项目运营"模式。学生们在教师的指导下对企业的外包项目开展研发、运营，并以外包项目实战为驱动，提升学生

---

① 李震.基于校企联动的电子商务学生实战模式研究[J].北方经济，2012-06-11

的实际运营能力,从而更好地引导学生重视能力的培养锻炼。[①]总之,课程创新模式的设计,要以问题中心模式来展开,通过对生产实践中所遇到的具体工程问题的解决和相关课程的学习,可以加快大学生更快更好地满足企业单位的需要。[②]

[①] 叶志斌.基于能力本位的高职教育课程模式改革思考[J].烟台职业学院学报,2007.02:18-21

[②] 兰小云.高职教育职业本位课程模式研究[J].教育与职业,2008.01:34-35

第二十三章 "湖南 2025 智造"背景下地方高校物联网专业课程体系建设研究

通过对"湖南 2025 智造"战略进行深入解读，可以看出，人才培养活动一定要遵循创新驱动的原则。该战略计划的落实，离不开大量优秀应用型人才的支持。多年以来，地方高校一直肩负着向各行各业输送优秀人才的重任，面临新的发展机遇，地方高校必须把握时机，主动适应"湖南制造"向"湖南智造""湖南创造"转变的需求，培养出一大批高素质应用技术人才。

第一节 湖南工学院"三重一高"办学定位下物联网人才培养目标

"湖南 2025 智造"是湖南省政府为落实"中国制造 2025"强国战略而提出的"人才为本"的发展目标和前进方针，希望通过"1274"的十年行动纲领。目前我省地方高校的本科人才培养模式正和"湖南 2025 智造"强省战略发展目标不谋而合。基于"湖南 2025 智造"战略实施的背景湖南工学院创设性地设计了物联网专业"三重一高"的办学定位和人才培养目标，希望培养出来的高素质物联网专业人才能够更加满足新时代技术产业的发展需求，高效完成"湖南 2025 智造"战略的伟大蓝图。

所谓"三重一高",具体来讲就是"重基础、重能力、重技术"以及"高素质",意思是说,物联网专业要以行业人力资源需求为导向,重视培养学生的基础知识掌握水平,做好基础性的教学工作,重视对学生技术能力的培养。除了过硬的基础知识与专业技能以外,还需要掌握先进的计算机处理技术,如云计算、大数据、物联网等,具备云计算工程系统架构设计、系统应用开发、解决实际问题和创新性思维能力的高级应用型工程技术人才。在实际的课程教学过程中,要广泛使用项目教学法以及任务教学法,培养学生,旨在能够培养出更多高素质综合性的职业技能人才,提高学生的综合素质,提高湖南工学院的高校竞争实力。[①]

一、重基础

高校应重视包括自然科学基础知识和专业性、工具性知识;帮助学生夯实理论基础,使他们掌握必要的专业技能;掌握职业基本行为、职业基本素养和职业基本方法论。

二、重能力

能力结构包括获取知识的能力(如熟练运用互联网、云计算、大数据等途径获取相关信息)、应用知识的能力(如具有较强的终端系统设计与开发能力、工程实现设计和研发能力)、解决实际问题的能力(如通过实验检测、分析解决本专业工程问题)和职业发展创新能力(如树立终身学习意识、掌握一定的自学方法,能从容应对瞬息万变的科技发展)等基本职业素质,为企业发展贡献自己的智慧与力量。

三、重技术

地方高校应通过高标准专业实验室与相关专业共享优质实验平台,培养具有显著工程实践能力的高级技术人才,特别是专业课中,应加大企业

---

① 陈政.基于"三螺旋"理论的大湘南示范区计算机专业本科学生创新创业教育模式研究[J].湖南工业职业技术学院学报,2017.06:106-109+120.

承担专业核心课程及相关实践环节的比重、通过校企合作开设的核心课程及相关实践环节，提升学生技术水平。

四、高素质

为了能够适应"湖南2025智造"和地方高校应用技术型人才培养教育要求，物联网本科专业应用技术型人才培养目标应立足培养更多具有较高科学素养水平，包括本专业思想道德素质和文化素质的大批品学兼优的物联网本科生。这里所指的高素质，既包含灵活运用专业知识解决实际问题的思维素质，也包括能较好地掌握物联网工程、云计算及大数据领域相关技术与理论的良好工程意识、实践意识和质量意识。[①]

第二节 "湖南2025智造"背景下地方高校物联网专业的课程体系结构分析

正确合理的课程体系是本科院校培养目标人才的关键，也是人才培养方案的核心。课程体系设置一般包含课程名称设置、开设课程具体时间设置、课时的具体分配等，这些设置应具有层次性、逻辑性。课程体系是一个相对比较复杂的系统，比如同样的一门课程安排在不同时间开设，或是几门课程之间安排的开课顺序不同，教学效果都会有所不同。因此，物联网创新创业课程体系的设置应进行充分研究，整合制定。通过合理的课程体系设置，使学生得到更好的专业化教育。物联网作为新兴产业，需要专业授课教师具备物联网从业经验，但目前大部分物联网教师都毕业于电子或计算机专业，几乎没有物联网方面的就业经验，导致物联网的专业课程体系设置缺乏层次性、逻辑性，甚至还有一些学校将内容相似的课程分别设立成多个课程让学生学习，最终使该专业课程体系设置不合理，专业目标定位也不准确，与国家和社会对物联网专业

---

① 金尚柱，彭军，易军，等.产教融合模式在物联网专业创新型人才培养中的实施[J].计算机教育，2018.2：24—27.

人才的需求标准不相符。①

以国家战略任务为导向，本着巩固领先优势、打造制造强省的目的，湖南省于2015年底正式颁布了《中国制造2025》五年行动计划，"1274"行动全面启动。在这份五年计划中，再次强调了市场的主导地位、企业的主体地位，将12个产业定位为重点产业，如航空航天装备产业、生物医药产业、海洋工程装备产业、工程机械产业等，希冀在五年之内使12大重点产业迈上新的发展台阶，推动转型升级步伐，在发展制造强省的道路上实现新突破。在此份五年计划中，还提出了"7大专项行动"，涉及制造领域内的创新能力建设、绿色制造工程、高端装备创新工程等内容。除此以外，为了使优秀的科研成果得以转化，进一步扩大湖南省的科技领先优势，决定打造重点产业群集、产业基础、领军企业、品牌产品，即"4大标志性工程"。由此可见，"湖南智造"是一个综合性较强的概念，向人们描绘了一幅全新的物联网发展蓝图。② 在这样的形势下，地方高校要牢固树立服务意识，以培养专业人才、促进地方经济发展为己任，适时制定出人才培养方案，进一步完善对物联网专业的课程体系建设，积极培养符合区域产业发展和市场需要的物联网人才。③

伴随着时代的发展，物联网的覆盖范围不断扩大，内涵也日益丰富，物联网工程专业与多个学科建立起千丝万缕的联系，如通信工程、电子科学、计算机技术等。因此，在人才培养过程中，要遵循理工科教育原则，构建起完善的专业知识体系框架，如图23-1。专业知识总体框架分别由通识教育、专业课程教育和综合教育三部分构成。其中的通识教育环节，即普通教育环节一定要夯实外语、社会科学、人文科学等理论知识；在专业

---

① 齐琳，张世龙.创新创业能力导向的应用型本科院校物联网专业教学改革研究[J].黑龙江科学，2018.8：2-23.

② 刘玉先.打造"制造强省"，五年内湖南将实施七大专项行动[EB/OL].[2016-03-03] http://hn.rednet.cn/c/2016/03/03/3924178.htm.

③ 张海燕，田萱.北京林业大学计算机科学与技术（物联网方向）专业建设的研究与探索[J].中国林业教育，2015.01：21-24.

第二十三章 "湖南2025智造"背景下地方高校物联网专业课程体系建设研究

教育过程中，要使学生熟练掌握与自己所学专业相关的知识，以实践训练来完善知识体系；与此同时，还要对学生进行综合教育，积极开展思想政治教育、组织文体活动。①

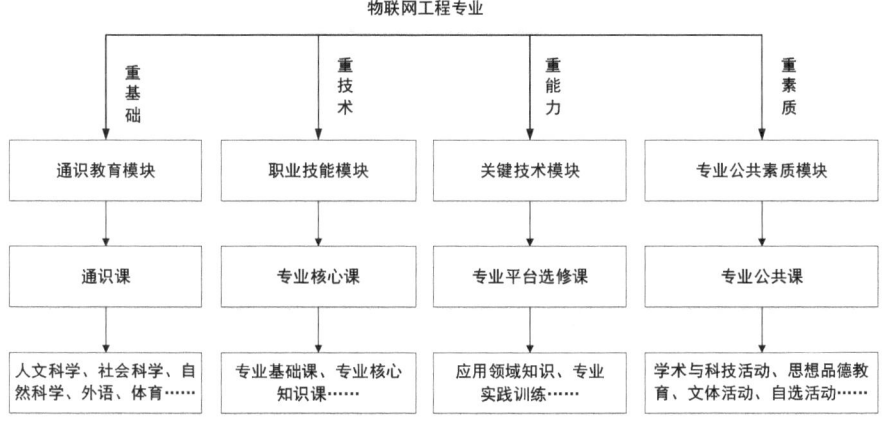

图23-1 物联网工程专业课程体系框架图

从图23-1中可以看出物联网工程专业教育涉及的内容较多，在各个教育环节与层次中都涉及不同的技术内容，构成了庞大的技术体系。但有一点是值得肯定的，即该专业的核心知识体系虽然紧跟行业的发展趋势而随时调节内容，但本专业的专业核心知识结构具有相当高的稳定性，这些专业核心知识主要由物联网技术体系、物联网信息安全、物联网通信等7个系列（单元）构成。而课程体系的设计则是由知识体系构架来决定的，由于知识单元涉及了不止一门课程的知识点，因此，在实际教学中，完全应该结合各地方高校的实际情况，按照不同的人才培养目标来进行课程体系构建。本文结合湖南工学院的物联网专业的教学实践，将专业课程体系划分为四大模块，下面将分别对每个模块的课程内容进行详细介绍。

一、通识教育模块课程

---

① 廖丽嵘.应用型高校物联网专业实践教学模式研究［J］.现代计算机，2015.27：17-20.

通识教育模块主要由两大板块构成,分别为公共基础模块、专业基础模块。前者与其他专业教育内容基本一致,包括思政教育、英语教育、体育教育等;后者涉及的内容较多,如电子技术、通信工程、计算机技术等,具体包括数字电路、计算机网络、程序设计、电路分析等课程。从现阶段湖南省高等教育发展情况来看,无论是教学软硬件水平,还是师资力量,完全能够满足通识教育模块的教育需求,而且课程安排难度不大。

二、能力模块课程

能力模块包括专业基础课和专业核心课,专业基础课是最能反映物联网工程专业基础知识和技能的课程。主要课程包括:数据结构与算法、程序设计语言、计算机组成、操作系统、数据库系统、嵌入式系统设计、电路与电子技术及计算机网络等。专业核心课程则直接反映了物联网工程专业的核心知识,以培养学生创新能力、应用能力为目的,使学生能掌握先进的专业技术与技能,充分体现出物联网专业教育的特色。所有课程的设置均与岗位群相匹配,如物联网控制、通信技术、数据处理、物联网实施等。

三、技术模块课程

这部分课程是在能力模块课程的基础上,更进一步地接触核心技术、涉及实际应用领域的技术理论教学。主要是结合各地方高校的实际情况,从能力培养出发,开设一些典型应用物联网技术的课程,培养学生的创新意识。该部分课程以增加学生学习兴趣为目的,预期达到锻炼学生综合技术应用的能力。该部分课程以智慧农业、智能城市与交通、智能物流、工业生产、远程医疗、环境监测、国防应用、城市安保等物联网技术的典型应用为教学案例,开设相关的领域应用课程。有条件的学校可聘请企业工程师进行实战项目训练,完成相关教学模块,丰富学生的项目开发实践经验。[①]

---

① 李拓宇,李飞,陆国栋.面向"中国制造2025"的工程科技人才培养质量提升路径探析[J].

四、综合素质模块课程

从物联网工程专业教育情况来看，综合素质模块课程的开展，主要由校级二级公共部门承担，如就业中心、素质中心、人文社科系等。之所以要对学生进行该模块的教育，就是为了帮助学生树立终身发展理念，将他们引入可持续发展轨道。在新的时代背景下，各个领域的建设向人才提出了新的要求，除了要掌握一技之长，还要具备良好的人际交往能力、应用能力，能从多个渠道获取信息并处理信息，不断以自身成长为行业发展注入动力。从某种意义上讲，该模块的教育就是要帮助学生掌握更多的专业知识与人文知识，提升学生的文化底蕴，培养他们的综合能力，为日后更好地服务于工作岗位做好准备。有专业人士曾专门研究过这方面的课题，认为在新的时代背景下，我国劳动者要具备多种能力，如人际沟通能力、应用能力、信息获取与处理能力、外语应用能力等。在物联网工程专业教育过程中，之所以要设置该模块，就是要努力培养学生的职业核心能力，缩短知识与能力之间的距离，避免出现知识与应用两层皮的现象，最终达到提高职业能力的目的。

物联网专业的课程学分设置分为4大模块：通识课程模块（48学分）、能力课程模块（64学分）、技术课程模块（46学分）和综合素质（拓展）模块（8学分），进一步进行分析，各大模块分别应该设置如下课程：（1）通识课程模块主要涉及马列主义思想教育、中国特色社会主义理论体系、思想道德修养、体育、英语等课程，共计34学分。除此以外，还包括14学分的选修课程。（2）能力课程模块主要涉及高等数学、物联网技术导论、概率论、C语言程序设计、电路与电子学基础、计算机组成原理、数据结构、操作系统等专业基础课程（44学分）、传感器技术、嵌入式系统、数字标签与射频识别、数据库应用、物联网应用、无线网络、网络编程等专业核心课程（20学分）。（3）技术课程模块、计算机接口技术、数据获取与处理、数字信号处理、java 程序设计基础、C++程序设计、人工智能等专业选修课程，共计 32 学分。同时，也包括 3 门专业课程的设计、组织为期 3 周的专业实践与毕业设计，共计 14 学分。（4）综合拓展模块主要涉及社会公益活动、军训等内容。现将物联网专业核心课程体系以图 23-2 的形式加以呈现。

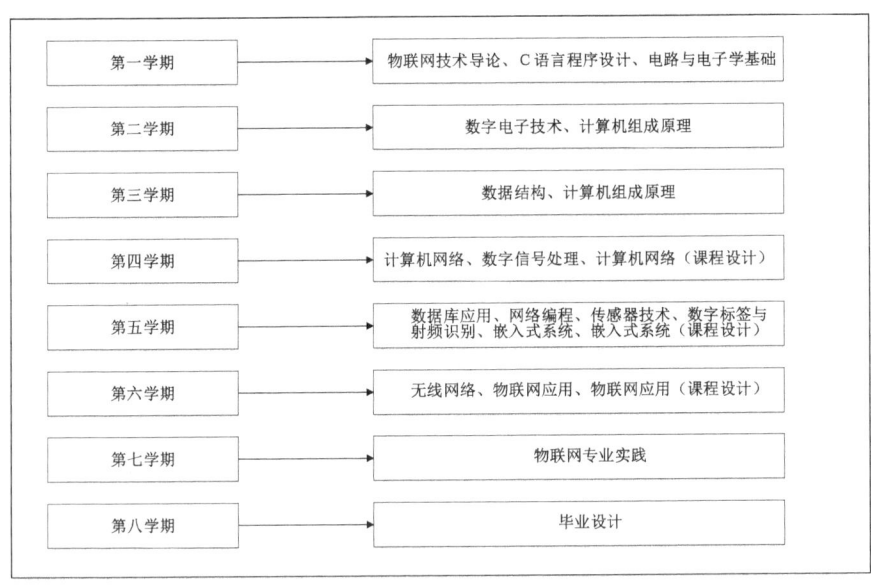

图 23-2　物联网专业的核心课程体系图

第三节　完善"湖南 2025 智造"背景下地方高校物联网专业课程体系对策

一、优化调整课程内容

物联网专业涉及的内容较多，与多个学科发生交集，在设置课程时要考虑到这一特征，合理安排各门课程的课时量，综合优化专业知识结构，整合课程内容，既要避免专业内容交叉重复又要避免知识遗漏。对于课程的难易程度设置要合适，结合学校学生的实际情况，不能过于深奥，也不能过于简单。①

二、打造高水平师资队伍

人才培养是一项综合性任务，会受到诸多因素的干扰，但师资水平最为关键。要想在短时间内增强师资力量，一要通过培训活动提升现任教师水平；二要实施"传帮带"活动，即每位经验丰富、拥有高级职称的教师都要与新教师结对，使他们的教学与科研能力得到提高；三是鼓励教师深入企业，积极参与新产品、新工艺研发活动，积累参加实际项目的经验。通过产教协同、校企合作，让老师站在物联网科研领域的前沿，这样才能在课程设置上紧跟科研前沿，增设机器人、智能控制、新能源、新材料等新的知识点。②

三、培养学生实践能力

物联网专业是一门实践性较强的学科，其实践体系包括三大板块内容，即基础实验、综合实践、创新设计。每一个板块的内容既相对独立，又互为联系，除了基本的课内实验以外，还需要安排实习实训，经常性组织项目创新、设计大赛等活动，将知识更好地转化为综合能力。如通过学习C语言、Java语言和序设计等内容，使学生具备一定的软件开发能力；通过学习数字电子技术、数字信号处理、电路与电子学等课程，使学生具备一定的硬件开发能力；通过智能交通、智能城市、物联网应用等课程的学习，使学生的综合应用能力得以提升。同时，也要通过校企合作，安排学生参与一线实习，不仅可以使学生对将要从事的工作有更为理性和深刻的认识，而且可以帮助学生系统整合所学知识，使学生找到知识与实践之间的差距，

---

① 吴莹，胡斌，杨坤.工业4.0及高端制造背景下工业工程专业课程体系建设探索[J].南昌教育学院学报，2018.01：59-61.

② 王海龙，默源，白喜文.物联网工程专业课程体系构建研究[J].内蒙古财经大学学报，2014.6：98-100.

明确日后学习与努力的方向，为更好地融入社会做好准备。①

四、教学方法改革是核心

新时期的高等教育面对的是一群个性鲜明的大学生，网络已经成为他们生活中不可或缺的组成部分。因此，课堂教学不能墨守成规，要充分发挥现代信息技术的优势，以灵活多样的教学手段与方法吸引学生注意，将枯燥乏味、晦涩难懂的理论知识简单化，达到提高教学效率、培养学习兴趣的目的。特别是要注重以学生的能力建设为中心的"智慧课堂""模块化项目化教学"等新的教学方法的运用，以此充分调动学生的积极性，培养学生的实践应用能力，使他们能从容应对各种问题，让学生学习以项目任务作为驱动。②

五、加大专业课程教材建设力度

物联网专业教学引入我国的时间并不长，时代发展使其内涵不断丰富，教材建设具有明显的滞后性，这已经成了教学过程中的重要羁绊。因此，高校要集中力量加强教材建设，为专业教学活动的开展提供有力保障。当然，此项工作离不开教育部的支持与引导，要在专业委员会的引领下，积极编写专业教材与实践类教材。③

---

① 于志晶，刘海，岳金凤，等.中国制造2025与技术技能人才培养[J].职业技术教育，2015.21：10-24.

② 李玉娥.发挥媒体效应绽放课堂精彩[J].新课程导学，2017.12：34.

③ 李大军，张佐钊，贺惠.基于就业导向的"三重一高"应用型人才实践教学模式改革与探索——以环境工程专业本科教学为例[J].科技创业月刊，2015.9：79-80.

第二十四章 湖南省高校物联网专业开设现状、问题分析与对策建议

2015年国务院印发《中国制造2025》后，湖南便积极贯彻落实国家战略部署。2015年11月，出台了《湖南省贯彻〈中国制造2025〉建设制造强省五年行动计划（2016—2020年）》明确全面推进"1274"行动，即加快发展12大重点产业，大力实施7大专项行动，着力打造制造强省4大标志性工程，全面推进"湖南制造"向"湖南智造"发展，把湖南省的制造业推向一个新的台阶。"2025湖南智造"确定制造业将面向"湖南创造"方向升级，即实现"工业4.0"变革，以对接"中国制造2025"。面临智能化工业发展的时代要求，培养服务于"工业4.0"的专业人才，发展前沿学科并传播相关知识是高等院校实现社会功能的重要责任。[④⑤]高等院校作为培养物联网专业的人才基地，要全面分析物联网专业的现状，着眼目前国家的战略和经济需求，结合学校情况，立足现状、着眼未来，为湖南省培养更多优秀的物联网专业人才。[⑥]

---

④ 加快推进"湖南智造"其时已至［2017-12-08］http://www.sohu.com/a/209327294_487187.

⑤ 刘玉先．打造"制造强省"五年内湖南将实施七大专项行动［2016-03-03］http://hn.rednet.cn/c/2016/03/03/3924178.htm.

⑥ 吴春祥，胡选子．广东省高校物联网专业开设现状分析与思考．中国职业技术教育，2013.5：27-30.

第一节 湖南省物联网产业发展现状及人才需求

一、创新之力集中释放于产业，迫切需要从根本上做强"湖南创造"

湖南产业层次偏低，2017年，全省地区生产总值34 590.6亿元，三次产业结构为10.7∶40.9∶48.4。第一、二、三产业对经济增长的贡献率分别为4.9%、37.0%和58.1%。其中，工业增加值对经济增长的贡献率为33.0%，生产性服务业增加值对经济增长的贡献率为23.7%。虽然制造业是湖南的支柱产业，但传统产业比重过大，需要大力加快七大新兴产业的培育和发展，作为全省产业转型升级的主攻方向，进一步增强自主创新能力，积极抢占新一轮发展制高点，促进"湖南制造"向"湖南创造"转型升级。[①] 目前，全省从事物联网的相关企业已经达到250多家，涉足物联网产业的各个环节，主营业务收入达到400多亿元，基本形成初级产业链。在企业布局上，湖南不仅培育了大家物联、长城信息、华诺星空、金指王信息等一批物联网骨干企业，还利用产业扶持政策引进了繁星物联、智龙物联、龙猫信息等一批物联网相关企业，形成了产业集聚优势。

二、发展现代服务业是湖南转型升级的重要途径

作为传统制造业大省，制造业是湖南发展的关键，也是最具潜力的增长点。目前湖南的物联网的开发和应用等层面都有所突破。其中，物联网基础性技术RFID形成了一批具有自主知识产权的技术成果和产品。2011年出台了《湖南省战略性新兴产业信息产业发展专项规划（2010—2020）》及一系列产业政策，都把物联网产业归入重点发展对象，建设完善研发体系。同时启动了"湖南2025智造"工程，推动物联网发展。湖

---

① 银奕淇，欧迪巧，刘艳.湖南高校物联网专业差异化发展的思考.计算机教育，2018.03：92-96

第二十四章 湖南省高校物联网专业开设现状、问题分析与对策建议

南现代物流职业技术学院设立物联网应用孵化扶持基地,加强物联网的应用推广。通过孵化基地和企业合作,从而达到互利共赢,推动物联网健康有效发展。湖南省物联网产业得到快速发展,已初具规模。在技术创新上,艾尔丰华研发的低成本高频芯片已投入量产,华诺星空在UWB雷达和毫米波雷达领域确立了国内领先地位,南车时代开发的智能交通核心控制系统已成为行业标杆。在技术应用上,物联网在湖南医疗、机械制造、电力、交通等领域的技术应用正日趋成熟,长城信息成功将物联网技术应用于全省医疗信息领域,推进新一代智能化医院建设。①

3. 高级专门物联网人才和高素质应用型物联网人才需求旺盛,缺口大。随着物联网市场的快速扩张,湖南省目前从事物联网的企业和其收入分别达到了800多家和1000亿元。其中包括应用软件、芯片开发与设计等领域,在这些领域湖南省部分市州的创新能力和开发能力在全国范围内都名列前茅。物联网行业的人才供不应求,而且在未来十年内,人才缺口还会不断扩大。物联网在未来会与电子信息产业共同成为两大行业巨头,到2020年实现产值5000亿元,在这个过程中需要不断引进和培养高级物联网人才。

第二节 湖南省物联网专业开设现状

物联网专业是国家为促进物联网产业发展开设的新专业,该专业成为全国各高校申请最火爆的专业,这表明国家以及各高校对物联网专业的重视。② 然而,目前该专业处于起步阶段,各方面都尚未成熟。从2010年"物联网应用技术"作为新专业获教育部批准开设以来,已有125所高校开设该专业。2016—2018年湖南省高校物联网专业招生情况见表24-1。

---

① 刘玉先.打造"制造强省"五年内湖南将实施七大专项行动[2016-03-03] http://hn.rednet.cn/c/2016/03/03/3924178.htm

② 吴春祥,胡选子.广东省高校物联网专业开设现状分析与思考.中国职业技术教育,2013.5:27-30

表 24-1 2016—2018 年湖南省高校物联网专业招生情况

序号	高校名称	专业名称	学制	开设时间	学校类别	学校性质	所属地区	所属经济带	2016招生人数	2018招生人数
1	中南大学	物联网工程	4	2010	一本院校	公办	长沙	长株潭两型试验区	45	2
2	湖南大学	物联网工程	4	2010	一本院校	公办	长沙	长株潭两型试验区	70	0
3	南华大学	物联网工程	4	2011	一本院校	公办	衡阳	湘南产业转移示范区	66	56
4	衡阳师范学院	物联网工程	4	2011	二本院校	公办	衡阳	湘南产业转移示范区	47	24
5	湖南科技大学	物联网工程	4	2012	一本院校	公办	湘潭	长株潭两型试验区	60	20
6	湖南工学院	物联网工程	4	2012	二本院校	公办	衡阳	湘南产业转移示范区	68	72
7	邵阳学院	物联网工程	4	2012	二本院校	公办	邵阳	湘中经济走廊	60	116
8	湖南农业大学	物联网工程	4	2013	一本院校	公办	长沙	长株潭两型试验区	60	59
9	湖南师范大学	物联网工程	4	2013	一本院校	公办	长沙	长株潭两型试验区	45	5
10	湖南人文科技学院	物联网工程	4	2013	二本院校	公办	娄底	湘中经济走廊	50	75
11	湖南工业大学	物联网工程	4	2013	一本院校	公办	株洲	长株潭两型试验区	74	0
12	湘南学院	物联网工程	4	2014	二本院校	公办	郴州	湘南产业转移示范区	100	79
13	湖南商学院	物联网工程	4	2015	一本院校	公办	长沙	长株潭两型试验区	0	0
14	长沙学院	物联网工程	4	2015	二本院校	公办	长沙	长株潭两型试验区	66	55
15	长沙师范学院	物联网工程	4	2015	二本院校	公办	长沙	长株潭两型试验区	73	20
16	湖南城市学院	物联网工程	4	2015	二本院校	公办	益阳	环洞庭湖经济圈	44	88
17	湖南文理学院	物联网工程	4	2016	二本院校	公办	常德	环洞庭湖经济圈	/	41
18	湖南信息学院	物联网工程	4	2015	二本院校	民办	长沙	长株潭两型试验区	100	19
19	湖南应用技术学院	物联网工程	4	2016	二本院校	民办	长沙	长株潭两型试验区	/	188

第二十四章 湖南省高校物联网专业开设现状、问题分析与对策建议

续表

序号	高校名称	专业名称	学制	开设时间	学校类别	学校性质	所属地区	所属经济带	2016招生人数	2018招生人数
20	湖南涉外经济学院	物联网工程	4	2016	二本院校	民办	长沙	长株潭两型试验区	/	23
21	湖南财经工业职业技术学院	物联网工程	4	2016	二本院校	民办	衡阳	湘南产业转移示范区	/	130
22	湖南现代物流职业技术学院	物联网应用技术	3	2011	高职院校	公办	长沙	长株潭两型试验区	100	152
23	湖南铁道职业技术学院	物联网应用技术	3	2012	高职院校	公办	株洲	长株潭两型试验区	100	43
24	湖南邮电职业技术学院	物联网应用技术	3	2012	高职院校	公办	长沙	长株潭两型试验区	40	84
25	张家界航空工业职业技术学院	物联网应用技术	3	2012	高职院校	公办	张家界	大湘西经济圈	23	0
26	长沙民政职业技术学院	物联网应用技术	3	2013	高职院校	公办	长沙	长株潭两型试验区	62	63
27	湖南交通职业技术学院	物联网应用技术	3	2013	高职院校	公办	长沙	长株潭两型试验区	50	49
28	湖南工业职业技术学院	物联网应用技术	3	2016	高职院校	公办	长沙	长株潭两型试验区	40	0
29	湖南民族职业学院	物联网应用技术	3	2016	高职院校	公办	岳阳	环洞庭湖经济圈	12	69

续表

序号	高校名称	专业名称	学制	开设时间	学校类别	学校性质	所属地区	所属经济带	2016招生人数	2018招生人数
30	湖南网络工程职业学院	物联网应用技术	3	2017	高职院校	公办	长沙	长株潭两型试验区	/	90
31	湖南现代物流职业技术学院	冷链物流技术与管理	3	2011	高职院校	公办	长沙	长株潭两型试验区	/	100

注：湖南省2017年度高校新增备案本科专业名单中没有新增"物联网工程专业"。

从高校所属地域来看，这些高校分布在湖南省的长沙、衡阳、株洲三市，而怀化、永州、湘西三个城市目前尚未有高校开设物联网专业，其余各市州开设该专业的学校也很少，都只有一个，物联网专业的发展与各城市产业的发展成正比。

从专业设置的区域上看，专业设置与产业发展不协调。2017年湘南地区生产总值7198.7亿元，占全省GDP总值的20.8%；湘西地区生产总值5865.5亿元，占全省的17.0%；洞庭湖地区生产总值8161.6亿元，增长23.6%。

根据湖南经济地理的划分，长株潭两型试验区有着闪耀的产业优势和教育资源。2016年有16所高校（长沙13所、株洲2所、湘潭1所）开设了物联网专业，2018年则增加到20所（长沙17所、株洲2所、湘潭1所）；湘南示范区信息产业基础良好，2016年开设物联网专业的高校有4所（衡阳3所、郴州1所），2018年则增加到5所（衡阳4所、郴州1所）；湘中经济走廊和环洞庭湖经济圈开设物联网专业的高校都只有两所，湘西经济圈仅有张家界有1所高校开设物联网专业。①

从专业设置和发展来看，这也体现了各校对培养物联网人才的重视。

---

① 银奕淇，欧迪巧，刘艳. 湖南高校物联网专业差异化发展的思考. 计算机教育，2018.03：92-96.

第二十四章 湖南省高校物联网专业开设现状、问题分析与对策建议

其中本科院校主要定位在培养物联网领域的高级工程技术人才，高职院校主要定位在培养物联网应用项目的集成设计、工程施工、设备的安装调试、项目操作使用与维护等方面的高素质技术技能型人才。高职院校中有10所开设了"物联网应用技术"专业，湖南现代物流职业技术学院还开设了冷链物流技术与管理专业，另外还有7所高校也在相关专业中设立了物联网方向，学制均为3年。[①]

从招生人数来看，2016年湖南各高校设置的招生计划人数约为1355人，其中17所本科院校约为978人，8所高职院校招生人数不足377人。2018年招生人数各有不同，21所本科院校除了湖南应用技术学院招生188人、邵阳学院招生1116人外，另外的高校招生人数都控制在100人内，总共招生只有1172人。而9所高职院校2018年共招收647人。除湖南现代物流职业技术学院各招生252人外，另外的高校招生人数都控制在100人内，其中湖南工业职业技术学院和张家界航空工业职业技术学院没有招收物联网应用技术学生，湖南铁道职业技术学院的物联网应用技术方向招收43人。表中2018年的招生人数不到2000人，而且要三到四年才能毕业，这表明目前物联网的人才空缺还是非常大的。

第三节 湖南省物联网专业开设的思考

十二届全国人大四次会议湖南代表团明确提出将湖南省作为"中国制造2025"试点省，物联网作为国家的战略性新兴产业，是推动制造强国战略贯彻实施的有力力量。物联网技术为计算机等高科技技术的发展提供了发展道路，为培养高新技术应用人才提供了更加广阔的发展空间，为各高校的研究开拓了新的研究道路。湖南省物联网产业目前的人才缺口非常大，如何培养出既能满足市场要求又能保障质量的人才是当务之急。以下是几点建议。

---

① 银奕淇，张微，彭艺，等. "数字湖南"建设视野下高职教育与物联网产业发展的对接研究. 中国教育信息化，2013.21：18-21.

1. 合理进行专业空间布局，注意物联网专业的特色化建设。目前湖南省湘潭大学、湖南科技大学等重点大学都还未开设物联网专业，已开设该专业的大多都是普通高校和高职。所以湖南各重点高校需要积极申请开设物联网专业，利用其深厚的师资力量和各方面优势培养高质量人才。

2. 以校企合作为主线，构建人才培养平台。高等院校需要不断加强与政府、相关企业以及研究机构的合作。高校应结合市场现状，培养满足市场要求的人才。高等院校最好能与企业合作，这样不仅能增强学生的实践性，还能更加了解人才需求，培养出符合企业要求的物联网人才，建立以市场为准则、以就业为导向的物联网人才培养模式。比如，湖南财经工业职业技术学院和湖南高速铁路职业技术学院虽然尚未开设物联网专业，但两所学校利用信息技术学科优势，已经和当地政府以及相关企业有了初步合作。

3. 以校园融合为载体，把物联网专业知识投入实践。学校多与相关企业合作，让学生多参与实践，要以提高学生的就业能力为目标，在实践中巩固知识。学校还可以创立创业服务站，邀请企业知名专家和同学们一起讨论实际实践的相关问题，鼓励学生自主创业，实现理论指导实践，巩固提升理论的循环过程。学校要尽量帮助在创业过程中遇到困难的同学，为他们提供资金以及技术上的帮助，请相关老师和企业专家给予他们帮助和指导。学校可以聘请相关企业的专家为学生授课，为学生讲解实际案例，实现案例教学与理论教学相结合，这样更有助于学生理解。从整体上来看，要不断培养学生的实践能力和创新能力，实现物联网专业人才的可持续发展，为社会提供强有力的人才后盾。

4. 面向行业产业发展，以区域战略新兴产业的需求为依据，推动专业群建设。为了更好地适应和服务区域产业经济发展，物联网专业应在大数据、云计算、移动互联网应用等领域积极拓展专业跨学科发展。专业跨学科发展的主要模式是协同创新，打造出物联网专业的区域特色，通过建立校企合作体制机制、改革人才培养模式、制定专业跨学科教学标准、系统设计与实施实训体系、打造专业教学团队，实现创新主体、目标和手段的协同。①

5. 对教师进行物联网工程专业的学科培训，注重教师教学能力建设。物联网工程专业作为新兴专业，需要加强对教师的专业培训，帮助教师深入理解学科知识，明确学科教学目标。让专业教师在原有学科知识的基础上，将物联网工程专业知识与其进行有机融合，从而不断完善知识结构，提高学科融合建设的适应性。②

---

① 刘贤锋，王茗倩，顾卫杰. 基于协同创新理论的高职物联网专业群建设. 计算机教育，2016.5：24-25.

② 胡颇鸣，戴尚新. 物联网工程专业建设中多学科融合分析. 中国新通信，2018.15：56.

第二十五章　牢牢抓住促进湖南地方高校学科专业一体化发展的根与魂

"学科专业"一体化建设是地方本科院校在学科建设与专业建设并重的教育理念指引下，构建"学科专业"一体化建设的组织体系，坚持人才强校战略，以一定的制度环境建设为导向平台形成两者优势互补的联合体的教育活动。即通过学科建设提升专业建设水平，通过专业建设促进学科建设。学科建设与专业建设是应用型本科院校建设与发展的基本单元，两者存在天然的知识链联系，其中学科是"源"、专业是"流"。学科是专业的灵魂，专业是学科的载体。[①]

第一节　地方本科院校"学科专业"一体化建设的内涵

学科、专业是高等教育改革与发展实务的核心问题。"学科—专业"一体化建设，是指在学科建设过程中，将专业建设的人才培养方案、课程建设、教材建设、专业实验室建设、师资队伍建设、教学与研究基地专业建设的系统工程纳入学科建设互动机制，促进学科建设的优势资源有效地

---

① 赵金锋，王红岩，何艳华.应用型本科院校学科专业一体化建设的基本策略[J].职业技术教育，2012.35：17-19

第二十五章　牢牢抓住促进湖南地方高校学科专业一体化发展的根与魂

为本科专业建设服务，通过学科建设提升专业水平，构建品牌专业，提升专业的社会声誉与竞争力。①②③

所谓学科，是从科学分类的角度而言的。分类的标准不同，划分的类型就不一样。我国普通高等学校学科的划分方法通常采用的标准是将学科分为哲学、经济学等12门。虽然这种学科划分标准带有较大的主观性，人为的分类因素占了很大比重，割裂了学科建设的整体性和系统性。但是，这种分类又是必要的，是人类认识客观世界和开展科学研究的必由之路。因为学科对应着科学的分类，学科的建设也就是通过科学研究以及培养高层次人才，以获得更多的反映客观世界的学术成果。这些学术成果，不仅是高校学科建设水平高低的根本标志，更是高校专业建设与课程建设能否取得长足进展的根本保障。这是因为，专业建设与课程建设，其目的是培养专业人才，而培养专业人才凭借的"原料"正是这些学术成果，是这些成果让他们在学科领域里取得领先的地位。事实上，从实际情况看，一流的学科孕育出一流的专业，催生出一流的课程，成就一流的大师，从而培育出一流的人才。可见，学科建设是大学的基础性工作，地方本科院校要实现由专科到本科的实质性转型，必须以学科建设为龙头，做好学科规划，培育学科团队，重视科学研究，提升大学内涵，以此带动师资队伍建设、专业建设与课程建设。④⑤

高等教育学视野中的"专业"与"学科"一样，同样属于学术或者学业

---

① 唐纪良."学科—专业"一体化建设：动因与路径——"学科—专业"一体化建设研究之二[J].广西大学学报（哲学社会科学版），2008.3：125-129

② 段红红，徐权.应用型本科院校学科、专业与课程一体化模式的构建[J].黑龙江高教研究，2012.9：168-170

③ 黄彬.新建本科院校学科、专业和课程建设协调发展探讨[J].经济视角（下），2013.10：181-182

④ 张杰.应用型本科院校学科、专业、课程一体化建设的探析[J].山东青年政治学院学报，2014.6：7-13

⑤ 付八军.论新建本科院校学科、专业与课程的一体化建设[J].国家教育行政学院学报，2010.8：77-80

的分类，是一种人为的划分。专业建设的外延主要包括人才培养目标、教育教学内容以及教学组织形式，即培养成什么样的人、用什么内容来培养人以及采用什么方式培养人。[①]因此，我国高校的专业建设属于实体建设，强调规范功能，不仅国家设置了专业目录，用以规范人才培养的规格，而且各高等院校建立了各种各样的专业，依此构建课程体系，培养相应专业人才。显然，高等院校尤其是地方本科院校的学科建设与课程建设，不是独立于专业建设的另一种活动，而是专业建设的基础和保证，共同致力于教育教学质量的提高与高素质人才的培养。[②]

目前，我国的地方本科院校是以培养应用型人才为目标的高等院校，该类型的高校的科研重点不在于基础性的理论研究，而主要以应用型开发研究为主，其研究主要目的是为培养应用型人才、提高教学教育服务质量、直接服务于地方经济发展需求。而应用技术型院校是指培养应用技术、技能型人才为办学目标的地方本科院校，它的概念是相对于学术研究型院校而来的，2014年国务院发布鼓励地方高校转型发展新政策，引导一部分地方本科院校向应用技术型院校转型。应用技术型大学是一个比较宽泛的概念，它是在我国高等教育大众化发展的进程中相对于学术型、研究型大学而出现的一种新的大学类型。这种新的大学类型强调与市场、产业、行业和岗位群的紧密结合，其主要任务是为经济社会发展培养本科层次的应用型人才，包括创业型大学、技术型大学、教学服务型大学等。应用技术型大学属于应用型大学的范畴，只不过它比较强调技术的积累、研发和传承。技术积累不足或技术特征不明显的地方本科院校，即使宣称定位在应用技术型大学，也算不上真正的应用技术大学。因此，"应用型大学"和"应用技术型大学"在逻辑上是属种关系。"应用型大学"是上位概念，"应用技术型大学"是下位概念。也就是说应用型大学的涵盖范围更广，包含

---

① 王丽敏，何丹凤，刘洪胜，等.化学化工类专业学科—专业—课程一体化建设浅论［J］.化工时刊，2013.8：57-58

② 孙一粟.地方本科院校转型应用技术型院校政策研究［J］.广西师范大学硕士论文，2016

第二十五章 牢牢抓住促进湖南地方高校学科专业一体化发展的根与魂

了应用技术型大学。①②

应用技术型高校究竟是一种什么样的高校？其本质属性是什么？应用技术型高校是一种怎样的定位？"应用技术型高校"与"应用型大学"（应用型本科高校）是否有本质的区别？如果本质不同，那么二者的关系是怎样的？显然，只有从根本上解决应用技术型高校与应用型大学的分类、定位的问题，才能从根本上澄清有关地方高校的"转型"问题及这类问题所直接关涉转型的实施路径问题。③④

目前，湖南地方高校本科建设的突出问题是专业建设趋同，本科培养均质化，工科专业建设尤其明显。从湖南省属各高校的办学定位来看，其层次定位大部分是教学型普通本科高校，功能定位均是应用型本科，服务面向定位均是区域和地方经济社会发展需要，人才规格定位均是基础扎实、实践能力强、面向一线的应用型高级专门人才，这样就造成了同样的办学理想与同样的价值追求，故而必然导致类似的人才培养方式方法、教育教学管理模式等办学环节，包括办学特色上的趋同。而办学特色趋同，反过来，必然导致人才培养结果的均质化。加之，由于缺乏分类指导，部分高校改变了以往在专科教育中积累的优势，盲目向综合性大型高校看齐，对其本身的办学特色造成了冲击。

第二节 地方本科院校推进学科—专业一体化建设的思路

1.科学研判、准确把握面临的形势，按一级学科来规划，从二级学科

---

① 何淑通，何源.独立学院如何向应用型大学转型——基于学位制度改革的思考［J］.重庆高教研究，2016.3：19-26

② 李建红.应用型高校广告学专业实践教学模式初探——以四川工商学院为例［J］.美与时代（上旬刊），2016.12：124-126

③ 兰智高，谢伟，韩高军，等.地方本科高校工程教育现状调查研究——以湖北省5所地方本科高校为例［J］.黄冈师范学院学报，2016.6：5-9

④ 陈飞.新建本科院校办学特色项目同质化倾向及其改善［J］.理工高教研究，2010.3：47-49

来建设是做好地方高校学科专业一体化工作的基本前提。1997年，我国公布了授予博士硕士学位和培养研究生的学科专业目录，共有哲学、文学等12个学科门类，其中包含88个一级学科、382个二级学科（学科、专业）。地方本科院校可以此为参考依据，结合校情以及战略定位，遴选若干个一级学科重点发展，然后在每个一级学科下培育与建设好若干个二级学科，即按一级学科来规划，从二级学科来建设。以学科建设为龙头，在教学学院行政力量的推动下，就会顺理成章地促进相应专业建设与课程建设，实现地方本科院校"学科—专业—课程"的一体化建设。[①]

2. 坚持全面深化改革，明确学科、专业建设主体，理顺内在逻辑关系，为地方高校学科专业一体化发展增强动力、激发活力。由于经费充裕，师资雄厚，不少重点大学全面铺开了学科建设、专业建设：设置学科带头人和负责人开展学科建设，设置专业负责人开展专业建设。但这些在地方本科院校实行还比较困难。地方本科院校应该以学科建设为龙头，遵循学科建设、专业建设的内在逻辑关系，在既定的一级学科框架下设立二级学科的学科带头人兼负责人，提高学科平台，以带动相应的专业建设。专业建设以相应的教学学院为基地，由该院院长负责，实现行政权力与学术权力的合一。学校可以通过专业报考率、就业率、师资队伍结构、学科研究情况等指标体系，对各个专业进行评估，并制定专业的准入与退出机制。[②]

3. 全面推行精益管理，持续推动地方高校学科和专业向国际一流发展迈进。学科建设、专业建设是所有普通本科院校都必须面对的教育教学实践活动。只是基于地方本科院校起点低、家底薄等现实状况，进行"学科专业"一体化建设，更多地强调两者的共性与联系，以减少重复建设，降低建设成本，提高建设效益。同时，我们强调以学科建设为龙头来带动专业建设与课程建设，不仅是学科、专业建设的内在逻辑演绎的结果，也是

---

① 李萍.高等教育与区域经济互动发展研究［D］.西北大学博士论文，2006
② 曲兆东，李娟.新建本科高校学科专业发展水平调研——以黑河学院为例［J］.黑龙江科学，2016.21：152-153

第二十五章 牢牢抓住促进湖南地方高校学科专业一体化发展的根与魂

针对地方本科院校科研意识淡薄、学科基础薄弱的基本事实。对于地方本科院校来说，必须加强科研工作，没有一定的科研，无法搞好大学教学，无法研制出高水平的课程，无法建成高水平的专业，无法撑起名副其实的本科院校。衡量大学教师人才标准最主要的因素是科研水平，高水平的师资队伍最终体现在高水平的学科研究上。但是，学科建设、专业建设也有各自的特殊性和侧重点，需要区别对待。因此，地方本科院校也应该认真研究学科、专业建设的区别，制定长远发展规划，争取在学科、专业建设达到一定成效、办学经费较为充裕之际，积极借鉴重点大学的某些做法，大胆全面推进学科建设、专业建设与课程建设。①

如果说学科建设为地方高校发展增添"根"和"魂"，那么深化专业改革就为地方高校发展活络"经"和"脉"。当前和今后一个时期，我国地方高校发展面临的问题，供给和需求两侧都有，但矛盾的主要方面在供给侧。事实证明，我国地方高校不是需求不足，或没有需求，而是需求变了，供给的产品却没有变，质量、服务跟不上。有效供给能力不足带来大量"需求外溢"，消费能力严重外流，解决这些结构性问题，必须推进供给侧改革。目前，这一源于我国地方高校面向双一流建设的恢宏愿景，在各地方高校共同参与努力下，正一步步成为看得见、摸得着的发展现实，并持续释放"一加一大于二"的显著效果。②

第三节 应用型本科高校学科专业一体化建设的路径研究

应用型本科高校中，学科建设和专业建设两者相互支撑。高校的发展依赖学科建设和专业建设共同提升。学科、专业两者建设的水平不仅影响高校整体实力，而且影响应用技术型本科高校应用型人才培养的方向和质

---

① 付八军，昌庆钟.新建本科院校学科建设的路径分析［J］.井冈山大学学报（社会科学版），2010.1：80-83

② 李锦成，宁薛平.供给侧改革的三个要点分析：维度、时机、频率［J］.经济问题探索，2017.6：1-7

量。为进一步促进应用技术型本科高校学科专业建设发展，实现高校教学质量的提升，在建设应用技术型本科高校过程中，不仅要注重培养适合社会发展的、高质量的本科人才，而且要挖掘出更多学术领域，为培养研究生及以上人才奠定基础，促进学科建设带动专业发展。从长远着手，为实现应用技术型本科院校的内涵建设，需加强学科专业一体化建设，加快实现学科专业相互融合、互相促进。[①] 主要路径如下。

一、树立一体化理念

所谓教育理念，是指在学校办学过程中形成的"关于教育发展的一种理想的、永恒的、精神的范型"。为解决应用技术型本科院校长期存在的重视专业建设、轻视学科建设的问题，学校在顶层设计过程中要树立一体化理念。学校领导作为政策的宏观掌控者，要摒弃传统的重视专业建设、轻视学科建设的理念，顺应时代的发展，从社会发展的高度，坚持两条腿走路。

学科专业一体化，是指实现学科与专业两者共同发展、互相促进，以达到在本质上的有机协同。只有从战略高度实现协同发展，才能达到两者内涵上的统一。为了促使应用技术型本科高校实现学科专业一体化，提升学校整体实力，树立一体化理念，成为当务之急。要逐步构建以专业建设为龙头，以学科建设为支撑的体系，实现相互融合、互相促进。

二、建设应用型学科

应用技术型本科院校根据其培养人才的方向和目标，要着重建设应用型学科。以学科建设促进专业建设，带动应用型专业的强势发展，为培养高素质的具有职业发展潜力的专业人才奠定基础。学科专业一体化，坚持专业中有学科，学科中有专业，两者相互融合。首先，一线教师需在教学

---

① 张海涛，邹波.应用技术型本科高校学科专业一体化路径研究[J].中国成人教育，2016.17：60-63

之余，按照所属专业，提炼科研方向，进行科学研究。或以团队为单位，根据学科之间的联系，组建科研团队，进行科学研究。其次，学校专业建设需结合高校学科特色进行。再次，高校在建设专业过程中需体现其优势特色，主要通过课程建设来实现。建设应用技术型本科高校的特色在于体现应用型，因此，无论从专业建设角度，还是从学科建设角度，都需要体现"应用型"这一特点。

三、建设高校亮点学科

学校的学科建设以一流学科建设为建设目标，促进应用技术型本科院校学科建设实现高实力、高层次、高水平。但是，应用技术型高校的定位有别于研究型大学，所以，在实际学科建设过程中要抓主要矛盾，找出特色方向。应用型高校应该发挥自己的优势资源，在应用型较强的学科领域找出发展出路。在具体工作中争取在各级各类项目上体现应用型，发表文章上体现应用型，尤其体现在科研方面，体现成果转化、产学研结合、校企合作等方面需要下大力气，充分展现出应用型高校在学科建设上的特色。在建设重点学科过程中，既要把握重点，又要抓住主流。对学校特色学科进行重点扶植，不搞平均主义。

亮点学科的形成就是学科专业的重新组合、实现知识的交叉和学科层次的升级。打造学校亮点，办出学校特色，向一流大学看齐，坚持学校自身特色，建立学校自己的学科品牌。

四、制定科学的学科和专业建设规划

根据党的十八大报告、十八届三中全会的决定，我国要继续推进世界一流大学和一流学科建设。因此，应用技术型本科高校也要根据国家的战略，积极调整学校建设的总体规划。应用技术型本科高校为培养高素质的社会急需的大学生，只有制定关于学科和专业的建设规划，才能更好地顺应时代的发展，培养社会所需要的人才。这也是强教兴国的长期战略工程，也是构建一流学科建设的需要。应用技术型本科高校只有实现学科与专业共同发展，才能更好地发挥两者的作用，为高校本科教育的发展提供理论基础。专业建设和学科建设是一个统一的整体，两者相辅相成、相互促进。

五、创建富有激励性的制度环境

制度对学校的发展具有导向作用，完善的制度为学校长远发展奠定基础。"学科专业"一体化，不是简单的资源平均分配，而是两者之间有机结合、融会贯通。学科建设的主要任务是发掘新知识，培养研究生以上层次的人才，集中于科研型；专业的划分主要是社会对人才需求的体现，随着社会对人才需求的变化，专业的分类也会随之发生变化，集中于教学型。学校应制定一系列有利于教学和科研的政策，努力实现学科为科研保驾与专业为教学护航相结合。

建立富有激励性的制度环境，要把专业建设的内容统一纳入学科建设中去，从全局高度着眼，从双线并进转为单线促融，促进学科建设对专业建设的有效支撑。同时，要坚持教学工作的中心地位，在人、财、物的资源配置上给予本科教学工作充分保障，使教师提升对专业建设重要性的认识，通过教师理念的转化来促进学科建设，形成高校建设学科专业一体化的长效机制。

从长远考虑，制定科学、合理的学科专业建设规划，可促进学校学科专业一体化进程。学科建设是衡量一个学校水平高低的标准，高校在办学过程中需重视学科建设，以此提高学校的整体实力。高校不注重学科建设，也就没有长远发展。同时，应用技术型高校在学科建设过程中不仅需要注重理论深入，还需要结合实用性，体现学校特色。在重视学科建设和专业建设的基础上，制定科学的发展规划，实现应用技术型本科高校学科和专业的共同发展。

第四节 应用技术型本科高校学科专业一体化发展思路研究

随着我国人才战略的调整，应用技术型本科高校作为人才培养的重要基地，已经成为我国高等教育中的重要力量。

第二十五章　牢牢抓住促进湖南地方高校学科专业一体化发展的根与魂

一、地方高校转型从"国家意志"到"地方行动"

引导一批地方普通本科高校向应用技术型高校转型，这是我国现代职业教育发展的现实需求。客观地说，"地方高校转型"发轫于"国家意志"，也成型于"国家意志"，其最主要体现为中央政府发布的一系列的政策文件。2013年4月，教育部印发的《现代职业教育体系建设规划（2012—2014）征求意见稿》（以下简称《征求意见稿》）指出，"鼓励有条件的地区试办应用技术大学（学院），负责实施本科阶段职业教育，重点培养高技术应用型人才和复合型、创新型技术技能人才。促进地方高等学校和行业特色高校更好地为地方经济社会发展培养技术应用型人才，鼓励有条件的学校向应用技术大学（学院）方向转型发展"。2014年6月教育部颁布的《关于加快现代职业教育发展的决定》（以下简称《决定》）中提出，"采取试点推动、示范引领等方式，引导一批普通本科高等学校向应用技术类型高等学校转型，重点举办本科职业教育"。显然，从《征求意见稿》到正式发布《决定》为止，政府的政策导向已由"鼓励"等较为笼统的话语体系转为更具有操作性的"引导"和"支持"，政策目标日益清晰。当然，"转型"不仅仅涉及发展本科阶段的职业教育问题，更是事关高等教育分类管理、高等教育结构调整问题，由此，教育部高教司的领导在论及"转型"问题时，其观点及体现的政策导向性就更值得关注。①②

二、厘清工程教育的核心概念，更新观念，培养新型师资

近十年来，高等工程教育在我国快速发展，无论是高校设置的工科专业数量，还是在校工科专业大学生的规模都增长很快，随着《国家中长期

---

① 孙翠香.地方高校转型：从"国家意志"到"地方行动"——兼论地方高校转型亟待解决的问题［J］.职教论坛，2015.22：25-29

② 彭晓娟.论地方高校转型目标下"实践性"法学教育的定位及实现路径［J］.荆楚学刊，2016.3：53-57

教育改革和发展规划纲要（2010—2020）》《国家中长期人才改革和发展规划纲要（2010—2020）》的深入贯彻实施以及"卓越工程师计划"在高校的开展，加上《工程教育专业认证标准（试行）》和《卓越工程师教育培养计划通用标准》适时出台，我国高等工程教育改革进入了深水区。国家和社会重视高校整体转型发展，关注高校专业综合改革。近年来，在理论上提出了"职业本科"的概念，造成了教育行政主管部门、专业研究机构和高校领导、管理层和一线教师认知冲突和激烈的思想碰撞，如"工程教育专业认证标准"与"卓越工程师教育培养计划通用标准"、"卓越工程师计划"与"职业本科"、"工程教育"与"科学教育"等都涉及地方高校转型发展、工科专业综合改革的核心概念，因此，必须在理论界、学术界、相关的政府部门、科研院所、业界和高校内部进行深入广泛的讨论。要抓住工程教育"工程实践"，厘清工程教育的核心概念，更新工程教育观念，树立当代工程观，高校内部采取有效措施培养"遵循工程实践的本质要求，具有较强工程实践能力"的新型师资。① 扩大普通本科高校在职业教育专业设置、人才培养模式、师资队伍建设，社会服务等方面的创新探索是引导转型的关键。

湖南地方普通本科高校在功利主义和评估体系的双重驱使下都在努力向综合性大学、学术性大学靠齐。专业设置上强调厚基础、宽口径的同时忽视了适合湖南经济发展的技能专业的开设，课程设置上公共课、基础课占去了大量课时，职业技能课、专业实践课被短视化，导致学生毕业后不能适应地方经济社会发展的需要。②

三、学科建设应采取学科专业一体化建设模式

地方本科高校在高职高专的母体中生成，还处于地方阶段。在举办本科初期，这些高校绝大多数处于本科教育的规范阶段，人才培养方案、课

---

① 陈海平.卓越法律人才实践教学改革论纲[J].重庆理工大学学报（社会科学），2014.7：130-135
② 赵卫民.云南地方普通本科高校向应用技术型高校转型的个案研究[J].赤子（上中旬），2015.4：50-51

第二十五章 牢牢抓住促进湖南地方高校学科专业一体化发展的根与魂

程体系和内容、教材、教学条件、教学管理制度等需要按照应用型本科人才培养目标进行重建，应用型本科人才培养模式尚未形成，人才培养特色也尚处于探索和形成之中，专业建设的水平亟待提高。可以说，在一定时期内，专业建设仍然是其重中之重。同时，地方本科高校的学科处于生成阶段，科研意识薄弱，研究基础条件差，研究方向不明确，高水平研究成果少，这些又严重制约了学科建设的步伐。由于学科建设的目的是提高教师的科研能力，创造更多的科研成果，为专业建设、课程建设和教材建设提供最新的学科知识和专业技能，因此，它是提高专业建设水平不得不为之举。而学科建设的主体是教师，专业与课程建设的主体仍然是这些教师，如果像传统重点大学那样，设置学科带头人开展学科建设，设置专业带头人开展专业建设，这些教师显然力不从心，精力分散的结果是哪一项工作都难以取得成效。虽然学科建设、专业建设是本科高校两个重要任务，分别有各自的内涵和目标，但在新时期内，根据上述的分析，我们不应将两者割裂开来，使学科建设独立于专业建设，盲目追求学科建设上层次、上水平。而要更加关注它们之间的内在联系、共同基础和共同目标，采取学科专业一体化建设的策略，使它们相互促进、共同提高，为提升本科教学质量打好基础。

第五节　应用技术型本科高校学科专业一体化发展路径研究

构建学科专业一体化建设模式，关键在于如何使学科建设与专业建设有机结合。地方本科高校的学科发展处于生成期，在生成期内学科要实现从无到有、从弱到强，必须从组织、队伍和研究方向等方面不断创造学科生成条件，提升学科建设水平，这样才能更好地发挥学科建设对专业建设的促进作用。[①]

---

① 张辉.网络工程专业应用型转型探索与实践［J］.网络安全技术与应用，2017.12：112-113

一、学科研究组织与专业教学组织一体化建设

地方本科高校以本科专业（主要是二级学科）或专业方向为依托建立学科组织，主要是建立学术研究机构和学科基地，组建研究团队，建设学术梯队，培养学科带头人。在以专业为依托建立的学科组织中，学科带头人要身兼二职，不仅是该学科的带头人，也为相应专业的带头人。同样，学科团队也为相应专业的教学团队，科研课题也主要聚焦于专业建设亟须解决的问题。这样就可以使学科建设的成果能够及时转化为专业建设的资源。这就要求学科带头人不仅具有较强的科研能力和组织能力，能够带领团队申报高级别的科研项目，组织团队分工合作完成科研项目，还要了解教育教学规律，具有很强的教学组织管理能力。

二、以专业、专业方向或课程为依据，提炼学科研究方向

地方本科高校应以本科专业、专业方向、课程以及地方经济社会发展的实际问题为依据，整合学科队伍，选择并确定具有一定基础和优势的研究方向，集中学校资源，依托专业优势，建设特色优势学科。在新建期内围绕专业、专业方向开展学科建设，对巩固专业发展根基，增强专业发展生命力具有非常重要的作用。

三、在学科建设内容上，与培养应用型专门人才和为地方经济社会发展服务的定位相适应，着重建设应用型学科

地方本科高校应根据地方经济、产业结构特征调整学科专业结构，搭建面向产业企业的应用型研究平台，教师要主动走向行业、企业，关注社会需求，把生产、建设和管理中的问题作为科研课题，开展应用型研究和科技开发，发展应用型学科，使学科建设为培养应用型专门人才、为地方经济社会发展服务。[1]

---

[1] 彭秧锡，高平，蒋建初，等.基于产学研合作教育制订人才培养方案的探索与实践——以湖南人文科技学院为例[J].湖南人文科技学院学报，2013.6：96-99

四、整合专业教学资源，构建学科专业一体化研究平台

地方本科高校应围绕专业或专业方向设立研究所（中心）、建设重点实验室和工程研究中心、购置图书资料，使学科建设条件与专业建设条件互相兼顾，提高资源利用效率。

五、以专业建设需要为取向，对学科建设进行统筹规划，不搞平均主义，有所为有所不为

地方本科高校应采取"集中资源、保证重点、形成优势"的发展战略，以重点专业、特色专业为基础，建设优势学科、特色学科，打造特色鲜明的优势学科，形成学校的品牌；同时国家和地方政府要制定特殊政策，积极扶持新兴交叉学科，集聚学校的发展潜力。总之，地方本科高校争取通过15年左右的建设，使学科研究组织较为完善，基本形成由学科带头人、学术带头人、学术骨干和学术基本研究力量构成的结构合理的学科队伍，每个二级学科拥有若干个较为明确、稳定的研究方向，研究成果初具规模，学科优势、特色初步形成，在重点学科上实现硕士学位研究生教育的突破。

需要指出的是，我们强调学科专业一体化建设，更多地强调两者的共性与联系，目的是为了集中精力和资源，减少重复建设，提高建设效益，这主要是针对地方本科高校而采取的学科建设策略。通过学科专业一体化建设，一方面为建设合格本科高校提供强有力的支持，另一方面为举办硕士研究生教育打下坚实的基础。但由于地方本科高校办学时间长短不一，面临的发展主题也不相同，学科建设与专业建设还有各自的特殊性和侧重点。因此，各高校还应认真研究二者的区别，根据自身办学条件和学科发展规律，制定更符合自己学校发展定位、办学目标的学科建设战略，稳步推进学科建设。同时，地方本科高校还要准确把握学科发展阶段，在专业建设达到一定水平、教学走向稳步持续健康发展、教学质量得到全面提高之时，可借鉴重点大学经验和做法，提升学科发展阶段，进行学科制度创新，全面推进学科建设，促进办学层次的提升。

第六节 地方本科高校特色专业与重点学科一体化建设对策研究

特色专业是指充分体现高校办学定位，在教育目标、师资队伍、课程体系、教学条件和培养质量等方面，具有较高的办学水平和鲜明的办学特色，获得社会认同并有较高社会声誉的专业。特色专业是经过长期建设形成的，是高校办学优势和办学特色的集中体现。重点学科是学术的分类，指一定科学领域或一门科学的分支，它有校级、省级、国家级等不同层次。国家重点学科是国家根据发展战略与重大需求，择优确定并重点建设的培养创新人才、开展科学研究的重要基地，在高等教育学科体系中居于骨干和引领地位。它能引领学科发展、科技进步，促进我国经济、社会、文化发展。

一、构建以专业建设为核心的一体两翼式建设模式

研究型大学的核心工作是学科建设，而应用型本科院校的核心工作是专业建设。所以，学科、专业、课程一体化建设的模式对于这两类院校也是不同的，研究型大学是以学科为核心构建学科、专业、课程一体化建设模式的，而应用型本科院校则是应该以专业建设为核心构建学科、专业、课程一体化建设模式。应用型本科院校学科、专业、课程的一体化建设应以专业建设为核心构建一体两翼式建设模式。即根据经济社会对专业人才的需求信息设置专业人才培养方案，根据专业人才培养方案构建课程建设体系。一方面根据专业人才培养的需要，由相应学科来构建课程内容，通过学科知识传授实现专业人才培养任务，向社会输送所需专业人才。另一方面，经济社会需求对课程内容知识更新的要求，也促进各学科的创新和发展。

二、树立"学科专业"一体化建设的教育理念

教育理念是在遵循国家教育方针的前提下，在学校办学过程中形成并引领学校发展的一系列教育思想、教育观念及教育价值追求的集合体。教

第二十五章 牢牢抓住促进湖南地方高校学科专业一体化发展的根与魂

育理念承载着学校的教育观念文化,沉淀着学校的历史传统,反映了校长和广大教师的共同愿景,清晰的教育理念、高质量的教育和优质的学校一脉相承。教育理念是学校发展的纲领和指导思想,同时也是学校愿景目标的客观反映。[1]

反映一所学校办学水平的标志是学科建设水平,反映一所学校人才培养质量水平的标志则是专业建设水平。学科建设与专业建设协同发展既是学校实现其人才培养、科学研究、社会服务、文化创新职能的保障,也是学校以教学促进科研、以科研深化教学改革的基本原则,更应是应用型本科院校办学的一个基本理念。只有学科建设与专业建设相互支撑、形成合力,才能有效推进学校办学水平的提高。[2]

三、构建"学科专业"一体化建设的组织体系

学校组织设计是以学校组织结构为核心的组织系统的调整与重组,是把学校组织的工作任务、流程、权力和职责重新排列组合和协调的过程。组织是实现学校战略目标的保证,组织设计是提升学校管理效能的必备手段。科学合理的组织设计有助于组织资源价值和效能的最大化,也是提高组织领导力、执行力和战斗力的保障。一般而言,高等学校的组织系统可分为承担学校行政事务的行政管理组织系统和承担学校科研与教学任务的学科专业组织系统。从学科建设与专业建设的内在协同关系来看,良好的学科专业组织体系是促进学科建设与专业建设的协同联系,提高本科人才培养质量的关键,不仅可以优化学科专业的资源配置,也能为学科与专业的发展提供理想的组织环境,有利于教学与科研紧密结合,有利于创造型复合型人才的培养。[3]

---

[1] 刘兴华.论高校学科建设与专业建设之间的关系[J].湖南财经高等专科学校学报,2010.4:146-148

[2] 王红岩.课程改革推进中的学校组织变革研究[D].东北师范大学博士论文,2012

[3] 王贵芬,程华东.浅谈高校优势学科与特色专业的培育——基于互动关系的视角[J].高等农业教育,2011.9:70-72

四、坚持"学科专业"一体化建设的人才强校战略

教师是学校可持续发展的主导力量，教师队伍建设是学校各项事业发展的根本保证。要实施"人才强校"战略，必须建立一支结构合理、精干高效的高水平教职工队伍，发挥其在学科专业建设、课程建设、科学研究中的骨干和带头作用。学校要不断完善学科带头人制度，加强骨干教师队伍建设，有计划、有目的地培养中青年教师，不断推进师资队伍学历结构、学科结构、职称结构、年龄结构、学缘结构的提升和优化，逐渐形成具有发展潜力的教师梯队，奠定学校可持续发展的坚实基础，提高学校的核心竞争力，进而使学校在激烈的竞争中立于不败之地。

五、创建"学科专业"一体化建设的制度环境

行政力量的非持久性，始终具有随时中断的隐忧，导致人们担忧其背后不稳定的行政推手，但是若将其作为固化的制度保存下来，其作用的持久性就会彰显出来，通过长期的制度性约束，能将某一种观念或行为习惯内化为主体的自觉追求。制度是要求成员共同遵守的规章或准则，体现的是意志和习惯，更是一种文化。所有活动的实施与开展都有赖于制度创新的积淀和持续激励，通过制度创新得以固化，并以制度化的方式持续发挥应有的作用。

学校制度是学校组织规范约定组织成员行为的章程或规定，每一所学校要实现组织目标，合理有序地开展各种教育教学活动，就必须建构和谐有序的环境，将许多工作制度化、常规化，形成学校的章程或制度，学校的学科专业建设亦是如此。制度创新是推动学科专业一体化建设顺利实施的保障与支撑，是实现教师专业成长与学校可持续发展的原动力。建立一套科学、规范、有效的教学和科研政策制度，是促进"学科专业"一体化建设的重要保障，如出台有利于教学与科研发展的奖励办法、自主创新科研基金及高层人才培养基金制度等，为教师搭建发展平台，能有效调动教师的积极性，有效促进学科专业发展，进而使制度成为提高人才培养质量

的核心动力。①

六、建立"学科专业"一体化建设的长效评价机制

评价机制是政府转变职能、加强宏观管理和调控的手段，是社会了解高校办学状况的窗口，是学校自我检查、自我调节的工具，具有一定的导向功能。长效评价机制的形成可以使组织接近于一个自适应系统，在外部条件发生变化时，能够主动及时地做出相应反应，提高管理的针对性和适用性，减少随意性和主观性，使组织从"人治"走向"法治"，保证组织目标的实现。显然，学科专业一体化建设是应用型本科院校进行人才培养、科学研究、社会服务和文化传承创新的基础平台，是关系学校长远发展的重要工程。要树立和强化教育质量与水平的优胜劣汰意识，建立和健全教育质量自我约束、自我监控机制，促进学科专业建设良性循环、良性发展，保障学科专业一体化建设由量变到质变的飞跃。②

七、科学统筹，增进"学科专业"一体化建设实效

学科专业一体化建设的实质是统筹，通过科学有效的统筹，使学科建设与专业建设相向融合、良性互动。针对地方本科院校学科建设相对薄弱、与专业建设和人才培养结合度较低，办学资源捉襟见肘的现状，要把统筹的着力点放在强化学科相关功能作用上。

一要在统筹中总体增强学科对于专业的带动、支撑作用。以学科方向的提炼集中，促进特色专业的遴选和培育，拓展延伸专业发展的基础和空间；注重学科平台研究成果的转化，建立鼓励转化的机制，在有效的转化中丰富优质教学资源，促进课程开发、教材建设和教学内容及方法改革，把学科新知识融入人才培养过程之中；推进学科交叉融合、培育新兴学科，

---

① 王红岩，熊梅.学校推进课改的实践与思考［J］.东北师大学报（哲学社会科学版），2012.3：231-235

② 宫福清，蔡竹，邵淑娟，等.浅析学科建设与专业建设的关系［J］.中国校外教育，2012.12：14-15

创造不同学科、专业教学内容整合的条件，实现跨学科设置本科专业，推动教学体系创新。同时，"要充分考虑学科之间的相互支撑和渗透，要通过设置新专业来培育新的学科方向，形成学科特色"。还要通过专业课程的开发应用、课程教学对学科动态特别是前沿动态的跟踪、教学内容与课程体系改革，固化学科研究成果，发现学科建设存在的问题，激发学科知识的创新，促进学科方向的拓展和内涵的提升。

二要在统筹中实现学科队伍与专业教学队伍共成长。地方本科院校的学科队伍，无疑同时又是组织教学的师资队伍。要立足学科平台，培养、引进高层次人才，优化师资队伍结构。注重作为学科建设核心要素的科学研究对于提高教师教学水平、科技创新能力的作用，建立相应的导向机制，制定定量与定性相结合的激励与约束指标等，调动促进更多的教师参与课题研究、科技攻关和服务地方的应用开发，在造就适应需要、数量相当的学科带头人、学术梯队的同时，实现专业带头人、教学名师、教学团队和"双师型"队伍的成长壮大，提高师资队伍整体教学水平。同时，要自觉增强双向互动意识，更加注重旨在推进专业师资队伍建设的一系列措施对于学科学术梯队建设的促进作用，形成双向效应。

三要在统筹中强化科学研究促进教学和人才培养的功效。以学科平台为基础的科学研究、应用开发对于教学和人才培养的促进作用，不仅要反映在对专业、课程、教材建设的知识支撑及对专业师资队伍教学水平提高的直接驱动上，还要自觉地、有计划地将其同本科生的理论教学、实践教学、课外科技文化活动相结合。组织学生参与教师的科研课题、实验研究，以培养学生的科学理念、科学思维和应用创新能力，帮助学生掌握理论、应用研究的基本方法，切实提高本科层次的应用型人才培养质量。同时，也要有借助本科生增加科研力量、提高科研效率的自觉意识，充分发挥其助手作用，给科学研究、应用开发带来新的活力。

四要在统筹中促进学科基地建设利用与本科教学条件建设利用的融合。包括实验室、文献资源、研究所（中心）等在内的学科基地是学科的基础条件，地方本科院校应当集中有限的资金，加大投入、加快建设，改

第二十五章 牢牢抓住促进湖南地方高校学科专业一体化发展的根与魂

变落后现状、提升整体水平。要着眼资源的合理配置、科学利用，将专业实验室等教学条件建设纳入学科基地建设总规划，统筹建设学科基地平台和专业实践教学平台，如依托学科资源建设若干共享的实验教学示范中心，营造开放式的实验教学环境，建立学科与专业的资源共享机制等，更有效地改善专业实践教学条件。注重利用共享平台的育人功效，依托共享平台增设本科创新实验、综合实验课程，建设大学生创新基地；让本科生进入共享平台实习实训，完成课程设计、毕业论文（设计）等实践教学任务，提高其实际应用和实践创新能力。

学科建设与专业建设是高校发展的一个基础性和根本性的环节，对高等院校的发展具有基础性和全局性的影响，现已成为影响高校核心竞争力和发展的关键因素。因此，明确它们各自的含义，剖析两者之间的关系，对进一步加强学科建设与专业建设，走"学科—专业"一体化建设的道路，促进高校的可持续发展至关重要。构建学科体系，应充分借鉴和吸纳相关学科的研究成果，搭建一个布局严谨、结构科学、宏大开放的学科体系。这一学科基础建设指导思想的明确，有利于专业人才培养目标的整合、人才培养规格的规范和课程设置的优化，避免由于学科发展的局限性而导致的培养人才的局限性。学科建设和专业建设也是地方本科高等院校基本建设的重要方面，这两方面建设的水平与质量决定学校的办学质量、层次和特色。[1][2][3][4]

---

[1] 张友云.组织机制对新课改政策执行效果的影响［D］.山东农业大学硕士论文，2014
[2] 黄建绮.新建本科院校学科建设的路径取向［J］.三明学院学报，2013.1：80-85
[3] 嵇会祥.新建地方本科院校学科专业同步建设策略［J］.亚太教育，2016.31：203-204
[4] 陈江波.高等学校"学科—专业"一体化建设的研究［D］.广西大学硕士论文，2007

参考文献

一、专著教材

[1] 安德鲁·坎贝尔，等．战略协同［M］．北京：机械工业出版社，2000．

[2] 伯顿·克拉克．探究的场所——现代大学的科研和研究生教育［M］．王承绪，译．杭州：浙江教育出版社，2001．

[3] 陈国生，陈雪阳，戴旻，等．地方高校旅游管理专业工学结合人才培养模式改革与实践研究［M］．北京：中国戏剧出版社，2013．

[4] 陈国生主编．工商企业经营与管理概论（第3版）［M］．北京：对外经济贸易大学出版社，2015．

[5] 陈国生，刘军林主编．旅游社会学原理与应用［M］．上海：上海人民出版社，2011（规划教材）．

[6] 陈国生主编．企业文化建设：理论与实务［M］．北京：中央文献出版社，2009．

[7] 陈国生主编．现代旅游文化学原理［M］．北京：科学出版社，2009．

[8] 陈国生主编．中国旅游文化（第2版）［M］．北京：中国物资出版社，2012．

[9] 陈国生，赵立平，黄飞．现代工商企业经营与管理（第2版）［M］．

武汉：武汉理工大学出版社，2016.

［10］赵立平，陈国生，彭文武，等. STS 视角下湖南地方本科院校产学研合作模式、动力要素、运行机制及其实现路径研究［M］. 北京：现代出版社，2016.

［11］赵立平，陈国生，阳琴，等. 基于制度视角的湖南在校大学生政治参与问题研究［M］. 郑州：黄河水利出版社，2016.

二、论文

［1］毕颖，杨小渝. 面向科技前沿的大学跨学科研究组织协同创新模式研究——以斯坦福大学 Bio-X 计划为例［J］. 华中师范大学学报（人文社会科学版），2017（1）：165-173.

［2］陈国生，陈晓亮. 专业与职业沟通的职业经理人才培养探索与实践［J］. 管理学家，2012（10）：526-527.

［3］陈国生，康健，唐欣. 地方本科院校应用型国际商务人才培养机制研究——基于教育平台的实证分析［J］. 邢台学院学报，2015（3）：183-185.

［4］陈国生，彭文武. 影响管理类专业本科毕业生就业实现因素的社会学分析［J］. 荆楚学刊，2014（6）：84-89.

［5］陈国生，陆利军. 基于工学结合理论的应用型本科院校旅游管理专业人才培养研究［J］. 旅游研究，2011（1）：82-86.

［6］陈国生. 应用型本科院校旅游管理专业"工学结合"人才培养模式理论研究［J］. 民办教育研究，2010（7）：55-61.

［7］陈厚丰. 中国高校分类标准及指标体系设计［J］. 中国高等教育研究，2008（6）：9-14.

［8］程宏亮. 应用型本科院校学科专业一体化建设策略——以人文社科类学科专业为例［J］. 合肥师范学院学报，2016（1）：107-111.

［9］陈晓亮，陈国生. 地方高校现代企业财务管理专业群大学生创新能力培养的途径分析［J］. 管理学家，2012（10）：573-574.

［10］陈晓亮，陈国生，彭文武．地方本科高校产学研合作的动力要素及其实现路径实证研究——以湘南 5 所地方本科高校为例［J］．荆楚学刊，2015（3）：54-57．

［11］陈晓亮，陈国生．转型视角下基于产学研办学模式的湖南地方本科院校培养应用型人才途径研究［J］．经济研究导刊，2015（21）：200-201+20．

［12］董立平．地方高校转型发展与建设应用技术大学［J］．教育研究，2014（8）：66-74．

［13］邓琼．从人才培养方案角度看高校专业建设的困境及方法［J］．西部素质教育，2016（11）：27．

［14］方丽．协同创新视域下的高校人才培养模式的重构与选择［J］．江苏高教，2014（2）：107-109．

［15］郭建华．应用型人才培养视角下地方高校专业建设策略选择——以邵阳学院金融工程专业为例［J］．高教学刊，2016（20）：72-75．

［16］郭丽梅．新建本科院校学科专业一体化建设思路探讨［J］．河南科技，2010（2）：58-59．

［17］郭满女．地方高校酒店管理专业人才培养中的问题及对策探讨——以梧州学院酒店管理专业为例．高教论坛，2011（6）：18-21．

［18］关晓月．四位一体，构建独立学院创新创业人才培养体系［J］．教育时空，2017（1）：250-251．

［19］顾永安．新建本科院校转型发展的核心要义、目标趋向与根本指向［J］．河北民族师范学院学报，2014（4）：1-5．

［20］黄超，杨英杰．大学跨学科合作的学科整合机制及其模式选择［J］．高教探索，2016（12）：5-12．

［21］黄海珍，潘彦燕．高职院校跨专业复合型人才培养平台建设——以广西职业技术学院为例［J］．成人教育，2015（10）：62-65．

［22］胡天佑．建设"应用技术大学"的理论问题［J］．职教论坛，2014（25）：31-35．

[23] 胡小清.基于协同创新的高校人才培养模式改革[J].科教导刊，2013（7）：14-17.

[24] 蒋香仙，周平，洪大用.国内高校本科拔尖创新人才培养的实践与思考[J].北京教育，2012（7）：124-128.

[25] 李宝银.地方新建本科院校转型发展的背景与路径——以武夷学院为例[J].武夷学院学报，2014（1）：1-4.

[26] 刘彩茹.宋景华，徐永赞.浅谈地方本科高校应用型人才培养及其体系构建[J].科技情报开发与经济，2010（4）：183-185.

[27] 刘海峰，顾永安.我国应用技术大学战略改革与人才培养要素转型[J].职业技术教育，2014（10）：11-16.

[28] 李化树，黄媛媛.地方新建本科院校发展战略转型的路径选择[J].高校教育管理，2011（1）：11-17.

[29] 吕海舟，孟庆亮，朱水根.基于复合型人才培养的跨学科教学项目设计与实施[J].产业与科技论坛，2016（1）：231-234.

[30] 李军龙，滕剑仑.新建地方本科院校向应用技术大学转型研究[J].洛阳师范学院学报 2014（10）：124-127.

[31] 刘理，余三定.论"协同共治"的高校人才培养质量保证范式[J].中国高教研究 2008（12）：99-102.

[32] 刘明亮.普通本科高校向应用技术转型的三个突破[J].辽东学院学报（社会科学版），2014（6）：153-156.

[33] 刘平.对跨学科复合型应用人才培养的思考[J].未来与发展，2013（5）：76-79.

[34] 刘树老.跨学科设计竞赛对复合型人才培养的探索——由亚利桑那州立大学设计学院跨学科设计竞赛引发的思考[J].黑龙江高教研究，2015（7）：145-148.

[35] 刘卫东，余长春.本科人才培养的知识生态系统属性及运行机制[J].国家教育行政学院学报，2016（12）：19-24.

[36] 林晓玲.创新创业视角下高校跨学科创新课程体系的构建探析[J].

大学教育，2017（1）：1-5.

[37] 李永久. 新建本科院校应用型学科建设路径研究［J］. 辽东学院学报（社会科学版），2015（1）：134-139.

[38] 刘玉琼，刘毅，吴艳波. 西部新建地方本科院校面临的机遇、挑战与路径选择［J］. 内江师范学院学报，2011（1）：85-87.

[39] 吕印晓. 普通本科高校向应用技术型高校转型建设探讨［J］. 科技视界，2014（32）：177.

[40] 刘仲全，杨正强. 关于新建本科院校发展模式的思考［J］. 中国高校科技与产业化，2010（09）：18-20.

[41] 李泽彧，陈杰斌. 关于我国新建本科院校研究动态的探讨——基于1999—2006年"中国知网"的统计与分析［J］. 教育研究，2008（3）：95-99.

[42] 孟成民. 基于跨学科复合型人才培养的科研创新平台建设［J］. 科技管理研究，2011（14）：102-105.

[43] 米娟，阙海宝. 应用技术类型高校的发展建议——源自德国应用科技大学的启示［J］. 乐山师范学院学报，2014（5）：113-117.

[44] 马正兵，朱永永，廖益，钱立，袁柏乔. 新建地方本科院校转型发展中的专业集群建设模式研究. 重庆第二师范学院学报，2015（1）：85-89.

[45] 潘琰，郭飞君. 对高校跨学科人才培养的思考［J］. 教育与职业，2014（6）：50-51.

[46] 孙健. 广东省地方本科院校产学研合作教育的现状、问题与对策——基于广东省10所院校的调查问卷的分析［J］. 中国高教研究，2011（4）：58-62.

[47] 孙健. 广东地方院校产学研合作教育模式创新实证分析［J］. 高等教育研究，2012（5）：46-50.

[48] 石开云，付中奎. 新建地方本科院校转型发展的实践与探索——以重庆第二师范学院为例［J］. 重庆第二师范学院学报，2014（6）：

66-68.

[49] 聂社军. 基于产学研合作的地方本科院校学科建设模式与路径探讨[J]. 中小企业管理与科技（下旬刊），2011（10）：256-257.

[50] 施晓光，游蠡. 新建地方本科院校转型问题的理论探讨[J]. 北京联合大学学报，2015（1）：1-7.

[51] 孙小民. 基于应用技术型人才培养的西方经济学教学改革研究——以西安文理学院为例[J]. 经济研究导刊，2014（19）：75-76.

[52] 施亚，唐毅谦，严彦，等. 校城融合视角下地方高校学科群建设策略研究[J]. 教育与教学研究，2016（8）：48-52.

[53] 唐向红，段雪娇，胡伟. 跨学科人才培养的课程体系优化——以东北财经大学为例[J]. 东北财经大学学报，2015（5）：52-56.

[54] 万娇，石丽君. 关于地方本科高校向应用技术大学转型的思考[J]. 西南科技大学（高教研究），2014（3）：20-23.

[55] 王计生，曾理. 新建本科院校的学科建设与专业建设协同发展对策研究——以四川省新建本科院校为例[J]. 重庆与世界，2016（12）：150-153.

[56] 吴仁华. 提升服务能力是地方新建本科高校加强学科专业建设的基本路径[J]. 中国大学教学，2015（1）：36-39.

[57] 文少保. 走向知识创业型组织 培养科技转化型人才——从美国大学跨学科研究组织创新视角求解"钱学森之问"[J]. 长春工业大学学报（高教研究版），2011（4）：37-40.

[58] 王维坤，温涛. 应用技术大学：新建本科院校转型发展的现状、动因与路径[J]. 现代教育管理，2014（7）：80-83.

[59] 王周谊. 高校学科组织建设与人才培养机制研究——以"世界文明与区域研究协同创新中心"为例[J]. 学位与研究生教育，2014（1）：47-49.

[60] 肖昊，江娟. 高校分类标准：尺度与根据[J]. 华中师范大学学报（人文社会科学版），2013（3）：147-153.

[61] 向葵，唐新功，蒯兴兵．地方高校实验室建设与高层次人才培养探讨[J]．教育教学论坛，2014（24）：10-13.

[62] 夏明忠．新建地方本科院校转型发展的对策及实践——以四川省西昌学院为例[J]．中国教育报，2015，1（9）：07.

[63] 辛彦怀，王红升．新建地方本科院校的现状及发展趋势[J]．教育发展研究，2005（5）：31-35.

[64] 袁广林．学科专业一体化：新建本科高校学科建设策略[J]．高校教育管理，2016（02）：82-85.

[65] 叶辉，丁斐，王兆慧．特色专业与重点学科一体化建设实践与探索——以南通大学生物科学特色专业与生物学重点学科建设为例[J]．安徽农业科学，2012（23）：11885-11887.

[66] 闫江涛．论当前地方高校人才培养的困境[J]．平顶山学院学报，2011（1）：114-116.

[67] 杨荣翰，潘立文，林明．区域高校人才培养模式的构建、改革与创新[J]．中国高等教育，2010（3、4）：65-66.

[68] 杨睿宇，马箫．新建地方本科高校师资队伍建设探讨——基于转型发展视角[J]．重庆科技学院学报（社会科学版），2015（1）：110-112.

[69] 于书洁，史长丽，于嘉林，李健强，吕艳．跨学科实验室轮训体系与博士生创新能力培养的改革探索[J]．学位与研究生教育，2010（3）：38-40.

[70] 于伟．德国应用科技大学的实践教学对我国应用技术大学改革试点的启示[J]．科技视界，2013（31）：71.

[71] 严欣平，陈显明．深化改革走应用技术型高校发展之路[J]．中国高等教育2014，13（14）：57-60.

[72] 姚瑛，杨晶晶，罗瑶瑶．新建本科院校课程建设标准及评价体系调研报告——以教师教育类为例[J]．学周刊，2014（12）：210-212.

［73］闫智勇．标准化：高等教育现代化的核心目标［J］．大学（研究版），2014（6）：22-24.

［74］朱定秀．地方新建本科院校转型发展的思考——以巢湖学院为例［J］．巢湖学院学报，2014（5）：14-20.

［75］周光明，段书凯，杜彬恒，等．拔尖创新人才培养的典型模式和实践反思［J］．西南师范大学学报（自然科学版），2013（5）：150-157.

［76］周光礼．高校人才培养模式创新的深层次探索［J］．中国高等教育 2012（10）：22-24.

［77］张洪芬．新时期应用技术大学建设与思考［J］．邮政研究，2014（3）：30-31.

［78］赵慧臣，周昱希，李彦奇，刘亚同，文洁．跨学科视野下"工匠型"创新人才的培养策略——基于美国STEAM教育活动设计的启示［J］．远程教育，2017（1）：94-101.

［79］张君诚，许明春．地方本科院校向应用技术大学转型"三落实"研究［J］．三明学院学报，2014（3）：5-8.

［80］訾琨，彭鹏峰，龙志军，杨志勇．地方本科院校应用型人才培养的基本特点及实现路径初探［J］．中国电力教育，2012（2）：11-12.

［81］朱龙飞．浅析创新型人才培养视野下的高校教学科研实验平台建设［J］．中国管理信息化，2015（7）：230-232.

［82］张庆奎．建设应用技术大学的战略思考——基于常熟理工学院的办学探索［J］．常熟理工学院学报（哲学社会科学），2014（3）：24-30.

［83］钟蔚．地方本科高校产学研合作的动力要素及其实现路径——基于安徽省5所地方本科高校的调研分析［J］．邢台学院学报，2013（1）：137-140.

［84］张晓报．独立与组合：美国研究型大学跨学科人才培养的基本模式［J］．外国教育研究，2017（3）：3-13.

[85] 张晓报. 论美国研究型大学跨学科人才培养理念[J]. 高等理科教育, 2016（2）：53-58.

[86] 邹晓东, 韩旭, 姚威. 科教融合：高校办学新常态[J]. 高等工程教育研究, 2016（1）：43-50.

[87] 张小芳. 本科院校学科专业一体化建设理路[J]. 高教发展与评估, 2016（2）：58-64.

[88] 张象林. 新建本科院校转型发展研究述评[J]. 现代教育科学, 2014（4）：27-35.

[89] 赵运林. 多元整合：地方本科院校人才培养模式的建构[J]. 湖南社会科学, 2008（4）：142-148.

[90] 周玉文. 新建地方本科院校产学研合作教育的困境及其应对策略研究[J]. 长春理工大学学报, 2011（4）：29-30.

[91] 张银银, 陈旭堂. 新建本科院校向应用技术大学转型的路径选择[J]. 经济视, 2014（5）：62-65.

三、学位论文

[1] 顾止泙. 适应与选择——我国高校办学模式趋同的分析与思考[D]. 复旦大学, 2010.

[2] 胡海青. 经济利益、价值恰当与企业参与——我国产学合作培养人才政策的制度分析[D]. 华中科技大学, 2012.

[3] 韩卓玲. 地方高校创建优势特色学科研究——以湖南大学生物学科为例[D]. 湖南大学, 2015.

[4] 贾立锋. 新建本科高校应用型人才培养方案开发与实现——以环境艺术设计专业为例[D]. 河北师范大学, 2014.

[5] 李贺伟. 技术本科教育课程体系主要要素研究——以辽宁省为例[D]. 沈阳师范大学, 2011.

[6] 李娜. 地方普通本科院校办学定位及分类发展研究——以广西为例[D]. 广西师范学院, 2012.

[7] 廖容. 广西新建本科院校学科专业建设研究［D］. 广西师范大学，2010.

[8] 刘涛. 新建普通本科院校学科建设策略研究［D］. 山东大学，2012.

[9] 李旋. 湖南地方高校学科建设协同发展路径探究［D］. 湖南大学，2016.

[10] 刘晓. 利益相关者参与下的高等职业教育办学模式改革研究［D］. 华东师范大学，2012.

[11] 柳友荣. 我国新建应用型本科院校发展研究［D］. 南京大学，2011.

[12] 刘智英. 技术本科院校发展战略之比较研究［D］. 华东师范大学，2012.

[13] 沈国强. 地方本科院校培养应用型人才对策研究——以湖南科技学院为个案［D］. 中南大学，2008.

[14] 夏建国. 技术本科教育的理论与实践［D］. 华东师范大学，2007.

[15] 于响生. 地方高校产学研合作模式及运行机制研究——以绍兴文理学院为例［D］. 浙江工业大学，2011.

[16] 周光英. 高校跨学科人才培养的管理创新研究［D］. 中南民族大学，2010.

[17] 张旭. 教学研究型大学学科专业一体化建设路径研究［D］. 沈阳师范大学，2016.

四、教学成果

[1] 戴前虎，陈国生，等. 高职院校现代企业财务管理专业群学生创新创业能力培养的探索与实践［R］. 2010年获湖南省高等教育省级教学成果二等奖.

[2] 陈国生，陈雪阳，戴旻，等. 地方高校旅游管理专业工学结合人才培养模式改革与实践研究［R］. 2014年获第十届衡阳市政府优秀社科成果一等奖.

[3] 陈国生，刘文华，邓小龙，等. 地方高校"335-OSP"应用型经管类

人才培养模式创新研究与实践探索［R］.2013年第十届湖南省高等教育教学成果奖.

［4］彭文武,陈国生等.高职院校旅游管理专业"工学五结合"人才培养模式及运行机制的探索与研究［R］.2010年获湖南省高等教育省级教学成果三等奖.

［5］彭文武,李闯,陈国生,等.地方高校现代企业财务管理专业群"373"型创新创业人才培养模式探索与实践［R］.2016年获第十一届湖南省高等教育省级教学成果奖一等奖.

五、外文类

［1］Al-Beraidi A, Rickards T. Creative Team Climate in an International Accounting Office: An Exploratory Study in Saudi Arabia［J］. Managerial Auditing Journal, 2003, 18（1）: 7-18.

［2］Arrow, Kenneth J. The organization of economic activity: issues pertinent to the choice of marketversus nonmarket allocation. The analysis and evaluation of public expenditure: the PPBsystem, 1969（1）: 59-73.

［3］Burt Ronald S. Structural holes versus network closure as social capital. Social capital: Theoryand research[R], edited by Burt Hawthorn, 2001, New York: Aldine de Gruyter, 2001.

［4］Carroll A B. Corporate Social Responsibility: Evolution of a Definitional Construct［J］. Business & Society, 1999, 38（3）: 268-295.

［5］Coase R H. The Nature of the Firm［J］. Economica, 1937, 4（16）: 386-405.

［6］Donaldson T, Preston L E. The Stakeholder Theory of the Corporation: Concepts, Evidence, and Implications［J］. Academy of Management Review, 1995, 20（1）: 65-91.

［7］Flemings M C, Cahn R W. Organization and trends in materials science and engineering education in the US and Europe［J］. Acta Materialia,

2000, 48 (1): 371-383.

[8] Fisher J. Social Responsibility and Ethics: Clarifying the Concepts [J]. Journal of Business Ethics, 2004, 52 (4): 391-400.

[9] Garriga E, Melé D. Corporate Social Responsibility Theories: Mapping the Territory [J]. Journal of Business Ethics, 2004, 53 (1/2): 51-71.

[10] Hart O. Corporate Governance: Some Theory and Implications [J]. Economic Journal, 1995, 105 (430): 678-689.

[11] Keasey K, Wright M. Issues In Corporate Accountability and Governance: An Editorial [J]. Accounting & Business Research, 2012, 23 (91): 291-303.

[12] Neubauer Fred and Alden G. Lank. The family business: Its governance for sustainability. Macmillan, 1998.

[13] North D C. QUANTITATIVE RESEARCH IN AMERICAN ECONOMIC HISTORY [J]. American Economic Review, 1963, 53 (1): 128-130.

[14] Oliver Williamson. Markets and hierarchies: Analysis and antitrust implications. (1975): 176-207.

[15] Oliver, Williamson. The economic institutions of capitalism. Journal of Economic (1985).

[16] Reinhart Carmen M. and Kenneth S. Rogoff. This time is different: A panoramic view of eightcenturies of financial crises. No. w13882. National Bureau of Economic Research, 2008.

[17] Schulze W S, Lubatkin M H, Dino R N, et al. Agency Relationships in Family Firms: Theory and Evidence [J]. Organization Science, 2001, 12 (2): 99-116.

[18] Sheikh Saleem. Corporate social responsibilities: law and practice. Routledge Cavendish, 1996.

[19] Smith, JohnP、Girod, Mark. John Dewey: big ideas, ambitious teaching, and teacher education [J]. Teachingand Teacher Education Volume, 2003, 19（3）: 295-307.

[20] Stigler George J. Theory of Price, New York: Macmillan, 1966.

后　记

在倡导合作的高等教育发展主流下,协同发展更具有时代意义和现实意义,它强调相互促进、共同繁荣、尊重差异、保持多样、发挥优势、转轨创新。相比竞争,它更加注重公平性、协同性与人文性,是"和谐"理念下产生的一种发展模式。湖南地方高校学科建设协同发展是政府政策引导下的一项重大举措,本书将湖南省地方高校学科建设放在主体地位,积极寻求与"双一流"学科、"双一流"专业和"部省共建"高校学科建设协同发展的路径。

通过宏观、微观层面的对比分析,本书一方面归纳总结湖南较有优势的学科门类和具体学科,以及这些学科门类和具体学科所共同具有优势的维度;另一方面虽然我们所选取的学科都是湖南省高校所具有的优势学科,或是社会经济发展所需求的学科,学科组织也是选取在这些学科建设方面具有实力的学校、学科建设基层组织,但是相比"双一流"学科、"双一流"专业和"部省共建"高校的学科建设情况仍有不足。为了提高湖南地方高校学科建设水平,使湖南地方高校抓住机遇,充分挖掘学科建设协同发展的意义,本书总结概括了湖南地方高校在学科建设方面存在的问题,这也是寻找有效协同发展路径的关键。具体存在的问题如下:宏观上办学类型过于单一且集中,学科建设趋同;整体学科建设实力较弱;缺乏交流合作的意识,亟须构建协同发展的环境;管理和评价体系还有待于完善。微观上高层次人才培养能力不强；教师队伍建设滞后；科研平台不足，学术成果偏少；对外交流合作的范围和层次还需进一步拓展和深化。通过研究讨论，一方面，通过多层次和多维度考察，筛选出湖南地方高校可实现协同发展的主体、学科及内容维度。找寻湖南哪些主体、哪些学科、哪些内容维度可以协同发展是本书的主要任务之一，也是本书的现实价值所在。主体是指参与湖南地方高校学科建设协同发展的高校或学科建设基层组织，既包括在湘的"双一流"学科、"双一流"专业和"部省共建"高校，也包括湖南地方高校及其高校内的学科建设基层组织，它们都是协同发展的主体。学科包括学科门类，也包括选取的一级学科。内容维度则是在具体学科对比中的人才培养、师资队伍、科研平台、科研成果等一系列指标，这也是具体的协同发展内容。另一方面，基于现实问题及协同理论，提出湖南地方高校学科建设协同发展路径。政府和高校要明确学科建设协同发展的方向，制定合理的学科建设协同发展规划和规范；设立专门部门，提供学科建设协同发展的咨询服务，协调日常事务；建立科学、灵活的评价和激励机制；完善联盟内部信任机制；提供良好的制度保障和政策环境。学科建设基层组织要共同制定学生培养计划，联合培养学生；加强科研人员交流协作，使优质资源共享；科研合作，定期举办学术论坛；技术援助，实现教学设备、科研资源共享。在具体的路径提出中，本书结合湖南地方高校学科发展实际，在考虑选取的湖南地方高校和学科建设基层组织学科建设情况的基础上，结合具体可实现协同发展的主体、学科和内容维度进行了论述，明确了推动某一学科协同发展的具体路径。宏观微观层面形成一个有机的整体，相互配合、相互协作，才能实现有效的协同。

总之，学科建设协同发展已经成为实现湖南地方高校间资源共享、互惠共赢的重要形式。在具体办学上已经有很多高校做出尝试，但是理论研究尚显不足。《湖南省中长期教育改革和发展规划纲要（2010—2020年）》提出高校要提升科学研究水平，主攻社会重大现实问题，加强应用研究。从研究内容来看，本书依托政府政策，结合实际，本着实践性和服务地方的原则，以增强高等教育服务中原经济区建设的能力为宗旨，具有广泛而

后 记

坚定的实施基础，可操作性强。同时，本书第一次站在湖南跨区域学科建设协同发展的角度，形成的地方高校学科协同发展机制对于区域间的学科建设协同发展模式的构建是一次有益探索。此外，从研究形式来看，本书一方面对学科建设协同发展问题做了一个系统的理论论述，并从学科建设协同发展的概念出发，将学科建设协同发展系统分为宏观层面和微观层面，分别考察湖南学科建设情况；另一方面期望开放思路，运用提出问题、发现问题、解决问题的逻辑，为具体政策服务，实现应用研究兼顾基础研究的价值。

当然，学科建设与协同发展本身是一项复杂的工作，目前对此研究尚少，所能搜集到的资料更是少之又少，加之作者才疏学浅，时间与能力有限，所以在书中难免有不足甚至错误之处。首先，虽然本书主要围绕湖南地方高校建设实力较强的学科，但是在具体对比时湖南各地仍然会有差距，在非均衡理论的指导下，优势一方的能量在输入弱势一方时，也促进了优势方产生进一步的创新，所以协同发展对于湖南全省高等教育水平的提升都是有促进作用的，符合协同发展的基本精神内核。但是基于协同发展本身是一个共同发展的概念，讨论湖南地方高校学科建设时应充分考虑湖南地方高校与"双一流"学科、"双一流"专业和"部省共建"高校两者之间的优势与不足，促进湖南全省高等教育共同发展，由于篇幅及个人时间能力有限，本书以服务湖南省高校学科建设和提升研究服务大湘南承接产业转移示范区的能力为宗旨，在具体学科的选择上更多地立足于湖南省战略发展需求，主要是站在湖南省的角度来研究学科建设问题，未能充分顾及"双一流"学科、"双一流"专业和"部省共建"高校的不同性。其次，以数据为支撑的研究是为了说明问题，由于时间和研究手段有限，数据搜集以大湘南承接产业转移示范区为主且尚不全面，虽然没有影响到研究问题的说明，但是未能搜集到全面而准确的数据依然是一个缺憾。因此充分考虑湖南省情确定考察的具体学科，分别挖掘湖南高校学科和专业一体化建设的问题，更多实地考察去搜集全省相关数据，是下一步需要研究和解决的问题。

为了充分发挥理论先行、理论引领、理论破难、理论聚力的重要作用，我们三位老师共同探讨湖南地方高校学科和专业协同发展的热点、难点问题，阐述了高等教育引领湖南"五化同步"协调发展、倒逼机制、"双一流"学科和专业建设等关键问题，为湖南现代高等教育发展的火热实践提供理论支撑。

该书是湖南省教育科学"十三五"规划2019年度一般课题"湖南省大学生创业促进政策：实施、绩效评价与干预策略研究"（编号：XJK19BGD004）、衡阳市社会科学基金一般项目《三螺旋理论框架下大湘南地方高校"政产学"协同创新创业人才培养模式研究》（2017D019）和湖南工学院教研教改项目《"工科与人文社科交叉"背景下地方工科院校"三·三"型工程人才培养模式的探索与实践》（批文号：院教务〔2019〕94号，序号：38）研究成果，由我和湖南工学院陈国生教授、刘伟辉教授共同完成，任务分工如下：我负责撰写第一、二、三、四、五、六、七、八、九、十、十一、十二、十三、十四、十五、十九、二十、二十一、二十二章并审阅了全部书稿，刘伟辉负责撰写第十六、十七、十八章，陈国生负责撰写第二十三、二十四、二十五章。彭文武、何健雄等教授对书稿提出宝贵的修改意见，并提供了本书研究所必需的部分文献资料。蒋淑玲、周怡岑、胡红宇、陈政、李泽军、康健、唐欣、杨仕鹏和祁惠参加田野调查、相关研究资料的收集和部分章节的修改。在此一并表示诚挚的感谢。

由于水平有限，书中难免有差错和不妥之处，恳请读者批评指正。

曹　巍

2019年12月15日于雁城罗金桥